MARTIN STANKOWSKI

DARUM IST ES AM RHEIN SO SCHÖN

VOM KÖLNER DOM ZUR LORELEY
DER ANDERE REISEFÜHRER

MIT FOTOS VON GERNOT HUBER

KIEPENHEUER & WITSCH

INHALT

Die in diesem Buch aufgeführten Orte am Rhein habe ich alle besucht, habe Restaurants und Hotels ausprobiert, vieles erforscht, manches erlitten – immer nach dem Prinzip teilnehmender Beobachtung. Manches habe ich anderen Büchern entnommen, dafür danke ich den Autoren. Das vorliegende Buch ist subjektiv, und wer weitere Informationen hat, anderer Meinung ist, wer die Tipps ergänzen will, bitte schön. Für Nachrichten bin ich dankbar. www.martin-stankowski.de.

FEUCHTGEBIETE

Dieses Buch ist eine Revolution! Es löst einen alten Schwarz-Weiß-Film mit Heinz Rühmann ab: „Stellemer uns mal janz dumm!“, sagt Professor Bömmels in der „Feuerzangenbowle“. Der rheinische Schauspieler Paul Henckels war das bisher beste Product-Placement für das Rheinland. Die Schüler sabotieren die Lehranstalt mit einem Schild: „Wegen Bauarbeiten geschlossen“. Die Klassen bleiben leer, das empörte Lehrerkollegium ruft nach drakonischen Strafen und hartem Durchgreifen. Doch Bömmels winkt ab. Auf die Frage, was nun zu tun sei, antwortet er lakonisch: „Nix!“ Der Lehrkörper tobt und befürchtet den Triumphzug der Anarchie! Doch der Rheinländer bleibt ruhig und überzeugt: „Auf dem Schild steht Baustelle – ja dann mache mer halt en Baustell.“ Er meistert die Situation genauso wie die Menschen am Rhein das Hochwasser: „Mer müsse sowieso mal renovieren.“

Ambiguitätstoleranz (lat. ambiguus: zweifelhaft) nennen Wissenschaftler die menschliche Fähigkeit, Dinge auszuhalten, die nicht so sind, wie sie sein sollten. Die meisten Rheinländer kennen das Wort nicht, die Fähigkeit sehr wohl.

Womöglich ist diese Ambiguitätstoleranz historisch gewachsen. Entlang des Rheines brachte das Kollaborieren mit dem Feind meist Vorteile. Die Westfalen schlugen den Feind, den Römer, zwar zurück, doch was hatten sie davon? Keine römischen Errungenschaften wie Wasserleitung, Dampfbad, Kultur und kein Christentum. Stattdessen weiter Tier- und Menschenopfer. Der Westfälische Bauernschinken weist heute noch auf kannibalistische Elemente der Kultur hin. Diese finden wir zwar auch im Christentum (Dies ist mein Leib), aber hier wurde die griechische und römische Hochkultur samt schillerndem Polytheismus meisterhaft weiterentwickelt. Im Rheinland zeigen die Knochen der Elftausend Jungfrauen oder die Gebeine der Heiligen Drei Könige im Kölner Dom, dass dieser Kult hier auf besonders fruchtbaren Boden fiel. Der Reliquienhandel hat Köln reich und zum Rom des Nordens gemacht, und den Vorsprung konnten die erst später christianisierten Westfalen nicht mehr aufholen.

Diese schillernde Geschichte schwappt heute noch über die Ufer des ganzen Rheintals. In Erpel haben die Heiligen Drei Könige auf dem Weg von Mailand nach Köln zum letzten Mal eine Pinkelpause gemacht. Prompt machte man das Trifolium zu Stadtpatronen. In Remagen liegt der heilige Apollinaris, dem man einst den Kopf abschlug. Seitdem gilt der Angebetete als Retter der Menschen mit Migränehintergrund. Aber am Rhein kommt man auch ohne Heiligenschein in die Kirche, sogar unbekleidet. Den nackten Mann von Sinzig muss man gesehen haben, bevor man im „Vieux Sinzig" auf die Kräuterküche anstößt. Und auf den Erfinder des Rheinweins. Der Heilige Goar hatte gar ein Fass, das niemals leer wurde. Davon durfte jeder probieren, der vorher mindestens sechs Kartons à zwölf Flaschen kaufte.

Dieses Buch steckt voller Erlebnisse, Motorradtouren, Fahrradwanderungen und Kurzurlaube. Warum immer im Hotel übernachten? Nehmen sie mal das Pax-Gästehaus in Unkel. Klo auf dem Flur, aber Blick auf den Rhein. Philippinische Nonnen führen das Haus, das einst katholischen Priestern als Urlaubsdomizil diente. Am wohlsten fühlte ich mich in Zimmer 104. Hier übernachtete auch Adenauer, als er vor den Nazis untertauchte und mit Mehlwürmern experimentierte. Die Ergebnisse seiner Tüfteleien sind im Adenauerhaus in Rhöndorf zu besichtigen, genau wie die bei Maulwürfen berüchtigte Fleischklopferharke und das Socken-Stopfei mit Innenbeleuchtung. Wer anschließend beim Bäcker Profitlich einkehrt, hat die Frühgeschichte des Tourismus vor Augen. Man flog nicht mit TUI nach Teneriffa, sondern mit dem Esel auf den Drachenfels. Warum es keine Seilbahn von Rhöndorf aus gab, und warum man Adenauer dafür hasste, dies alles erfährt man hier bei einem Glas Drachenblut – so heißt der Rotwein.

Heinrich Böll war sich sicher: „Es gibt zwei Rheine, den oberen, den Weintrinker-Rhein, und den unteren, den Schnapstrinker-Rhein, den man weniger kennt, für den ich plädiere." Ein Kotau vor den arbeitenden Menschen in Duisburg und dem damals noch rußschwarzen Ruhrgebiet. Doch jetzt ist es Zeit für die rheinische Revolution, für den Weintrinker-Rhein zu plädieren, den man heute weniger kennt. Jenen schönen Strom, „wo auf grünen Bergen die Torheit wächst und im Herbste gepflückt, gekeltert, in Fässer gegossen und ins Ausland verschickt wird". So schreibt Heinrich Heine wohl, weil er selbst das Licht der Welt an den Ufern des Rheins erblickte.

Die Lebensfülle dieses Weintrinker-Rheinreiseführers jedoch resultiert aus der Torheit und pathologischen Neugier des Schnapstrinkers Martin Stankowski. Er macht jede Tür auf, auch wenn sich dahinter Heiligtümer verbergen, die angeblich niemanden etwas angehen. Ist einer entrüstet, stellt er sich mal janz dumm. Was soll schon passieren. Nix! Genau dadurch weiß der Leser hinterher, „wie en Dampfmaschin jeht". Wie das Rheinland geht, steht in diesem Buch. Wer es nicht hat, verpasst einen großen Schatz. Eigentlich müsste es „Feuchtgebiete" heißen, aber der Titel war schon vergeben.

Jürgen Becker
 Köln, im Dezember 2008

KÖLN

Man stelle sich mitten auf die Deutzer Brücke, die zentrale Achse über den Rhein: Von hier aus hat man einen hervorragenden Blick auf das linksrheinische Stadtpanorama mit seinen vielen Kirchen und Bauten, das Zusammenspiel von Proportionen, Architekturen und Blickachsen, die meist auf den Rhein ausgerichtet sind. Es waren ja nicht nur praktische Gründe, am Fluss zu siedeln und zu bauen. Er ist auch Bühne, am Fluss kann die Stadt sich darstellen und repräsentieren. Kein Zufall, dass alle berühmten Bilder Kölns vom Rhein oder über ihn hinweg aufgenommen sind, denn er vervielfältigt die Stadt wie in einem Spiegel.

Von der Brücke aus erkennt man auch am besten, was die Grundlage für die Siedlung an diesem Platz war: die erhöhte Lage über dem Ufer, sodass die Römer, die auf dieser Terrasse vor 2000 Jahren ihr erstes Feldlager errichteten, keine nassen Füße bekamen. Das war in dem hochwassergefährdeten Gebiet nicht selbstverständlich, ist Köln doch geologisch gesehen schon Teil des Niederrheins. Auf der Deutzer Brücke erkennt man auch gut den Unterschied zu anderen Flussstädten wie Rom, London oder Budapest, der Rhein fließt an Köln vorbei und nicht durch die Stadt hindurch. Das hat mit seinen Ausmaßen zu tun – über diese Distanz konnten sich keine kunstvollen Achsen entwickeln oder städtebauliche Ensembles über den Fluss hinweg geplant werden. Es gibt deshalb weder in Köln noch sonst wo am Rhein bebaute Brücken wie in Florenz oder London.

Sieben Brücken führen heute in Köln über den Rhein hinweg und verbinden zwei Ufer, die jahrhundertelang getrennt waren. Bis vor 150 Jahren gab es überhaupt keine Brücken über den Fluss – sieht man einmal von der einen römischen Brücke im 3. Jahrhundert ab, die aber auch eher strategischer Militärbau für das Kastell am anderen Ufer war und weniger dem Verkehr der Menschen und Waren diente.

Der Rhein bildete in Köln lange Zeit eine Zivilisationsgrenze: Auf der anderen Seite, rechtsrheinisch, lag das „Barbarenland" der Germanen – faktisch wurde aber auch diese Seite von den Römern wirtschaftlich genutzt, und für die Entwicklung der Stadt war sie entscheidend. Sieben römische Radialen führten nach Norden, nach Westen und nach Süden, aber keine einzige nach Osten. Und diese Tatsache hat die Stadt mental entscheidend geprägt – bis in die Gegenwart. Erst 1888 wurde mit der Eingemeindung von Deutz die Stadt auch administrativ auf das andere Ufer ausgedehnt. So steht inzwischen, von der Deutzer Brücke aus gut sichtbar, einem geordneten Westteil der Stadt ein zusammengewürfelt wirkender Osten gegenüber, der erst seit den 1990er-Jahren als Einheit gesehen und geplant wird.
Eine Stadt am Fluss ist eine Entscheidung auf Dauer: Für immer ist Bauen, Leben und Arbeiten, sind Mentales und Materielles davon geprägt. Die Kölner merken das spätestens, wenn sie mal wieder vom Hochwasser besucht werden. Mal war Köln näher am Rhein, wie im Mittelalter mit dem pulsierenden Hafen, mit Handel und Gewerbe direkt am Wasser, dann weiter weg wie im 19. und 20. Jahrhundert, als der Fluss vor allem als Transportweg gesehen wurde. In den vergangenen Jahren ist die Stadt wieder enger an den Rhein gerückt, und Planer und Politik haben sich verstärkt Gedanken um Entwicklung und Gestaltung seiner Ufer gemacht. Ein neuer Masterplan hat 2008 eigens einen „Stadtraum Rhein" thematisiert, ebenso wie der Wettbewerb „Rheinboulevard" im Rahmen der Regionale 2010 für den rechtsrheinischen Abschnitt. Kernstück des Siegerentwurfs ist eine Treppenanlage zwischen der Hohenzollern- und der Deutzer Brücke, ein urbaner Stadtplatz am Wasser, quasi eine Tribüne vis-à-vis der Altstadt: Aussichtspunkt und Flaniermeile zugleich an der fast 60 km langen Front links und rechts des Stroms. Man entdeckt mit Erstaunen: Köln liegt ja am Rhein.

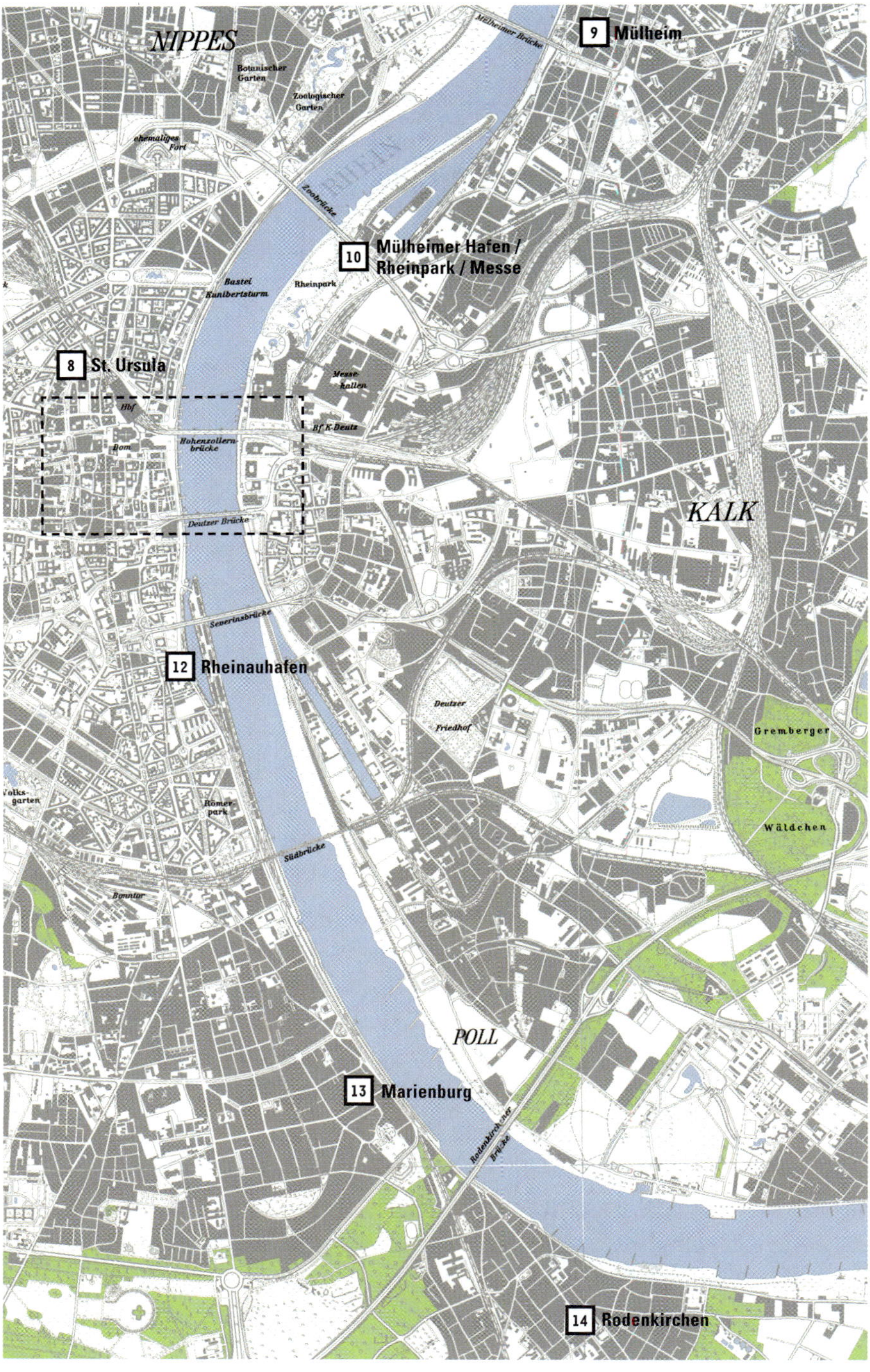
NIPPES
Botanischer Garten
Zoologischer Garten
Mülheimer Brücke
9 Mülheim
ehemaliges Fort
RHEIN
Zoobrücke
10 Mülheimer Hafen / Rheinpark / Messe
Bastei
Kunibertsturm
Rheinpark
8 St. Ursula
Messehallen
Hbf
Bf K-Deutz
Hohenzollernbrücke
Dom
Deutzer Brücke
KALK
Severinsbrücke
12 Rheinauhafen
Deutzer Friedhof
Gremberger
Wäldchen
Volksgarten
Römerpark
Südbrücke
Bonntor
POLL
13 Marienburg
Rodenkirchener Brücke
14 Rodenkirchen

1

RATHAUS Es gibt viele Dinge in Köln, die alt, aber wenige, die im Original erhalten sind. Dazu gehört der repräsentative Eingang des historischen Rathauses, der als einziger Teil im Zweiten Weltkrieg nicht zerstört wurde. Diese Rathauslaube, wie sie die Kölner nennen, wurde Ende des 16. Jahrhunderts von dem Kalkarer Bildhauer Wilhelm Vernukken im Stil der Renaissance errichtet. Sie war stolzer Zugang zum Haus der Bürger und gleichzeitig Balkon für die Auftritte der Bürgermeister. Von hier aus wurden in der „Morgenansprache" die Ratsbeschlüsse vor der versammelten Bürgerschaft verkündet. Ob außenpolitische Verträge oder innerstädtische Müllprobleme, die Tarife der Bauarbeiter oder die Zahl der Taufpaten, die Rocklänge der Kölnerinnen oder die Vertreibung fremder Bettler – alles wurde im Rat entschieden und kam vor dem Rathaus zur Sprache. Zwar versammeln sich hin und wieder heute noch Bürger zu Demonstrationen oder Protesten auf diesem Platz, aber leider muss kein Bürgermeister mehr seine Entscheidungen auf der Laube verteidigen.

Das Relief direkt über dem Eingang zeigt die dramatische Szene eines Löwenkampfs und stellt eine alte Stadtlegende dar. Im 12. Jahrhundert, als die Bürger dabei waren, sich von ihrem Stadtherrn, dem Erzbischof, zu emanzipieren, ersann der Erzbischof eine List, um den ebenfalls aufmüpfigen Bürgermeister der Stadt, Hermann Gryn, loszuwerden. Mit Hilfe zweier Domherren lockte er Hermann Gryn in eine Falle, konkret: einen Löwenkäfig, in dem sich auch ein hungriger Löwe befand. Mutig und entschlossen nahm der Bürgermeister den Kampf mit dem Raubtier auf und konnte es schließlich besiegen. Die hinterhältigen Domherren ließ er aufhängen. Noch jahrhundertelang zeigten die Kölner an der sogenannten Pfaffenpforte, etwa dort, wo heute die Touristenzentrale vor dem Westportal des Domes liegt, den Balken,

stattreisen köln
Bürgerstraße 4 (neben dem Rathaus) | Tel. 02 21–73 25 113
www.stattreisen-koeln.de
Köln quer und die kölsche Seele, Frauen in der Stadt und Kölschbrauhäuser, Melaten und Migranten, die Stadtteile und Stadtspiele, alles bietet das älteste alternative Stadtführungsunternehmen in Köln.

an dem die beiden Verräter erhängt wurden – wohl auch als bleibende Warnung an den bischofstreuen Klerus! Wenn man sich die langen Emanzipationskämpfe der Kölner vor Augen führt, ist die Popularität dieser Legende verständlich. Sie wird in jeder Stadtchronik aufgewärmt, und noch im 19. Jahrhundert hingen in manchen bürgerlichen Salons Gemälde mit dem Löwenkampf.
Der Ratsturm nebenan, nach 1407 errichtet, ist das Baudokument der politischen Emanzipation der Zünfte von den Patriziern. Die Letzteren hatten nach der „Schlacht von Worringen" 1288, als der Erzbischof die Stadt verlassen musste, die Macht übernommen, trieben es aber nicht viel besser als der alte Stadtherr. Kaum ein Jahrhundert später übernahmen dann die Handwerker und Zünfte die Macht und errichteten als Zeichen ihres Sieges den Turm neben ihrem Rathaus.
Der Platz hinter dem Rathaus, der Alter Markt, ist der politische Platz der Stadt Köln. Ob an Weiberfastnacht der Straßenkarneval eröffnet wird, am 1. Julisonntag die Schwulen und Lesben zum Christopher Street Day paradieren, die Gewerkschafter am 1. Mai feiern oder Gesamtschüler für die bessere Ausstattung ihrer Schulen demonstrieren, immer ist das auf dem Alter Markt. Schon im Mittelalter diente er den bedeutenden Stadtritualen, wenn etwa, was hin und wieder vorkam, der Kopf eines besonders habgierigen und verklüngelten Bürgermeisters rollte. Und auch im 19. Jahrhundert sah der Platz in der Zeit des demokratischen Aufbruchs zahlreiche Demonstranten, wie am 3. März 1848, als es zu dem legendären „Marsch auf das Rathaus" kam, bei dem die Anführer unter dem Armenarzt Andreas Gottschalk dem Rat die „Sechs Forderungen des Volkes" überreichten. Bei dem Tumult bekamen es einige Ratsherren mit der Angst zu tun und sprangen aus dem Fenster, wobei sich einer die Beine brach. Das war der einzige Verletzte der kölschen Revolution, denn

Rathaus Köln
Tel. 02 21–2 21-0
Führung über Köln Tourismus
Tel. 02 21–2 21-2 36 54
www.stadt-koeln.de

Prätorium Köln,
Kleine Budengasse
Tel. 02 21–2 21-2 23 94
Täglich außer Mo
www.museenkoeln.de/
roemisch-germanisches-museum

die Demonstranten damals am Rathaus dachten nicht an einen richtigen Aufstand, was Friedrich Engels, der seinerzeit zusammen mit Karl Marx in Köln das wichtigste theoretische Organ der Revolution, die „Neue Rheinische Zeitung", herausgab, zu der verärgerten Bemerkung veranlasste, die Kölner hätten „ruhig losschlagen können und wären in zwei Stunden fertig gewesen. Aber schrecklich dumm war alles angelegt."

2 ARCHÄOLOGISCHE ZONE/HAUS DER JÜDISCHEN KULTUR

In Köln waren die Archäologen vielleicht die Einzigen, die über die Ergebnisse des Bombenkriegs nicht nur traurig waren. Der größte Teil der römischen Trümmer, die wir heute bewundern, stammt aus Grabungen nach dem Zweiten Weltkrieg. Vor allem rund um das Rathaus wurde nach den flächendeckenden Zerstörungen ausgiebig geforscht. Man stieß nicht nur auf den römischen Statthalterpalast, das „Prätorium", mit einem großen Tempel der „Victoria", sondern auch auf die Fundamente der Stadtmauer und ein vollständig erhaltenes Teilstück eines römischen Abwasserkanals acht Meter unter der Budengasse. „Mit dem Fahrstuhl in die Römerzeit" hieß der Bestseller von Paul Pörtner aus dem Jahre 1959, der diese Funde populär beschrieb.

Bei den Grabungen wurden auch mittelalterliche Bauten freigelegt, vor allem aber die Fundamente des jüdischen Viertels genau unter dem Rathausplatz. Jahrelang war davon nur die Mikwe, das jüdische Kultbad, öffentlich zugänglich. Doch in jüngster Zeit werden auch die Fundamente der ehemaligen Synagoge, des Backhauses und des Hospizes und andere Reste der ältesten jüdischen Gemeinde Deutschlands wieder freigelegt, die bis 1424 existierte und dann von den intoleranten katholischen Kölnern zerstört bzw. okkupiert wurde. Erst 400 Jahre später,

Siegfried – und nicht der hl. Georg Einen versteckten Hinweis auf die Nazi-Baugeschichte der Altstadt findet man in einer Figur an der Hausecke Salzgasse/Buttermarkt, die von den Fremdenführern bisweilen als hl. Georg ausgegeben wird, der den Drachen besiegt. Aber man sollte sich diese Figur einmal genau ansehen: Wer hat schon einmal einen echten Heiligen nackt gesehen, mit Penis und Hoden? Es handelt sich hier um den germanischen Siegfried als nationalen Bodybuilder, in dem der zeitgenössische Künstler 1939 „den deutschen Helden im Kampf mit dem Drachen, den Sieg der Ordnung und des guten Elements über Anarchie und Verbrechen" sah.

als die Franzosen einmarschierten, durften wieder Juden in der Stadt leben. Alle diese archäologischen Funde, von den römischen über die jüdischen bis zu den mittelalterlichen Siedlungsresten, sollen offengelegt und zugänglich gemacht werden. Darüber ist ein Haus der jüdischen Geschichte geplant. Lange gab es heftige Gegenwehr, bis der Stadtrat im Sommer 2008 sowohl den Bau der Archäologischen Zone wie auch eines Hauses der jüdischen Kultur beschloss.

3 **KÖLNER ALTSTADT** Bei einem Spaziergang durch die Kölner „Altstadt" mit ihren schmalen Gassen und den hohen Giebeln, dem buckeligen Pflaster und den engen Durchgängen wähnt man sich in einer mittelalterlichen Stadt – das täuscht jedoch. Dieses Viertel um Groß St. Martin mit seinem Rheinpanorama, das unzählige Male reproduziert worden ist, lag nach Jahrhunderten wirtschaftlicher Blüte im 19. Jahrhundert abseits von Verkehr, Handel und profitablem Gewerbe. Die Häuser waren heruntergekommen, Sanitäranlagen selten, und hier lebten nicht nur die kinderreichen Unterschichten, hier lag auch in den zahlreichen Kaschemmen der Schwerpunkt des Straßenstrichs. In den 1920er-Jahren gab es immer wieder Pläne, wie die Altstadt zu sanieren und zu einem ordentlichen Viertel herzurichten sei, das auch touristischen Ansprüchen genüge. Als dann 1933 die Nationalsozialisten an die Macht kamen, nahmen sie umgehend dieses Projekt in Angriff – sie waren die Ersten, die Stadtentwicklung, Sanierung und Arbeitsbeschaffungsprogramme kombinierten. Gleichzeitig setzten sie ihre „ästhetischen" Vorstellungen durch: Ab 1935 wurden die meisten Häuser des Viertels abgerissen, die Hinterhöfe entkernt, neue Plätze angelegt, und nur wenige historische Bauten durften stehen bleiben. Dann baute man alles im „alten Stil" oder

EIS

Linthotel Lintgasse 7
Tel. 02 21–92 05 50
www.lint-hotel.de I €€ – €€€
Individuelles Haus in der Altstadt, wunderbare Zimmer, extravaganter Stil inklusive ökologischem Konzept.

was man dafür hielt, neu. Bei genauerem Hinsehen ist das gut zu erkennen: Typisch sind die Walmdächer sowie die symmetrischen Hausachsen, die hellen Putzfassaden und die mit dunklerem Naturstein, dem „deutschen Stein", abgesetzten Fenster- und Türrahmen. „Natürlich und ordentlich" hieß die Devise. Man sprach von „Durchlichtung", mit dem Ergebnis, dass Ende 1939 die alten subproletarischen Bewohner, die sicher nicht zur Klientel der Nazis gehörten, vertrieben waren. Nun ist der Treppenwitz der Geschichte, dass der Krieg bekanntlich mit einer Niederlage, unter anderem auch mit der Zerstörung Kölns und der gerade neuen Altstadt, endete. Die Pläne für die neue Altstadt aber waren noch da, die Architekten auch, und so wurde alles in den 1950er-Jahren genau so wieder aufgebaut wie vor dem Zweiten Weltkrieg. Damit ist das für die Kölner Altstadt die dritte Bebauung in einem einzigen Jahrhundert – bei einem Viertel, das ein Jahrtausend alt zu sein vorgibt.

4 **GROSS ST. MARTIN** Die mächtige Basilika, die dem Viertel seinen ursprünglichen Namen gab, heißt Groß St. Martin. Das Präfix „groß" trägt sie, weil es früher noch eine kleine Martinskirche gab. Der mächtige Vierungsturm bildet einen markanten Blick- und Orientierungspunkt an der Rheinfront, und man kann ihn, ähnlich wie den halben Domturm mit dem Kran, auf jedem alten Stadtpanorama deutlich identifizieren. Das ganze Areal des Martinsviertels rund um die Kirche erstreckt sich auf dem Gebiet einer früheren Rheininsel oder Halbinsel, deren erste Bebauung ein Sport- und Fitnesscenter für römische Soldaten war. Mit dem zunehmenden Rheinhandel im 2. Jahrhundert errichteten die Römer dann an dieser Stelle große, steinerne Lagerhallen. Der Rhein

Groß St. Martin
Tel. 02 21–16 42 56 50
Täglich geöffnet
www.romanische-kirchen.de

war für die Römer die wichtigste Verkehrsachse – sowohl für Truppen und Transporte als auch für den Handel –, und so wurde in den Hallen alles gestapelt: Getreide aus England, Bauholz und Steine aus dem näheren Rheinland, Wein und Fisch, Marmor und Edelmetalle sowie alle Lebensmittel und Gebrauchsgüter, die im Römischen Reich als Waren zirkulierten. Auf den Fundamenten einer dieser Lagerhallen wurde dann im 10. Jahrhundert eine Kirche errichtet, und schottische Mönche bauten hier ein Benediktinerkloster. Alle Neu- und Umbauten übernahmen

„**Dieses begehrte Land am Rhein**, von Begehrlichen bewohnt, hat zahlreiche Herrscher gehabt, entsprechend viele Kriege gesehen, koloniale, nationale, regionale, lokale, konfessionelle, es hat Weltkriege gesehen, Pogrome hat es gesehen, Vertreibungen, und immer wieder kamen Vertriebene anderswoher und wurden anderswohin vertrieben, und es schufen Scherben, Geröll und Trümmer, es schufen Ost- und Westverschiebungen nicht, was zu erwarten gewesen wäre: Gelassenheit. Wohl weil man uns dort, wo wir wohnen, nie ließ. Den einen waren wir zu westlich, den andern nicht westlich genug, und immer noch herrscht Misstrauen unter den demonstrativ Deutschen, als wäre die Kombination westlich und deutsch doch nur eine Täuschung der inzwischen unheilig gewordenen Nation, wo doch gewiss sein müsste, wenn dieses merkwürdige Land je so etwas wie ein Herz gehabt hat, lag's da, wo der Rhein fließt." Heinrich Böll zur Verleihung des Nobelpreises 1972

den römischen Grundriss: Der Kreuzgang des Klosters etwa entspricht genau dem Karree der Lagerhallen. Auch die in den 1970er-Jahren errichteten Wohnanlagen nach Plänen des Architekten Joachim Schürmann folgen mit dem großen Innenhof und der rechtwinkligen Randbebauung dem Muster des römischen Grundrisses. Es ist derselbe Architekt, nach dem der „Schürmann-Bau" in Bonn benannt ist, berühmt durch seine Hochwasserflutung, wozu Joachim Schürmann allerdings nichts konnte. Was er kann, ist an der Kirche Groß St. Martin zu bewundern, die Schürmann seit den 1960er-Jahren mit seiner Frau Margot bis in die Details der Innenarchitektur gestaltete. Fenster und Türen, Kirchenbänke und Leuchter, sogar die Türgriffe sind in einer kompositorischen Einheit angelegt. Der strenge Stil über-

CSD-Parade Am ersten Sonntag im Juli findet in Köln das größte „Queer-Event" Europas statt. Mehr als 700 000 Gäste säumen die Straßen, wenn Tausende Schwule und Lesben beim traditionellen Christopher Street Day mit ihrer Parade durch Köln ziehen. Gleichzeitig gibt es ein Rahmenprogramm rund um den Lesben- und Schwulentag, das an die Ereignisse in der Christopher Street 1969 in New York erinnert und für Gleichberechtigung und Akzeptanz wirbt. www.colognepride.de

führt die romanische Gestalt in die Moderne und schafft eine nüchterne Atmosphäre, die keine der romanischen Kölner Kirchen bieten kann.

5 FRANKENWERFT

Da die Fahrrinne des Rheins früher ab Köln Richtung Mainz flacher wurde, mussten alle von Holland kommenden Waren im Kölner Hafen auf Schiffe mit weniger Tiefgang umgeladen werden. Daraus leiteten die Kölner seit dem 13. Jahrhundert für sich das Recht ab, alle Waren für drei Tage in ihrer Stadt zu stapeln. Nur die Kölner Händler konnten diese dann zu sehr günstigen Konditionen erwerben. Im Grunde war das eine Form legalisierter Wegelagerei! Handel, Prüfung und Kennzeichnung der Waren führten zu einem großen Verwaltungsapparat. So gab es zahlreiche Berufe in der Domstadt, die nur damit beschäftigt waren, zu wiegen und zu messen, zu kontrollieren, aus- und wieder einzupacken oder zu verschicken und zu transportieren. Man kannte Ober- und Untermarktmeister, Kürmeister, Marktherren, Schreiber, Diener und Marktpolizisten. Köln wurde im Laufe der Jahrhunderte ein international bedeutender Handelspunkt mit eigenen Kontoren im Fernhandel, ohne jedoch in diesem Umfang auch Produktionsstätte der Waren zu sein. Bis heute ist das für die Herausbildung einer spezifischen kölschen Mentalität des Abwägens und Ausgleichens, kurz Klüngelns, von entscheidender Bedeutung. Und bis in die Sprache hinein ist der Hang zum Vermitteln, Gewähren und Gewährenlassen Basis des heimischen Selbstverständnisses.

Der Handel spielte sich an besonderen Plätzen ab, an die Namen wie Buttermarkt, Eisenmarkt, Heumarkt oder Fischmarkt erinnern. Für die Produkte gab es nicht nur Märkte, sondern auch Warenhäuser, in denen gelagert und gehandelt wurde. Neben

Der Kölner Dom
Täglich geöffnet ab 6 Uhr
Schatzkammer:
Täglich von 10 bis 17 Uhr
Turmbesteigung:
Täglich von 9 bis 16 Uhr,
im Sommer bis 18 Uhr
www.koelner-dom.de
www.dom-fuer-kinder.de

dem Gürzenich ist das einzig Erhaltene das „Fischkaufhaus" vor Groß St. Martin, heute „Stapelhaus" genannt. Im katholischen Köln spielte der Fischhandel schon wegen der vielen Fastentage eine bedeutende Rolle, und Hering oder Stockfisch waren sowieso die Lebensmittel der armen Leute. Nicht nur auf dem Fischmarkt wurde verkauft, auch auf dem Alter Markt saßen die „Feschwiever" in der Platzmitte um den „Kax", den Pranger, herum. In die Nähe der Häuser durften sie nicht, weil sich die feinen Bürger nicht nur an dem Gestank ihrer Fische, sondern auch an ihrem losen Mundwerk und deftigen Benehmen störten. An sie erinnert der Brunnen auf dem Fischmarkt – eine der seltenen Frauendarstellungen auf Kölner Kunstwerken im öffentlichen Raum.

6 KÖLNER DOM

Einmal im Jahr, am 6. Januar, haben Kölner und Gäste die Chance, die wichtigsten Heiligen des Rheinlands leibhaftig zu erleben. An diesem Tag wird die Frontklappe vom goldenen Schrein im Dom entfernt, und man kann die drei Schädel, aufgereiht wie auf einem Bücherbord, bestaunen, dazu zwei weitere, aber längst nicht so populäre Köpfe der Heiligen Felix und Nabor.

Als der Kölner Erzbischof Rainald von Dassel im Jahre 1164 bei der Eroberung Mailands die „Reliquien" mitgehen und in einem Eiltransport nach Köln schaffen ließ, war das ein entscheidender Impuls für den Aufschwung der Stadt. Die kölsche Propaganda um die „ersten christlichen Könige", ihre Ernennung zu Schutzpatronen für Reisende und Kaufleute und vor allem der unschlagbare Standortvorteil, dass es diese heiligen Knochen eben nur in Köln gab, alles das führte zu einem Pilgertourismus, der für Jahrhunderte nach Köln strömte. Es

Firmenzeichen Dom Für einen Kölner FDP-Abgeordneten war es ein „Skandal" und er forderte, die Briefmarken einzustampfen: Das war im Sommer 2001 und es ging um eine neue 2,25-Euro-Marke mit dem Dom und seinen zwei Türmen. Stein des Anstoßes war ein dritter kleiner Turm in der Mitte. Den gibt es zwar nicht in Natur, aber auf Stichen des 19. Jahrhunderts, die dem Grafiker als Vorlage dienten. Der Domprobst protestierte beim Finanzminister, dass er nicht gefragt worden war. Der Dombaumeisterin war es egal, „denn eigentlich sieht alles wie der Kölner Dom aus, was zwei Türme hat".

handelte sich um ein optimales Incoming-Geschäft, das gut für Handel und Handwerk, für Kneipen und Gasthöfe war, und es ist nicht verwunderlich, dass die drei dann auch im Stadtwappen als weltweit bekanntes Corporate Design auftauchten.

Manche bezweifeln guten Grundes, ob es sich hierbei um die „echten" Knochen der Hl. Drei Könige handelt, denn die Bibel kennt weder Könige noch Heilige Könige. Kritische Historiker haben darauf hingewiesen, dass eine Verehrung dieser Knochen vor ihrem Auftauchen in Köln überhaupt nicht überliefert ist. Wie auch immer, es war jedenfalls eine gute Idee, die bis heute Früchte trägt. Bald reichte der alte „Hildebold-Dom" für die frommen Touristen nicht mehr aus und so wurde er kurzerhand abgefackelt. Am 15. August 1248 wurde dann der Grundstein für den heutigen, den gotischen Dom gelegt, und nach kaum 70 Jahren waren Chor und Ostwerk mit dem Kranz der Chorkapellen fertig. Architektonisch und besucherstrategisch war mit dem neuen Dom etwas völlig Neues entstanden, denn durch den breiten Chorumgang konnten die Massen um die am zentralen Scheitelpunkt aufgestellten Reliquien herumpilgern und den Dom, ohne sich begegnet zu sein, auf der anderen Seite wieder verlassen. 1560 war dann Schluss mit dem Dombau.

Erst knapp drei Jahrhunderte später, als das Rheinland mit dem Wiener Kongress 1815 an die Preußen fiel und diese mit ihrem romantischen Interesse für das deutsche Mittelalter die halb fertige Ruine des Kölner Doms „entdeckten", wurde sein Weiterbau als Symbol der deutschen Einigung, als Bauwerk der Romantik, als Nationaldenkmal, propagiert. Eine denkwürdige Mesalliance war das: der Kölner Dom im Besitz des romtreuen rheinischen Klerus, unter der Protektion der protestantischen Könige, mit dem Geld des preußischen Staates. Aber es klappte.

GER
170

GER
974
GER

Segeln auf dem Rhein Seit 1922 findet jährlich an Pfingsten an wechselnden Orten auf dem Rhein die „Rheinwoche" statt, hin und wieder auch in Köln. Das schnellste Schiff der Regatta wird mit dem Blauen Band ausgezeichnet. Mit über 100 teilnehmenden Yachten ist die Rheinwoche die größte Flussregatta Europas. | www.rheinwoche.org

Museum Ludwig Köln
Bischofsgartenstraße 1
Tel. 02 21–2 21-2 61 65 | Geöffnet täglich außer Mo
Jeden ersten Fr im Monat bis 23 Uhr
www.museenkoeln.de/museum-ludwig

Café Holtmann im Museum
Tel. 02 21–25 09 99 77
Täglich außer Mo | Opulentes Café hinter den großen Glasfronten mit Blick auf den Heinrich-Böll-Platz.

1882 wurde die Vollendung des Domes gefeiert und so ist er in seiner stolzen Gestalt gerade einmal 127 Jahre fertig.

7 **MUSEUM LUDWIG** Das Museum zwischen Dom und Rhein ist, ebenso wie ein knappes Dutzend weiterer Kunsttempel etwa in Aachen, Oberhausen oder Koblenz, nach dem Mäzenatenpaar Ludwig benannt. Peter Ludwig war Süßwarenfabrikant, Kunstprofessor und internationaler Sammler, seine Gattin Irene Ludwig sorgte als Mitinhaberin der Schoko-Dynastie Monheim für die ökonomische Ausstattung dieser Leidenschaft. Der Traum von Peter Ludwig war ein „eigenes Museum"– und das setzte er in einer Melange aus Raffinesse, Klüngel und mit der Qualität seiner Sammlung durch: Zunächst wurde er Ehrenbürger der Stadt Köln – Irene Ludwig erst 20 Jahre später –, daraufhin vermachte er seine Sammlung der Stadt Köln, unter der Bedingung, dass hierfür ein neues Museum gebaut werden muss, und zwar spätestens bis 1985, zu seinem 60. Geburtstag. Von Anfang an gab es Widerstände gegen das Museum, die weniger die Kunst, sondern die Kosten für den städtischen Haushalt und die zentrale Lage in der Stadt kritisierten. Inzwischen sehen auch manche der Kritiker das Ergebnis mit anderen Augen: Die Architekten Peter Busmann und Godfried Haberer haben mit dem Museum und zugleich dem Neubau einer Philharmonie, die nie umstritten war, nicht nur ein schönes Architekturobjekt in die City gesetzt, sondern in einer markanten und schwierigen Zone zwischen Rheinufer, Eisenbahn und Dom einen gelungenen städtebaulichen Akzent geschaffen. So entstand einer der schönsten Plätze in Köln, der Heinrich-Böll-Platz. Die leicht ansteigende, ruhige Fläche und die dann radikal abknickenden Treppen pointieren eine ursprüngliche Situation, die hier wieder

St. Ursula Ursulaplatz 30
Täglich geöffnet,
Goldene Kammer nach Absprache
Tel. 02 21–13 34 00
www.romanische-kirchen.de

erlebbar wird: Köln, die Stadt am und über dem Fluss. Dazu kommt die überaus spannungsreiche Gestaltung des Platzes durch den israelischen Künstler Dani Karavan.

Peter Ludwig hat später, kurz vor seinem Tode im Jahre 1996, noch einen weiteren museumsstrategischen Coup gelandet: Er vermachte der Stadt Köln seine umfangreiche Picasso-Sammlung mit der Auflage, sie in „seinem" Museum öffentlich zu präsentieren. Dafür musste das bisher dort ebenfalls untergebrachte Wallraf-Richartz-Museum weichen. Nach langen Debatten um den Standort wurden schließlich der neue Standort, zwischen Gürzenich und Rathaus, und als Architekt Oswald Matthias Ungers festgelegt. Damals gab es Streit im Rat, heute sind alle glücklich.

8

ST. URSULA Die meisten katholischen Kirchtürme krönt ein Gockel oder eine Wetterfahne, aber auf der romanischen Basilika St. Ursula entdeckt man schon von Weitem eine Ausnahme: eine Krone, Hinweis auf die Königstochter, die hier verehrt wird, eine populäre Heilige und eine der Schutzpatrone dieser Stadt, die hl. Ursula. Sie war, wie die Legende erzählt, Tochter aus bretonischem Königshaus, wurde verlobt, erbat sich aber bis zur Hochzeit eine dreijährige Karenzzeit, in der sie mit ihren elf besten Freundinnen eine Weltreise unternehmen wollte. Die jungen Frauen stachen in See, legten hier oder dort an, besuchten Mainz, Köln und Basel, lernten die Welt und die Menschen kennen und kamen schließlich nach Rom. Das ist alles auf einem großartigen Bilderzyklus zu sehen, der in St. Ursula hängt. In Rom wurden die Frauen vom Papst noch einmal getauft, und der Hl. Vater war so angetan von der feministischen Reisegruppe,

Nach kurzer Fahrt getrennt

Es reimt sich was,
Und es schleimt sich was,
In den Austern im Kölner September.
Ich sitze – und niemand sonst ist dabei
Vor blinkenden Lichtern in der Bastei,
And I remember.

Heute wird nicht gegeizt,
Wird mit Champagner geheizt,
Für dich söffe ich Tinte.
Paris ist nicht weit von hier.
Könnten wir! Wollen wir
Uns dort treffen, Lobintte?

Joachim Ringelnatz

dass er sich spontan anschloss. Man reiste also jetzt gemeinsam den Rhein von Basel wieder herab. Köln wurde damals gerade von den Hunnen belagert, die sich bisher an der mächtigen Stadtmauer eine blutige Nase geholt hatten und sich nun begeistert auf die reichen, schönen und unbewaffneten Frauen stürzten, als die plötzlich auf dem Rhein auftauchten. Die Geschichte endet nicht schön. Die Freundinnen der Ursula wurden alle erschlagen, geköpft, gevierteilt oder wie die Ursula erschossen – seitdem ist der Pfeil das ikonografische Merkmal der Heiligen. Jedenfalls waren am Ende alle tot und die Hunnen zogen mit reicher Beute wieder aus der Stadt ab.

Jetzt trauten sich auch endlich die Kölner aus ihren Mauern, begruben die Toten und bauten ihnen die prächtige Ursulakirche zur Erinnerung. Sie propagierten fortan in aller Welt ihre Geschichte, was wiederum alle Welt neugierig machte und nach Köln zog. Zur Erinnerung wollten nun auch alle ein Stückchen von den heiligen Jungfrauen, eine Reliquie, besitzen. Die Kölner teilten freigiebig aus, aber nach einiger Zeit war der Vorrat erschöpft, man kann schließlich auch einen heiligen Körper nicht beliebig zerkleinern. Schließlich hatten sie den genialen Einfall, aus den elf erschlagenen Frauen elftausend zu machen – das Ganze erklärten sie mit einem einfachen Lesefehler. In den alten Urkunden war, natürlich in Latein, immer von „XI Martyres Virgines" oder abgekürzt „XI MV" die Rede. Das hatte man bisher „falsch" gelesen, es hieß in Wirklichkeit „XI M(iles)V(irgines)", also elftausend Jungfrauen. Damit war der Nachschub an Reliquien, jedenfalls für die Legende, plausibel erklärt.

Zum materiellen Schatz dieser Geschichte gehört ein Raum in St. Ursula: die „Goldene Kammer", gestiftet von einem Ehepaar im Jahre 1643, ein Beinhaus, wie es

Reliquienbüste der Cordula in der „Goldenen Kammer" in St. Ursula.

in seiner barocken Pracht sonst kaum nördlich der Alpen zu finden ist. Die hohen Wände sind über und über mit Tausenden von Knochen geschmückt, die zu Mustern gefügt sind, und in den mit goldener Schnitzerei geschmückten Schränken finden sich zahllose Schädel, die den frommen Ort zu einer exorbitanten Nekropole werden lassen. Nun konnte man an dieser Stelle schon immer auf einen unerschöpflichen Fundus von Knochen zurückgreifen, da die Kirche an der früheren Ausfallstraße vor den römischen Stadttoren liegt, und das waren nach römischer Tradition die Begräbnisstätten der Stadt – hier bediente man sich natürlich auch für den Reliquiennachschub der elftausend Jungfrauen. Ganz gleich aber, ob man die Goldene Kammer für ein Produkt nekrophiler Leidenschaften oder für das Ergebnis merkantilen Geschäftssinns hält oder ob man sie eher als religiöse Schatzkammer sieht, sie ist immer auch ein Dokument einer anderen Umgangsweise mit Tod und Sterben, als das heutzutage in unserer Kultur der Verdrängung üblich ist.

9 MÜLHEIM

Fast vier Jahre lang haben die Mülheimer mit Köln verhandelt, ehe sie sich 1914 eingemeinden ließen, denn immerhin war Mülheim jahrhundertelang eine selbstständige Freiheit auf der anderen Rheinseite. Seit dem 18. Jahrhundert hatte Mülheim auch die Nase vor Köln, was die industrielle Entwicklung betraf. In Köln hatten sich bis zum Einmarsch der Franzosen 1794 die herrschenden Zünfte allen Neuerungen verschlossen, die Stadt war klerikal versumpft. Die jungen und innovativen Kräfte waren fortgezogen – zum Beispiel auf die andere Rheinseite nach Mülheim, wo Gewerbefreiheit herrschte.

Lieber eine Hängebrücke wie in Leningrad In dem Eingemeindungsvertrag von 1914 haben die Mülheimer sich eine Reihe von Bedingungen garantieren lassen, wie etwa die berühmte Schiffsprozession an Fronleichnam, die Mülheimer Gottestracht, oder auch den Bau einer Brücke, da Mülheim nie mit dem anderen Rheinufer durch eine feste Brücke verbunden war. Damit ließen die Kölner sich aber noch einmal Zeit bis Ende der 1920er-Jahre, bis ein Preisgericht für eine Bogenbrücke entschied. Konrad Adenauer, damals Oberbürgermeister in Köln, wollte jedoch lieber eine Hängebrücke haben, und zwar von der heimischen Fa. Felten & Guilleaume. Der Haken an der Sache war, dass diese Hängebrücke um ein Vielfaches teurer war, sodass sogar Adenauers eigene Partei, das Zentrum, nicht mitspielte. Da griff der Alte in seine große Trickkiste und verhandelte mit den Kommunisten, damals die zweitstärkste Fraktion im Rathaus, und überzeugte sie, für seinen Entwurf zu stimmen – mit dem Hinweis auf eine neue Hängebrücke im revolutionären Leningrad, der die Kölner Brücke sehr ähnlich würde. Das „internationalistische" Argument zog, trotz aller Mehrkosten, und so entschied der Stadtrat mit der Hälfte des Zentrums und den Sozialdemokraten gegen und der anderen Zentrumshälfte und den Kommunisten für eine Hängebrücke.

Die industrielle Revolution im Großraum Köln begann auf der rechten Rheinseite und betraf nicht nur Mülheim, später kamen auch Deutz und Kalk dazu. Die drei zusammen bildeten in den 1880er-Jahren den bedeutendsten Industriestandort in Preußen und drohten Köln den Rang abzulaufen. Man hatte für sie auch schon einen Namen: Trutz-Köln. Und hätte es damals rechtsrheinisch einen Politiker vom Range Konrad Adenauers gegeben, dann läge heute das Zentrum von Köln vielleicht auf der anderen Rheinseite und die alte Stadt um den Dom herum wäre eine Art historisches Fantasialand.

Möbelhalle mit Kaffee
Am Faulbach,
Kontakt SSM 0221-6403152
Tägl. ab 14.00 | In Steinwurfweite vom Rhein die Lager- und Möbelhalle der „Sozialistischen Selbsthilfe Mülheim" (SSM)

Infos zu den Skulpturenausstellungen im Stammheimer Park:
www.rheinblicke-einblicke.de

Nun haben die Kölner Jahre der alten Freiheit keinen glänzenden Aufschwung gebracht. Mülheim ist industrieller Vorort geworden oder geblieben, im Planerdeutsch heute ein „B-Zentrum". Wenn man ab der Mülheimer Brücke am Ufer entlang nach Norden spaziert, an der kleinen romanischen Schifferkirche St. Clemens und einigen Bürgerhäusern vorbei, kann man noch ein wenig vom früheren Glanz Mülheims erahnen. Lange geht man am Strom entlang, mit eigenem Treidelpfad und ungestört von allen Autos, vorbei an mancher schönen Uferkneipe, bis man in Stammheim dann kurz vor der Stadtgrenze und schon das Industriegelände von Bayer im Blick, auf einen der schönsten, aber auch unbekanntesten Kölner Parks stößt.

Eine großzügige Anlage mit lockerer Wegeführung und alten Bäumen, Büschen und zwei Wächterlöwen am Eingang der schnurgeraden Allee. Und dann das Überraschende – es gibt kein Schloss, keinen herrschaftlichen Ort, auf den alles zuläuft. Dazu passt auch, dass dieser Park zwar Eingänge und Mauern, aber keine Tore hat, immer offen steht und eher wie beiläufig zum Besuch einlädt. Angelegt wurde er Anfang des 19. Jahrhunderts von einem Reichsfreiherrn von Fürstenberg beziehungsweise von seinem Gartenarchitekten Weyhe. Es gab dazu damals auch ein Schloss aus dem 18. Jahrhundert, das jedoch im Zweiten Weltkrieg zerstört wurde und an dessen Stelle nach dem Krieg die Bayer AG ein Altenheim errichtete. Heute gehören Terrain und Gebäude der Stadt Köln. Diese schöne Unbekannte ist erst in jüngster Zeit von der Künstlerinitiative „Kultur Raum Rechtsrhein" wiederentdeckt worden, die ihn mit einer Vielzahl raum- und ortsbezogener Objekte bespielt und dabei ein ästhetisches Erlebnis bereitet, wie man es in den anderen Kölner Skulpturengärten kaum findet.

Mülheimer Gottestracht Eines der farbenprächtigsten folkloristischen Ereignisse in jedem Jahr ist die Mülheimer Gottestracht an Fronleichnam. Zahlreiche Passagierschiffe, Privatboote und Jachten machen sich mit Schützen und Karnevalisten, Klerikern und Messdienern von Mülheim aus auf den Weg Richtung Köln, drehen aber dann kurz vor der Zoobrücke wieder ab – an der imaginären Linie, die die alte Stadtgrenze zwischen Köln und Mülheim markiert – und kehren nach Mülheim zurück.

10 MÜLHEIMER HAFEN/RHEINPARK/MESSE

Der Mülheimer Hafen ist der interessanteste in Köln, kein reiner Industriehafen wie in Deutz und auch nicht radikal umgebaut wie der Rheinauhafen auf der anderen Seite – und doch ein Gewerbegebiet im Umbruch. Der Charme der weiten Meere auf Gartenlaubenniveau zeigt sich beim Blick auf alte Kähne, Schiffe und Eigenbaumodelle und in die Schiffswerft KSD, in der nicht mehr gebaut, sondern nur noch repariert wird – immerhin die einzige Güterschiffswerft zwischen Duisburg und Bingen am Rhein. Ein schöner Weg führt an dieser nostalgischen Herrlichkeit vorbei, in der Verlängerung des Rheinparks auf einem erhöhten Dammweg bis zur Spitze der lang gestreckten Halbinsel. Bisweilen erblickt man in diesem Becken ein Partyschiff oder die Schwimmkräne und Messboote des Wasser- und Schifffahrtsamts und geht dann weiter über die hoch geschwungene Brücke für Fußgänger und Radfahrer an der Hafeneinfahrt und hinüber auf das Mülheimer Ufer. Von hier oben blickt man auch auf einen der seltenen Kölner Strände, die „Sandburg Cologne", ein Spaßgebiet mit viel Sand, Strandhütte, Beachclub, und im Sommer mit Cocktails und Party. Nach Süden schließt sich unter der Zoobrücke hindurch der Rheinpark an, die größte innerstädtische Grünanlage, in der 1957 und 1971 die Bundesgartenschau stattfand. Das Ensemble präsentiert sich mit vielen Fünfziger-Jahre-Bauten in der typischen geschwungenen Architektur. Themengärten und fließend ineinander übergehende Naturflächen dokumentieren das Konzept einer gestalteten, aber offen wirkenden Landschaft. Dazu gehören zwischen Bäumen und Büschen die Skulpturen und Kunstobjekte, die jeweils typische Repräsentanten ihrer Zeit sind. Obwohl der Rheinpark ein wenig vernachlässigt ist und nahe an der Innenstadt liegt, ist er immer ein schöner und meistens auch ruhiger Ort der Muße. Das angrenzende Messegelände ist seit

Rheinterrassen Rheinparkweg 1 | Tel. 02 21–8 80 95 31 | www.rhein-terrassen.de
Interessanter Fünfziger-Jahre-Bau mit Innen- und Außengastronomie, einem der schönsten Blicke auf die Stadt und guter Küche in mediterranem Mix.

Claudiustherme Sachsenbergstraße 1 | Tel. 02 21–98 14 40 | Täglich 9 bis 24 Uhr | www.claudiustherme.de
Große und großartige Badeanlage unter der Zoobrücke mit Thermalbecken innen und außen, russischen Blockhütten, türkischen und finnischen Anlagen, Restaurant und Ruheräumen mit weitem Blick auf den Park und den Dom. Meistens ziemlich voll.

den 1920er-Jahren vom Rhein her ausgebaut worden. Die roten Ziegelsteinbauten mit dem Messeturm und das halbrunde Staatenhaus hinter dem Tanzbrunnen wurden 1928 anlässlich der ersten internationalen Medienschau „Pressa“ errichtet. Als mit dem Krieg 1939 der Messebetrieb aufhörte, wurde das Gelände zum zentralen Ort des nationalsozialistischen Gewaltsystems. Schon vorher zu „Friedenszeiten“ wurden hier deutsche Männer gemustert und Lehrer ideologisch geschult. Mit Kriegsbeginn dienten die Hallen als Gefangenenlager, 1940 als Sammel- und Deportationsstelle für über 1000 Zigeuner aus Köln und dem Rheinland, später wurden von hier aus fast 10 000 Juden in die Vernichtungslager deportiert. Diese Züge fuhren von dem angrenzenden Bahnhof Deutz-Tief ab, der jetzt als neuer ICE-Bahnhof „Köln-Messe“ dient. 1942 wurden auf dem Gelände Zwangsarbeiter untergebracht und die Messe Standort eines Außenkommandos des KZ Buchenwald. Die rund 100 Häftlinge mussten im Auftrag der Stadt Trümmer räumen und Bunker bauen, Verschüttete freigraben und Tote bergen, Straßenbahnschienen flicken oder Wasserleitungen reparieren – alles Arbeiten, die das Funktionieren und Überleben der Stadt ermöglichten. Es gab weitere Lager auf dem riesigen Gelände, ein Arbeitserziehungslager der Gestapo sowie ein Barackenlager für Gefangene. An alle diese Funktionen des Geländes erinnert ein Gedenkstein auf der Wiese vor dem Messeturm, der im Jahre 1993 und erst auf Drängen engagierter Kölner Bürgerinnen und Bürger errichtet wurde.

Nach dem Krieg wurden die teilweise zerstörten Hallen wieder hergerichtet und dienten für mehr als 50 Jahre dem Messebetrieb. Inzwischen hat sich die Messe nach Osten verlagert, und in die historischen Gebäude am Ufer zieht RTL ein sowie die rheinische Filiale des Versicherers Talanx. Investor ist dabei der Esch-Oppenheim-Fonds, der das ganze Gelände von der Stadt via Sparkasse erworben hat. Und obwohl alles

Cologne Beach Club km 689 Geöffnet im Sommer bei schönem Wetter | Rheinparkweg 1
Tel. 02 21–8 80 95 33 | www.km689.rhein-terrassen.de
Echter Sandstrand, nicht direkt am Wasser, aber nur ein paar Meter entfernt. Tonnen feiner Quarzsand wurden angekarrt und neben dem Tanzbrunnen ausgebreitet und bieten nun die maritime Basis für alles, was das Herz am Wasser begehrt.

nach den Wünschen von RTL und Talanx umgebaut wurde, sind die beiden selbst nicht Mieter, sondern die Sparkasse. Das ist ein beliebtes und für die Oppenheim-Bank bzw. ihre Kunden lukratives Geschäft, ähnlich wie bei der KölnArena oder beim Medienforum in Ossendorf: Bei diesen langfristigen Mietverträgen werden die Stadt bzw. ihre Töchter zwischengeschaltet. Zustande kommen diese Verträge allerdings nur durch massiven Klüngel. Im Fall der Messe trägt die Sparkasse und damit quasi die öffentliche Hand für 30 lange Mietjahre das volle Risiko. Die Stadt Köln wird dieser Deal bis zum Ende nach Schätzungen von Kritikern einige Hundert Millionen Euro kosten.

11 **DEUTZ** In Deutz genießt man vom Rheinufer aus den berühmten Blick auf die Altstadt und das Panorama der Stadt, den Maler und Fotografen in unendlichen Variationen des immer Gleichen festgehalten haben.
Der Bereich von Deutz zwischen Hohenzollern- und Deutzer Brücke war im Dritten Reich zum Abriss vorgesehen, denn hier sollte ein „Gauforum" entstehen, ein gewaltiges Aufmarschfeld mit flankierenden Parteibauten und einem dominanten „Haus der Arbeit" – das nationalsozialistische Pendant zum katholischen Dom. Die Nazis waren von den Plänen des Kölner Architekten Clemens Klotz so begeistert, dass sie ihn zum Professor machten und er zu einem der Lieblingsbaumeister des Führers avancierte. Zum Glück haben die Deutschen den Krieg verloren und es ist bei den Plänen geblieben.

„Lieber in Deutz wohnen und Köln sehen, als in Köln wohnen und Deutz sehen."
Victor Hugo

Dass der Rhein die Grenze war und Deutz auf der anderen Seite das feindliche Ufer, bestimmt bis heute das Verhältnis zwischen den beiden Rheinseiten. Es ist kein Zufall, dass zwar rund 40 Prozent aller Kölner auf der rechten Rheinseite leben,

Restaurant Glashaus im Hotel Hyatt Regency
Tel. 02 21–8 28 12 34 | €€€€
www.cologne.regency.hyatt.com
Edle Aussicht auf Altstadt und Dom.

KölnTriangle Ottoplatz 1
Aussichtsplattform mit fantastischem Blick 100 Meter über Köln, täglich geöffnet.
www.koelntriangle.de

aber es bis zum heutigen Tag kein Museum, kein Kino und bis zum Bau des Technischen Rathauses nicht einmal ein Dezernat der Stadtverwaltung auf das andere Ufer der Stadt geschafft hat.
Am Ufer liegt der älteste Bau im Rechtsrheinischen, das römische Kastell, dessen Fundamente neben dem Lufthansa-Haus teilweise freigelegt sind. Hierhin führte die erste römische Militärbrücke aus dem Jahre 310. Später wurde aus dem Kastell ein Kloster, heute befindet sich dort ein Altersheim, und die romanische Kirche Alt St. Heribert dient der Griechisch-Orthodoxen Gemeinde Kölns mit ihren immerhin 10 000 Mitgliedern als Gotteshaus.
Deutz ist ein Stadtteil im Umbruch. Nachdem mehr als ein Jahrhundert lang die Schwerindustrie seinen Charakter bestimmte, sind es inzwischen Medien, IT und Dienstleister aller Art, vor allem die Neubauten der Messe. Angefangen hatte es Ende der 90er-Jahre mit dem Bau des Technischen Rathauses als Annex an die KölnArena, die heute nach einem Chemieunternehmen „LanxessArena" heißt. Hier tauchte auch zum ersten Mal der Klüngelvorwurf mit dem Esch-Oppenheim-Fonds auf, wurde doch das Technische Rathaus überhaupt nur gebaut und – ähnlich wie bei der Messe – von der Stadt für 30 Jahre gemietet, um für den Esch-Fonds die Arena zu finanzieren. Wichtig für Deutz war vor allem die neue Haltestelle des ICE, während der schon beschlossene Bau von vier Hochhäusern dem Veto der UNESCO zum Opfer fiel. Sie hätten die Sichtachsen zum Welterbe Kölner Dom gestört. Nur ein einziges Hochhaus wurde gebaut – und das zum Teil am Rande der Legalität –, der KölnTriangle-Turm. Inzwischen ist die neue Hauptverwaltung der Lufthansa in Sichtweite dazugekommen, immerhin das letzte Dax-Unternehmen mit Sitz in Köln, und für die Bayer-Tochter Lanxess wird hier ebenfalls ein neuer Firmensitz geplant. In Deutz geht inzwischen die Kölner Post ab.

PEGEL KÖLN

Museum Lindt-Imhoff Schokoladenmuseum
Tel. 02 21–9 31 88 80 I Täglich außer Mo I www.schokoladenmuseum.de

Kap am Südkai Bistro – Bar – Lounge I Agrippinawerft 28 I Tel. 02 21–35 68 33 33 I www.kapamsuedkai.de
Der Hit für einen Kaffee oder einen Snack am südlichen Ende des Hafens. Kühles Interieur, schickes Design, gute Küche und schöne Plätze am Wasser – im Sommer Außenterrasse.

FrauenMediaTurm I Tel. 02 21–9 31 88 10 I www.FrauenMediaTurm.de
Das feministische Archiv und Dokumentationszentrum, Benutzung nur nach Voranmeldung.

12 RHEINAUHAFEN

Selbst in Köln gibt es Orte, an denen die Stadt weicher, schöner, ja sogar urbaner erscheint. Die Terrasse des Schokoladenmuseums auf der Spitze der Halbinsel des Rheinauhafens ist ein solcher Ort. Von hier aus blickt man auf die Altstadt, den Rhein, die Brücken und weit aufs andere Ufer über die Poller Wiesen. Es fehlt hier oben eigentlich nur noch die Bedienung für heiße Schokolade, aber die gibt es im Café des Museums, in dem man hinter den hohen Scheiben und im Sommer sogar draußen sitzt und auf die vorbeifahrenden Schiffe schaut. Der massive Turm am Ufer direkt gegenüber, der Malakoffturm, besitzt ein besonderes technisches Denkmal, eine hydraulisch betriebene Kraftanlage aus dem späten 19. Jahrhundert – Rest der alten Hafentechnik, bevor Elektromotoren in Gebrauch kamen.

In den 1980er-Jahren verlor der Rheinauhafen seine Funktion als Güterumschlagplatz, er stand lange leer, die Kräne wurden abgebaut, die Kontore und Hallen an Künstler oder Medienarbeiter vermietet, bis 2000 die völlige Umgestaltung begann. Heute bestimmen zahlreiche Neubauten mit Wohnungen, Läden und Büros und der längsten Tiefgarage am Rhein das Bild. Vor allem die über 60 Meter hohen Kranhäuser direkt an der Wasserkante dominieren das Bild nicht nur der Hafenfront, sondern auch massiv das Panorama der Stadt. Doch hier hat man im Unterschied zu den geplanten Hochhäusern in Deutz und dem Welterbe Kölner Dom kein Wort von der UNESCO vernommen.

Der Bayenturm mittendrin war der südlichste Punkt der mittelalterlichen Stadtbefestigung und in der kölschen Geschichte immer ein markantes Symbol bürgerschaftlicher Selbstbehauptung. In den langen Kämpfen zwischen Erzbischof und Kölner war immer entscheidend, wer hier die militärische Präsenz hatte – nach

Schiffskneipe Alte Liebe
Rodenkirchner Leinpfad I Tel. 02 21–39 23 61 I www.bootshaus-alte-liebe.de

Campingplatz Berger
Uferstraße 71 I Tel. 02 21–39 22 11 I www.camping-berger-koeln.de

Kahlshof Restaurant & Hotel I Karlstraße 7–9 I Tel. 02 21–9 35 31 50 I www.kahlshof.de I €€
Gutes Restaurant am Ufer mit Wintergarten und Kölschterrasse im Sommer und ein paar Zimmern zum Rhein in schlichtem italienischem Design.

dem Motto „Wer den Turm hat, hat die Macht". Inzwischen ist es weder Bürgermeister noch Erzbischof, sondern Alice Schwarzer, die im Bayenturm mit dem feministischen Archiv und der „Emma" residiert.

13 **MARIENBURG** Ein paar Meter muss man hinaufsteigen, wenn man von der Rheinuferstraße in Marienburg auf den Römerberg einbiegt. Hier oben leben die Kölner hochwasserfrei. Das war schon immer so, seit die Römer an dieser Stelle das zentrale Lager ihrer Rheinflotte angelegt haben. Die Archäologen haben alles freigelegt, oder was davon noch übrig war: Im Mittelalter war das Areal der einzige Steinbruch weit und breit, in dem die Kölner sich bedienen konnten, und das Schönste, das Material, war schon hergerichtet und behauen. Und weil das mit den Römern in Vergessenheit geriet und man sich hier eine alte Burg vorgestellt hat, heißt die kilometerlange Ausfallstraße nach Süden auch „Alteburger Straße".
Das römische Flottenlager muss recht groß gewesen sein, man schätzt die Gesamtstärke immerhin auf 3000 bis 4000 Mann. Neben der Grenz- und Schifffahrtsicherung des Rheins von Basel oder Mainz bis zur Scheldemündung sowie Zoll- und Polizeiaufgaben übernahm die Flotte auch viele Transporte. Jeder Baumstamm und Stein musste ja nach Köln gebracht werden, dazu Militärgüter und Waffen, Lebensmittel und Baumaterialien. Alles wurde auf dem Rhein transportiert, und entsprechend wichtig war die Flotte und ihr Stützpunkt. Angesichts der archäologischen Funde kann man sich vorstellen, welches Gewimmel an Kriegs- und Handelsschiffen, Fischern, Lastkähnen oder Ruderbooten vor dem Kölner Hafen geherrscht haben muss.

Rodenkirchener Riviera

Weiß–Zündorf Weißer Leinpfad, Stromkilometer 676 | Tel. 0 22 36–6 83 34 | www.faehre-koelnkrokodil.de
1. April bis 15. Oktober Mo bis Fr, Sa und So sowie im Winter nach Bedarf | Seit 1987 bringt Heiko Dietrich mit den Fähren „Krokodil“ und „Frika“ Menschen, Tiere, Fahrräder über den Rhein zur Groov nach Zündorf und zurück. Das dauert fünf Minuten, bisweilen länger, es gibt auch Kaffee und Kuchen.

14 RODENKIRCHEN

Jenseits der Autobahnbrücke und südlich des Militärrings liegt Rodenkirchen, bis 1975 eine selbstständige Gemeinde. Rodenkirchen ist ein Stadtteil gehobener Lebensart mit schicken Läden, zahlreichen Boutiquen, Parfümerien und entsprechenden Preisen. Am Ufer liegen einige Kneipenschiffe, viele Restaurants und Gaststätten, und nach Süden führt ein beliebter Spazierweg immer am Rhein entlang. In dem weiten Rheinbogen zwischen Rodenkirchen und Sürth stößt man zwischen den Büschen und hohen Bäumen auf Sandstrände, die sich von den neuesten Beach-Kreationen nicht nur dadurch unterscheiden, dass der Sand nicht von LKWs aus Frechen herangekarrt, sondern vom Rhein angelandet wurde, sondern vor allem, dass man hier keinen Eintritt bezahlen muss, wenn man baden oder sonnen, grillen, Ball spielen oder sich sonst am oder im Wasser vergnügen will.

Absurd kommt einem da eine europäische Richtlinie vor, nach der u. a. der weite Rheinbogen ein besonderes Schutzgebiet für Fische ist. Gemäß dem „Flora-Fauna-Habitat“ können sich hier die Wanderfische ausruhen und die Jungfische erholen. Es schwimmen ja seit Jahren wieder echte Fische im Rhein, darunter geschützte Arten wie Lachs oder Finte, denen der lange Weg rheinaufwärts zu anstrengend ist und die hin und wieder Ruhepausen einlegen möchten. Die können sich dann mit den Badegästen an der Rodenkirchener Riviera um die besten Uferplätze zanken.

BONN

Keine Stadt im Rheinland zwischen Mainz und Köln ist in ihrer Gestalt so vom Rhein geprägt wie Bonn. Fast 20 Kilometer zieht sich die ehemalige Bundeshauptstadt rechts und links am Strom entlang. Sie hat sich ausgehend von den hochwasserfreien Hügeln des römischen Militärlagers und der mittelalterlichen Kernstadt immer am Fluss entlang ausgebreitet – vor allem nach Süden: im 19. Jahrhundert mit den prächtigen Villen am Ufer und dem romantischen Blick auf das Siebengebirge, im 20. Jahrhundert mit den Stadterweiterungen bis zur Eingemeindung von Bad Godesberg. Jeder Versuch, einen Bonner Stadtplan in eine handhabbare Form zu bringen, wird deshalb immer zu einer akrobatischen Falzübung, viel Papier oben und unten und wenig rechts und links.

So hat Bonn aber auch eine der schönsten Promenaden am Rhein, jedenfalls am linken Ufer. Sie geht in die Grünanlagen der ehemaligen Bundesgartenschau über, dann folgen die Villenvororte Plittersdorf und Züngsdorf bis zur Stadtgrenze, die zugleich auch die Landesgrenze zu Rheinland-Pfalz bildet. Es gibt zwischen Strom und Stadt keine Häfen und gewerblichen Altlasten und es gibt keine Bahnlinie und keine Autostraße, die die Einwohner dieser Stadt am Rhein vom Ufer abschneidet – ganz im Unterschied zu Köln haben die Bonner etwas für ihre schöne Rheinseite getan.

Heute leben mehr als 300 000 Menschen in Bonn, und die Stadt hat immer noch das Image behäbiger Kleinteiligkeit, obwohl sie doch dreimal in ihrer langen Geschichte Hauptstadt war: im hohen Mittelalter als Sitz der Erzbischöfe, nachdem diese 1288 aus Köln vertrieben worden waren, später als Residenz der Kurfürsten und zuletzt als Bundeshauptstadt der Bonner Republik. Und fast hätte es noch ein viertes Mal geklappt, als die Preußen beim Wiener Kongress 1813 das Königreich Sachsen

www.bonn.de Hier findet der Gast alle notwendigen und viele weitere Informationen zu Bonn, zu Kultur und Tourismus, Museen und Kneipen, Stadtführungen und Hotelbetten, aber auch zu Verwaltung, Bürgerservice, Sport und Stadtrat.

StattReisen – Bonn erleben e.V. Hauptbahnhof Bonn, Nordflügel
Tel. 02 28–65 45 53 | www.stattreisen-bonn.de
Seit mehr als 15 Jahren führt StattReisen mit innovativen Ideen durch die Bonner Geschichte und Gegenwart. Zu Fuß oder mit dem Rad, als Stadtspiel oder Schulausflug, mit Exkursionen ins Umland oder Paddeltouren auf dem Rhein sind die Ausflüge mit StattReisen ein Muss für den Fremden und ein Genuss für den Einheimischen.

okkupieren wollten und als Ausgleich vorschlugen, den Sächsischen König von Dresden ins Rheinland umzusiedeln und Bonn zu dessen neuer Hauptstadt zu machen. Trotzdem war Bonn nie Metropole, sondern blieb immer überschaubar. Diese Melange aus Bedeutsamkeit, Lage und Mentalität hat zu dem besonderen Charakter der Bonner und ihrer Stadt geführt. Ganze Scharen von Künstlern, Intellektuellen, aber auch eine reiche Oberschicht wurden davon im 19. Jahrhundert angezogen, fasziniert von dem Einfallstor der Rheinromantik. Als die englische Schriftstellerin Ann Radcliffe, die prominenteste Vertreterin des New-Gothic-Schauerromans, im Rheinland recherchierte, lobte sie ausdrücklich die schöne Landschaft. Von Köln wandte sie sich angewidert ab: „ekelhaft wegen des Schmutzes und der düsteren Athmosphäre", während in Bonn ein besserer Menschenschlag zu finden sei. Die bettelnden Kinder etwa, die sonst überall die Reisenden auf unverschämte Weise bedrängten, küssten einem hier die Hände und hielten in einer Geste inne, die als Gruß oder auch als Bitte ausgelegt werden könne. Die Menschen in Bonn, stellt Ann Radcliffe fest, „sind wie ihre Landschaft, von schönem Charakter".

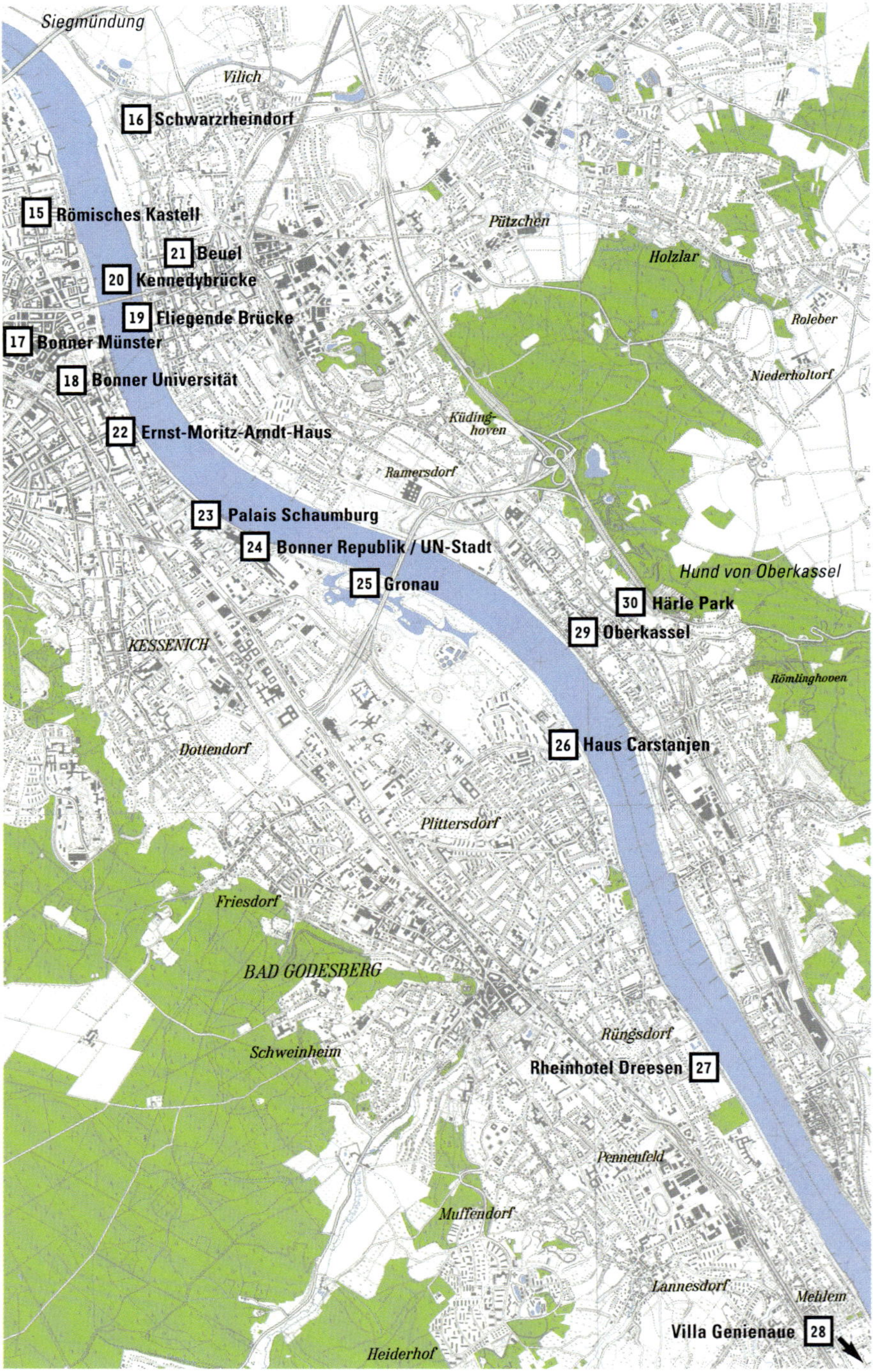
Siegmündung
Vilich
16 Schwarzrheindorf
15 Römisches Kastell
21 Beuel
20 Kennedybrücke
19 Fliegende Brücke
17 Bonner Münster
18 Bonner Universität
22 Ernst-Moritz-Arndt-Haus
Pützchen
Holzlar
Roleber
Niederholtorf
Küdinghoven
Ramersdorf
23 Palais Schaumburg
24 Bonner Republik / UN-Stadt
25 Gronau
Hund von Oberkassel
30 Härle Park
29 Oberkassel
KESSENICH
Römlinghoven
26 Haus Carstanjen
Dottendorf
Plittersdorf
Friesdorf
BAD GODESBERG
Rüngsdorf
Schweinheim
Rheinhotel Dreesen 27
Pennenfeld
Muffendorf
Lannesdorf
Mehlem
Villa Genienaue 28
Heiderhof

15 RÖMISCHES KASTELL

Wenn man im Bonner Norden zwischen Augustusring und Rosental, der Graurheindorfer Straße und dem Rhein spazieren geht, kann man sich kaum vorstellen, auf dem Gelände eines ehemaligen römischen Militärlagers zu sein. Nichts erinnert an die Kasernen und Offiziershäuser, nichts ist erhalten geblieben von den Depots, dem Hospital, den Bädern, Latrinen, Werkstätten und Waffenlagern. Allenfalls der Name „Römerstraße", früher die zentrale Lagerstraße, und der rechtwinklige Straßenverlauf sind Hinweise auf das große Quadrat von 528 mal 524 Meter mit vier Lagertoren in alle Himmelsrichtungen, und vielleicht auch die erhöhte Lage am Strom. Bei Niedrigwasser kann man im Rhein zwischen Wachsbleiche und Augustusring eine breite Mulde mit einer Steinmole entdecken – Reste des ehemaligen Militärhafens vor dem Legionslager. Obwohl kaum etwas zu sehen ist, ist diese Garnison archäologisch außerordentlich gut erforscht.

Rund 6000 Soldaten einer Legion und etwa 1000 Mann an Hilfstruppen waren hier stationiert, die meisten von ihnen stammten wohl nicht aus dem Rheinland. Vor allem von Grabsteinen weiß man, dass sie aus dem benachbarten Belgien oder dem fernen Vorderasien stammten, dass sie aus dem griechischen Thrakien oder dem spanischen Asturien kamen. 20 Jahre lang mussten sie Militärdienst leisten. Und wenn sie nicht kämpften oder Wache schoben, hieß das vor allem für die Pioniere in den zahlreichen Militärbetrieben zu arbeiten, in den Steinbrüchen und Ziegeleien, den Töpfereien oder Metallwerkstätten – als Maurer, Steinmetze oder Zimmerleute. Ein Zeugnis dieser Arbeit findet man in der Grünanlage, die vom Augustusring zum Rhein hinunterführt: den verkleinerten Nachbau eines „Pentaspastos", ein „Fünfroller", ein Baukran, der im Original etwa 15 Meter hoch war und

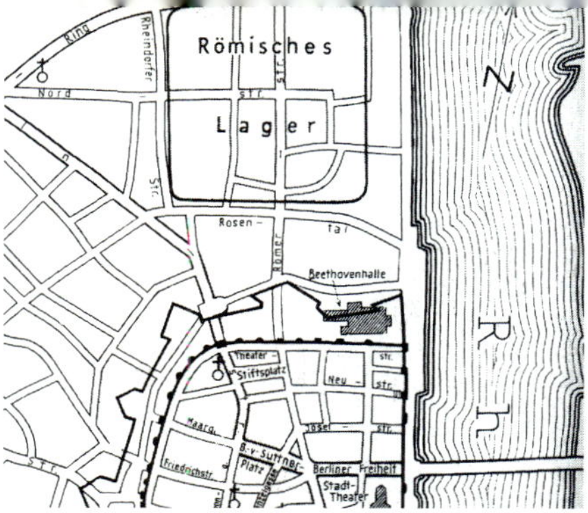

Im Norden lag das Römerlager, zwischen Augustusring und Rosental. Aus der zivilen Vorstadt des römischen Militärs mit Gräbern und Geschäften, mit Dienstleistern und Dirnen entwickelte sich das mittelalterliche Bonn. Eine Brücke gab es damals nicht.

fünf Tonnen Last über ein ausgeklügeltes System von Flaschenzügen aufheben konnte. Die schweren Basaltfelsen aus Unkel oder die Trachytsteine vom Drachenfels konnten mithilfe solcher Kräne von den Lastkähnen geladen und an den Baustellen bewegt werden. Das funktionierte allerdings nur, wenn sich genügend Soldaten in dem großen Laufrad wie die Hamster vorwärtsbewegten und den Tretkran in Bewegung hielten.

Eine erste, kleinere Militäreinheit hatten die Römer schon um die Zeitenwende im Bereich der heutigen Oper, dem ersten Siedlungsgebiet Bonns, zur Beobachtung der rechten Rheinseite stationiert. Aber erst um 30/40 n. Chr., als die militärische und politische Situation dahin gehend klarer war, dass die rechtsrheinischen germanischen Gebiete auf Dauer nicht zu halten waren, verlegte man eine ganze Legion aus Köln nach Bonn und baute nördlich der alten Siedlung ein neues Lager. Und dann entwickelte sich vor diesem Legionslager eine zivile Vorstadt mit Handel und Gastronomie, mit Märkten und Handwerkern, mit Dienstleistung und Vergnügen – der Kern der heutigen City. Zwar mussten die rund 7000 Soldaten in der Garnison leben und durften erst nach Ende ihrer Dienstzeit heiraten und sich als freie Bürger, als Händler oder Landwirte im Rheinland niederlassen, aber natürlich banden sie zahlreiche Menschen und ihre Arbeit an das Militär. Im 2. und 3. Jahrhundert, der friedlichsten Zeit am Rhein, schätzen Historiker rund 17 000 Menschen in Bonn, mehr als dreimal so viel, wie die Stadt im Mittelalter zählte.

An der Siegmündung

An der Mündung der Sieg gibt es noch eine „fliegende Fähre“, die an einem Seil über dem Fluss hängt und durch die Strömung von einem Ufer ans andere getrieben wird.

16 SCHWARZRHEINDORF

Wenn man über die nördliche Autobahnbrücke über den Rhein fährt und nach Süden schaut, sticht die in kräftigen Farben abgesetzte Doppelkirche von Schwarzrheindorf aus der grünen Umgebung hervor. Sie liegt auf einem hochwasserfreien Hügel, einem uralten Siedlungspunkt gegenüber dem römischen Legionslager, das durch eine Furt leicht erreichbar war. Man darf sich für die römische Zeit den Rhein an dieser Stelle ohnehin nicht durchgängig als Grenze vorstellen: Die rechtsrheinischen Gebiete waren wichtiges Hinterland, mit Bergbau und Steinbrüchen, für die Versorgung und die landwirtschaftlichen Betriebe. In Menden, einem Ortsteil von St. Augustin, fand man einen Stein mit der Inschrift „Grenzen der Legions-Weiden" – und das war doch einige Kilometer vom Lager entfernt.

An die römische Geschichte erinnert in Schwarzrheindorf ein Denkmal auf dem Hochwasserschutzdeich in der Nähe der Doppelkirche. Der römische Feldherr Cäsar sitzt dort, geschmückt mit einem Lorbeer-Siegeskranz, mit einem Brückenplan in der Hand auf einem Thron. Hier soll sich die erste Rheinbrücke befunden haben, die Cäsar seinerzeit bauen ließ. Darüber lässt er sich in seinem „Gallischen Krieg" lang und breit aus, und Bonner Patrioten träumen bis heute, das sei genau hier gewesen. Aber leider war das rund 60 Kilometer weiter südlich im Neuwieder Becken.

Im Mittelalter endete am Rhein eine alte Straße, die entlang der Sieg führte. An dieser Stelle befand sich auf dem Hügel ein befestigter Königshof, ein wenig weiter südlich führte eine Fähre über den Strom. Arnold von Wied, Kölner Erzbischof und hiesiger Grundbesitzer, ließ im 12. Jahrhundert auf dem Hof eine private Doppelkapelle errichten: eine oben für den Hof und eine unten für das Publikum.

Die Kapellen waren durch eine große achteckige Öffnung miteinander verbunden und über und über ausgemalt – nach einem komplexen theologischen Programm, dessen narrativer Stil heute noch die Betrachter in Staunen versetzt. 1151 wurde die Doppelkirche mit einem Spitzenaufgebot an Prominenz eingeweiht. Der König war anwesend, zahlreiche Erzbischöfe, Bischöfe und Äbte. Der Kölner Erzbischof konnte den versammelten Kollegen stolz seinen Prachtbau vorführen, hatte aber nicht lange Spaß daran, da er schon wenige Jahre später ums Leben kam. Allerdings nicht ganz standesgemäß, wie eine Chronik mokant vermerkt: Der Erzbischof hatte sich „unter Hintansetzung des priesterlichen Ernstes" 1156 beim Osterfest in Xanten an einem Wettrennen beteiligt, war heftig gestürzt und verschied bald darauf an den Folgen. Aber immerhin ist er hier in seiner Kirche am Rhein beigesetzt. Seine Schwester Hedwig erweiterte den Kirchenbau und machte aus dem früheren königlichen Gutshof ein Benediktinerinnenkloster. Auf deren schwarze Ordenstracht geht der Name „Schwarzrheindorf" zurück. Später wurde aus dem Kloster ein reiches Damenstift, noch später wurde es mit der Säkularisation aufgelöst und danach als Stall, Magazin und Lazarett benutzt. Schließlich entdeckte die Romantik den alten Bau wieder. Heute gilt die Doppelkirche als Kleinod der rheinischen Romanik, als eine der vollendetsten Architekturen der Zeit mit ihren aufstrebenden Säulen und harmonischen Kapitellen, den grandiosen Galerien und starken Rhythmen von Bau, Bauteilen und Farben.

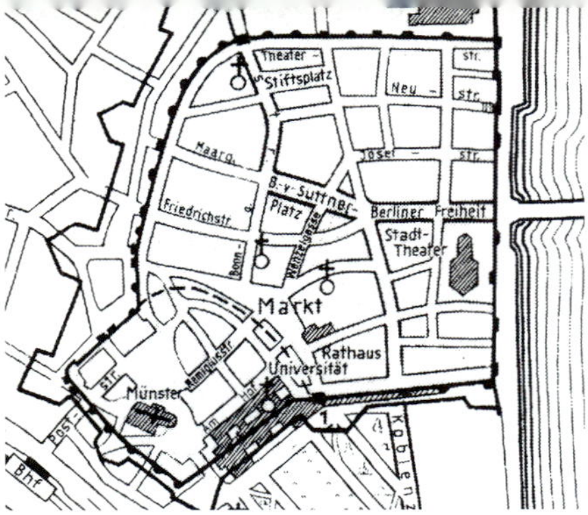

Der mittelalterliche Stadtplan von Bonn zeigt deutlich die Ausweitung im Südwesten rund um das Münster. Auf einem römischen Friedhof wurde die erste Kapelle gebaut, hier wurden die Gräber von Cassius und Florentius „gefunden", hier entstand das Münster und lag der Kern der Stadt, von hier aus entwickelte sich das mittelalterliche Bonn.

17 BONNER MÜNSTER

Die Archäologen sprechen von einer „Totenmemorie" als Basis des Bonner Münsters und meinen damit einen steinernen Tischblock, der von einer Sitzbank umgeben und durch einen offenen Holzpfostenbau ein wenig geschützt war. Das schließen sie jedenfalls aus ihren Grabungen in der Südwestecke der alten Stadt und datieren den Fund auf das 4. Jahrhundert. Das ist richtig, erklärt aber kaum, worum es damals genau ging. Bekanntlich wurden auch im Rheinland die Toten nach römischer Tradition außerhalb der Städte und Siedlungen beerdigt, in Bonn eben vor dem Legionslager. Die ersten Christen, die wohl im 3. Jahrhundert am Rhein auftauchten, fingen dann an, auf den Gräbern ihrer Verstorbenen zu beten und zu essen, wahrscheinlich auch zu feiern. Dafür brauchten sie nicht nur eine Sitzbank oder bei den hiesigen Wetterverhältnissen ein Dach über dem Kopf, vielleicht auch Vorrats- und Arbeitsräume. Jedenfalls entstand aus dieser frühen Friedhofskapelle nach und nach die erste Kirche, nach Bonner Lesart der älteste Kirchbau im Rheinland überhaupt. Später hat man auch die passenden Heiligen dazu erfunden: Cassius und Florentius, zwei Angehörige einer römischen Eliteeinheit aus dem ägyptischen Theben. Sie hatten als frühe Christen und Pazifisten ihr Leben gelassen und firmieren dafür heute als erste Märtyrer und Schutzpatrone Bonns. So erzählt jedenfalls die dazugehörige Legende. Ihre Bilder findet man überall in der Kathedrale, leicht zu erkennen als römische Krieger mit Schild und Fahne, aber niemals mit Schwert oder in Waffen. Die Gruft der beiden – oder was dafür ausgegeben wird – existiert noch unter der Krypta und wird einmal im Jahr zu ihrem Fest um den 10. Oktober auch geöffnet.

Die Bonner Stadtpatrone Cassius und Florentius, als frühchristliche Kriegsdienstverweigerer enthauptet. Ihr Köpfe liegen heute in Marmor hinter dem Bonner Münster.

Sämtliche Informationen zum Bonner Münster: www.bonner-muenster.de

Der Kult um die Heiligen wurde, wie anderorts auch, zum Motor der kirchlichen wie städtebaulichen Entwicklung Bonns. Noch auf den mittelalterlichen Stadtplänen ist die Ausbuchtung rund um das Münster im Südwesten gut zu erkennen. Von dort aus breitete sich die Stadt über den großen Markt, den heutigen Münsterplatz, zum Rhein hin aus. Das Münster war, neben dem Stift, das ab dem 9. Jahrhundert zu der Kirche gehörte, der Kern der mittelalterlichen Stadtentwicklung. Neben dem Kölner Gereonstift und dem Victorstift in Neuss galt das Bonner bald als das reichste und vornehmste im ganzen Erzbistum. Zeitweilig schlossen sich die drei auch zu einem religiösen Verband zusammen, stammten doch ihre Heiligen laut Legende aus derselben ägyptischen Einheit, die bald als die „Thebäische Legion" bezeichnet wurde. In Bonn gesellte sich später die hl. Helena zu den anderen Heiligen, weil sie nach alter Tradition die Leichen dieser ägyptischen Kriegsdienstverweigerer geborgen und so ihren Kult begründet hatte. Die dominante Figur Helenas springt gleich beim Eintritt ins Münster vor dem Westchor ins Auge.

Das mittelalterliche Bonn wurde durch das Stift nicht nur gesellschaftlich, sondern auch ökonomisch geprägt. Durch Grundbesitz, Pfründe und Stiftungen, das Recht einen eigenen Markt abzuhalten, durch Pilger und Erbschaften zählten die Stiftsherren zu den tonangebenden Figuren der Stadt. Allen voran stand der Propst, der reichste Kleriker nach dem Erzbischof im gesamten Bistum überhaupt. Zahlreiche Ländereien, Mühlen, Dörfer und Weinberge, dazu die Burgen Drachenfels, Poppelsdorf und Alfter, gehörten dem Bonner Stift.

Bei einem Rundgang durch das Münster kommt man immer noch auf 14 Altäre. Das ist jedoch nur ein dürftiger Rest von früher Dutzenden in jeder Nische und vor allen Säulen, in den Umgängen und den Seitenkapellen. An diesen Altären mussten

angestellte Vikare die Totenmessen lesen, und zwar so viele und so lange, wie die reichen Stifter gezahlt hatten. Die Messstipendien konnten Generationen überdauern. Die Inhaber der Altäre waren natürlich die Stiftsherren, die auf diese Weise von den Gebeten finanziell profitierten. Zugleich war das Münster auch Ort großer Politik, diente als Grablege verschiedener Erzbischöfe und bot sogar zweimal im 14. Jahrhundert das Schauspiel einer Königskrönung. Dabei handelte es sich zwar beide Male um Gegenkönige, aber immerhin!
Das Münster ist das größte mittelalterliche Gebäude Bonns und einer der imposantesten Sakralbauten des Rheinlands, auch wenn manche den zentralen Turm für ein wenig aus dem Maßstab geraten und zu protzig halten. Aber irgendwie mussten die Stiftsherren ja ihre überragende Bedeutung demonstrieren. Von der alten Ausstattung ist wenig übrig geblieben, weil das Münster im späten 16. Jahrhundert infolge des „Kölnischen Krieges" systematisch geplündert wurde und auch nach der Säkularisation unter den Franzosen vieles im Trödel oder Kunsthandel landete. Eindrucksvoll ist immer noch der Kreuzgang im Süden, der dank der Preußen und ihrer frühen Denkmalpflege nicht wie bei vielen anderen romanischen Kirchen und Klöstern im 19. Jahrhundert abgerissen wurde. Bis heute vermittelt er einen räumlichen und ästhetischen Eindruck der alten Anlage mit den Wohnungen der Kleriker im Obergeschoss und den zahlreichen bauplastischen Details rund um den quadratischen Innenhof.

REGINA
PACIS

18 BONNER UNIVERSITÄT

Die Idee, in der zweiten Hälfte des 18. Jahrhunderts in Bonn eine Universität einzurichten, stammte vom Kurfürsten Max beziehungsweise seinem Minister Graf Belderbusch. Der war ein Mann der Aufklärung und ein praktischer Mensch, denn er wollte den Bonnern ersparen, zum Erwerb akademischen Wissens „kostbare Reisen anzustellen, um das in der Ferne zu suchen, was bei einer solchen Anstalt weit bequemer zu Hause zu finden" sei. So wurde 1777 in Bonn eine Akademie gegründet, neun Jahre später wurde sie in eine Universität umgewandelt – mit den Abteilungen Gottesgelehrtheit, Rechtsgelehrtheit, Arzneigelehrtheit und Weltweisheit. Und das ohne päpstliches Privileg, das heißt ohne Lehrerlaubnis des Papstes, denn die Universität sollte ein Kind der Aufklärung werden. Der Kurfürst wünschte das ausdrücklich in seinem Erzstift, und zwar in Bonn, weil das im klerikalen Köln ohnehin nicht ging. So nahm aus Trotz auch kein Kölner an der großen Einweihungsfeier der „Maxischen Akademie" teil. Unter den ersten 300 Studenten waren auf ausdrückliche Weisung des Kurfürsten auswärtige Protestanten und Juden vertreten, der heute bekannteste Student dürfte Ludwig van Beethoven gewesen sein.
Nach der Schließung durch die Franzosen und nachdem das Rheinland 1815 preußisch wurde, kämpften die Bonner für die Fortsetzung ihrer noch jungen Einrichtung und gegen den Hauptkonkurrenten Köln. Im protestantischen Berlin schätzte man den freien Geist der Rheinstadt und entschied 1818, die neue Universität des Rheinlandes, die „Rheinische Friedrich-Wilhelms-Universität", hier zu installieren. Man wies ihr die Schlösser Bonn und Poppelsdorf als Lehrgebäude zu, in denen sie teilweise noch heute zu finden ist.

Prof. Maria Gräfin von Linden Im gesamten 19. Jahrhundert gab es keine Frauen an der Bonner Universität – außer den Putzfrauen natürlich. Erst im Wintersemester 1896/97 fanden sich zum ersten Mal 16 Studentinnen, aber nur als Gasthörerinnen: Sie mussten jeden Dozenten persönlich um den Besuch seiner Vorlesung bitten. Die erste Doktorandin in Bonn war 1903 die Medizinerin Hermine Edenhuizen, die später in Berlin die „Klinik weiblicher Ärzte" leitete und dort 1911 eine Poliklinik für Frauen gründete. Die Zoologin Maria Gräfin von Linden (Bild rechts) , führend auf dem Gebiet der Immunologie und Parasitologie, wurde zwar 1906 in Bonn habilitiert, durfte aber erst vier Jahre später den „Prof." als Titel vor dem Namen führen – doch nur gnadenhalber und ohne Lehrbefugnis.

Im 19. Jahrhundert war die Bonner Universität vom romantischen Ideal der Einheit der Wissenschaften geprägt und hatte eine Fülle großer Namen unter den Professoren: den Dichter und Politiker Ernst Moritz Arndt und den Literaturwissenschaftler August Wilhelm von Schlegel, den Archäologen Friedrich G. Welcker und den Historiker Christoph Dahlmann, der als liberaler Abgeordneter auch in der Paulskirche saß. Heinrich Heine, Hoffmann von Fallersleben, Justus Liebig oder Friedrich Nietzsche und Karl Marx sind einige der bekannteren Studenten, neben allen möglichen Prinzen von und zu vor allem natürlich Hohenzollern. Diese Mischung führte dazu, dass es in dieser Zeit in Bonn zwar große Wissenschaftsgeschichte gab, jedoch gleichzeitig auch eine reaktionäre Gesellschaftspolitik.

Eine der auch politisch engagierten Frauen an der Bonner Universität im 20. Jahrhundert war die Romanistin Klara Maria Fassbinder, in den 1950er-Jahren auch ein wenig abschätzig als „Friedensklärchen" tituliert. Sie war nach dem Zweiten Weltkrieg Professorin für Geschichte an der Bonner Pädagogischen Hochschule und sie war Pazifistin. Konsequent engagierte sie sich gegen Adenauers Aufrüstungspolitik, gegen die Wehrpflicht und die Notstandsgesetze, pflegte internationale Kontakte, auch zu sowjetischen und deutschen Politikern in der DDR, und wurde deshalb in der Zeit des Kalten Krieges vom Dienst suspendiert. Sie durfte die Bonner Universität nicht mehr betreten, und als ihr später die französische Regierung den renommierten Orden „Les Palmes Académiques" für die Übersetzung der Werke Paul Claudels verlieh, verbot der damalige Bundespräsident Heinrich Lübke die Annahme. Der Rektor der Bonner Uni verweigerte dem ASTA die Räume für eine Veranstaltung mit der Geehrten, die aber doch am 8. Mai 1967 vor über 800 Studenten in der Mensa stattfand, und den Titel ihres Vortrags liest man nicht ohne Pikanterie: „Schluss mit Deutschland".

19 FLIEGENDE BRÜCKE

Bis zum Bau der ersten Brücke 1898 in Bonn diente eine Fähre für die Transporte über den Rhein, die sogenannte Fliegende Brücke. Sie hing an einem über den Fluss gespannten Seil und konnte mit Hilfe der Strömung von einem Ufer zum anderen gelenkt werden. Wie „fliegend" beförderte sie auf diese Weise Menschen, Waren, Tiere und alles andere hin und her. Jahrhundertelang war sie in Betrieb und im Mai des Jahres 1849 diente sie sogar einmal einem revolutionären Zweck.

In Bonn gab es unter Studenten und Professoren, aber auch bei den Handwerkern der Stadt, eine Reihe von Demokraten, die die Ziele der Revolution von 1848/49 unterstützten. Die saßen nun in ihrer Stammkneipe „Beim Römer" zusammen und überlegten, was zu tun sei, denn in Düsseldorf, Wuppertal und Elberfeld war es zu Barrikadenkämpfen gekommen. Sie beratschlagten, ob und wie den kämpfenden Genossen gegen das preußische Militär zu helfen sei. Schließlich beschlossen die Versammelten, sich zu bewaffnen, und zwar im Zeughaus in Siegburg, in dem Waffen und Munition lagerten. Man verabredete sich für den Abend an der Fähre, um überzusetzen und gemeinsam nach Siegburg zu marschieren. Es kamen allerdings nur sehr wenige, dazu miserabel ausgerüstet. Das veranlasste Carl Schurz, einen der studentischen Anführer, später zu der Bemerkung: „Es mag sein, dass mancher patriotische Impuls, der am Morgen frisch und tatkräftig war, in den langen Stunden, die zwischen dem Entschluss und dem Augenblick des Handelns verstrichen, abgestumpft wurde und der Müdigkeit des Abends erlegen war." Trotzdem setzten sie über und marschierten Richtung Siegburg, hörten aber schon auf der Landstraße zwischen Vilich und Müldorf hinter sich die nachreitenden Dragoner. Die Bonner schlugen sich umgehend in die Büsche oder versteckten sich im Straßengraben.

Die allermeisten begaben sich auf dem schnellsten Weg zurück nach Hause. Nur Gottfried Kinkel und Carl Schurz schlugen sich nach Süddeutschland durch und beteiligten sich an den Kämpfen gegen die Preußen. 13 Teilnehmer wurden später in Köln angeklagt, aber freigesprochen. Seitdem firmiert dieses Ereignis in der Lokalgeschichte als „Siegburger Zeughaussturm".

20 **KENNEDYBRÜCKE** Die Bonner Fremdenführer erzählen gern die Geschichte vom „Bröckenmännche", das am Brassertufer unter der Kennedybrücke hängt und seinen nackten Arsch gegen die andere Rheinseite streckt: Das sei die Antwort der Bonner auf die Weigerung der Beueler, sich am Bau der Brücke finanziell zu beteiligen. Aber abgesehen davon, dass solche Spottfiguren mit dem sogenannten Spiegel an jedem zweiten mittelalterlichen Dom oder Rathaus zu finden sind, und auch abgesehen davon, dass diese Figur in Bonn an der falschen Stelle hängt, denn ursprünglich entblößte sie sich an dem Beueler Pfeiler, und auch abgesehen davon, dass sie ursprünglich nicht nach Beuel, sondern nach Süden, eher Richtung Siebengebirge, zeigte, kann man die damaligen Beueler durchaus verstehen.

Seit Jahrhunderten gab es einen funktionierenden Fährverkehr über den Rhein, landesfürstlich privilegiert, erst im 19. Jahrhundert von den Preußen neu geregelt und erfolgreich in der Bonn-Beueler-Fähr AG organisiert. Die protestierte heftig, aber vergeblich gegen die Bonner Brückenpläne und musste schließlich mit 220 000 Mark für ihre Verluste abgefunden werden. Aber dann verlangten die Bonner weit mehr Geld von den Beuelern zurück, außerdem Grund und Boden für die Rampe am rechten Ufer und eine neue Straße zum Beueler Bahnhof. Mit elf gegen acht

Restaurant Zur Lese Bonn

Adenauerallee 37 | Tel. 02 28–22 33 22 | www.lesebonn.de

Über der Ufermauer neben der 1. Fährgasse liegt das Weinlokal „Zur Lese". Der Name geht auf die Bonner Lese- & Erholungsgesellschaft zurück, die 1787 von aufgeklärten Bürgern als Ort gemeinschaftlicher Lektüre und gesellschaftlichen Diskurses gegründet worden war. Mitglieder waren Künstler und Intellektuelle wie August Wilhelm von Schlegel, Ernst Moritz Arndt, Karl Simrock oder Alexander König. Im 19. Jahrhundert gehörten auch die Spitzen von Adel, Klerus, Militär und Unternehmen dazu. Heute ist die Gesellschaft ein eher biederer Club mit stolzer Vergangenheit, Clubhaus und eigenem Lokal mit schönem Blick auf Beuel und das Siebengebirge.

Stimmen lehnte das der Beueler Gemeinderat ab, er beteiligte sich nicht und – bekam trotzdem die Brücke.
1898 wurde sie eingeweiht, aber schon 47 Jahre später, am 8. März 1945, von den Sprengkommandos der deutschen Wehrmacht fachmännisch in die Luft gejagt – an dem Tag, als die Amerikaner im Süden Bonns einmarschierten. Ende 1949 wurde eine neue Brücke eröffnet. Der erste Bau hatte keinen eigenen Namen, bis die Nazis ihn 1933 „Klaus-Clemens-Brücke" tauften, nach einem SA-Mann, der 1930 bei Auseinandersetzungen mit Bewohnern der nahe gelegenen „Kuhl" im Verlauf einer Schlägerei erschossen worden war. Dieses im Krieg völlig zerstörte Quartier „De Kuhl" nördlich der Bonner Brückenrampe war eine proletarische Hochburg, in der sich auch ein Parteilokal der KPD befand, der „Heisterbacher Hof". Angeklagt, aber freigesprochen von der Tat wurde der Beueler Kommunist Jupp Messinger, der allerdings unmittelbar nach der Machtergreifung der Nazis in eine SS-Kaserne in der heutigen Heerstraße verschleppt wurde. Jupp Messinger wurde so brutal gefoltert, dass er in der Nacht vom 12. auf den 13. Juli 1933 seinen Verletzungen erlag. Unmittelbar nördlich der Bonner Brückenrampe erinnert eine niedrige Anlage auf der Uferpromenade mit einem nach oben aufgerissenen fünfzackigen Davidstern an die Bonner Hauptsynagoge, die früher hier am Rheinufer stand. Sie wurde 1938 in der Reichspogromnacht von den Nazis in Brand gesteckt und zerstört. Sie stand allerdings nicht exakt an dieser Stelle, sondern ein wenig landeinwärts, wo sich heute das Hilton befindet. Aus den Ziegeln der freigelegten Grundmauern wurde 1988 die Gedenkstätte errichtet, die mit einer Gedenktafel an den Bau erinnert.

„Stelle, o Ewiger, ihnen eine Warnung hin. Erfahren sollen die Völker, dass sie alle Menschen sind."
Ps. 9,21 Text der Gedenktafel zur Erinnerung an die Bonner Hauptsynagoge

Rheinisches Landesmuseum Bonn
Colmantstraße 14–16 | Tel. 02 28-20 70-0
Täglich außer Mo geöffnet, Mi und Fr bis 21 Uhr
www.rlmb.lvr.de | Die größte Sammlung zur rheinischen Geschichte präsentiert sich als ungewöhnliches Museum, nicht nach Epochen, sondern nach Themen gegliedert. In neun großen Zyklen geht es unter anderem um die Götter oder die Macht, das Rheinland und die Welt oder die Entwicklung von der Ur- zur Stadtlandschaft. Das ist gewöhnungsbedürftig, aber anregend und schön präsentiert. Es macht neugierig – und was will ein Museum mehr?

Ägyptisches Museum Bonn, Regina-Pacis-Weg 7
Tel. 02 28–73 97 10 | Geöffnet Di bis So von 12 bis 18 Uhr
www.aegyptisches-museum.uni-bonn.de
Direkt neben dem Koblenzer Tor findet man im Gebäude der Universität eine Bonner Sammlung ägyptischer Raritäten, geordnet in die Bereiche Grab, Tempel und Haus. Das kleine, aber feine Museum vermittelt einen ersten Einblick in das alte Ägypten.

Verein An der Synagoge Bonn, Stadtmuseum
Franziskanerstraße 9 | Tel. 02 28–6 95 24.

Der Hügel südlich der Brücke, heute der Platz für Theater und Oper, bot vor über 2000 Jahren den ersten Siedlungspunkt im Bonner Raum. Es waren germanische Ubier von der anderen Rheinseite, die sich hier am Böselager Hof schon um 20 v. Chr. niedergelassen hatten. Bei Ausgrabungen ist man auf Palisadenreste und Hausgrundrisse gestoßen, Indizien für eine geplante und befestigte Siedlung. Ein weiteres, denkwürdiges Detail weist auf die spätere Nutzung des Hügels hin. Bei Grabungen unter den heutigen Theaterarkaden fand man Reste eines mittelalterlichen Klosters, von dem man unter anderem die Toiletten, immer ein wichtiger Fundort für die Archäologen, ermitteln konnte. Hier stieß man zwischen all dem, was als „gewöhnlich" erwartet und gefunden wurde, auf Dutzende von erbrochenen Briefsiegeln, für die bisher noch kein Historiker eine schlüssige Theorie bieten kann, wie sie nun gerade ins Klo eines Männerklosters gelangt sind. Was macht die Post auf dem Klo? Wer waren die Leser der Briefe und wer die Absender? Was stand denn drin?
In Erinnerung an die 1938 zerstörte Synagoge gründeten Bonnerinnen und Bonner 1984 einen Verein mit dem Ziel, in den Räumen am Brückenkopf der Kennedybrücke eine Gedenkstätte für die Bonner Opfer des Nationalsozialismus einzurichten. Heute befindet sich diese Einrichtung in den Räumen des Stadtmuseums – eine historische Dokumentation, ein Ort der Forschung und eine Gedenkstätte.

Alter Zoll Viel gerühmter Aussichtspunkt über dem Rhein mit schönem Blick auf Beuel. Hier wurde der Schiffszoll seit dem 13. Jahrhundert erhoben – wichtigste Finanzquelle des Kurfürsten, der rund die Hälfte seiner Einnahmen aus den Rheinzöllen erzielte, aber auch immer Streitpunkt zwischen König, Erzbischof und den Rheinstädten, für die der Zoll ein Handelshindernis war. Die Kanonen auf der Plattform sind Schaustücke und Salutkanonen aus französischer Produktion, ein Geschenk Wilhelms I. an die Bonner Uni.

Rheinwerft: Freitod nach Vorlage Hier an der Rheinpromenade, früher die Rheinwerft genannt, spielte sich am 2. Februar 1905 ein stilles Drama ab. Die Polizei fand auf einer Bank einen jungen Mann mit zwei Kugeln im Kopf, in der Tasche eine Visitenkarte auf den Namen Julio Maria Malbranche. Außerdem fand man bei dem Schwerverletzten einen Roman des französischen Schriftstellers Achille Essebac mit dem Titel „Dede", markiert an einer Stelle, die von Bonn und dem schönen Rheinufer handelt. Der junge Mann wurde im Johannishospital versorgt, die Verletzungen sollen nicht lebensgefährlich gewesen sein. Die Zeitungen konnten nur die Fakten berichten, sie aber offensichtlich nicht erklären. Sie kannten den erotischen Kontext des Romans nicht, der die Liebe zwischen zwei Männern schildert, Dede und Marcel, und der in der Homosexuellen-Szene des frühen 20. Jahrhunderts wohlbekannt war – so wird etwa in einer Schwulenbiografie aus Berlin berichtet, dass auf dem Gymnasium jeder Primaner seinen Liebling hatte, den er in Anlehnung an diesen Roman „Dede" nannte. Bonn spielt in dem Buch insofern eine Rolle, als die Romanfigur Marcel dem Freund Briefe aus Bonn schreibt, in denen unter anderem die Schönheit des Rheinufers geschildert wird. Und nun scheint dieser junge Leser seinen Freitodversuch in Anlehnung an den Roman inszeniert zu haben. Mehr weiß man nicht und auch nicht, was aus ihm geworden ist.

LUI S'EN ALLAIT LIRE MES LETTRES DEVANT LE RHIN.

21 **BEUEL** In Bonn gibt es gegenüber der rechten Rheinseite ein ähnlich mentales Schema wie in Köln, das zwischen Desinteresse, Unkenntnis und Spott changiert. Dabei stammten nicht nur die ersten Bonner, die Ubier, von der anderen Rheinseite, und auch das älteste Grab wurde in Oberkassel gefunden, die erste Christusdarstellung taucht ebenfalls rechtsrheinisch auf einem Dollendorfer Grabstein auf. Die bedeutenden kirchlichen Besitzungen um die Stifte Vilich und Schwarzrheindorf haben bis zum hohen Mittelalter diese Region geprägt, der Pützchens Markt ist heute noch eine folkloristische Reminiszenz an die wichtige Wallfahrt zur Quelle der hl. Adelheid.

Beuel selber, das erst Anfang des 20. Jahrhunderts namensgebend wurde – bis dahin war das die Gesamtgemeinde Vilich –, war seinerzeit eines der Dörfer, die vom Rhein und der Landwirtschaft lebten. Politisch zählten der nördliche Teil und das Siebengebirge im Süden zur Einflusssphäre des Kurfürstentums Köln, während die Mitte, Beuel und die anderen Ortschaften, zum Herzogtum Berg gehörten.

Rapide Veränderungen für die rechte Rheinseite gab es im 19. Jahrhundert mit dem Wachstum der Industrie und den Preußen: In dem Maße, wie sich das linksrheinische Bonn zur romantischen Rentner-, Universitäts- und auch Garnisonsstadt entwickelte, wurden Industrie und Gewerbe auf dem rechten Ufer angesiedelt. 1856 wurde etwa das Portland-Zementwerk gegründet, das einen Boom in der Gründerzeit und noch einmal einen nach dem Zweiten Weltkrieg erlebte. Aus dem Zementgelände wurde ein Zentrum für Hochtechnologie und ein gehobener Bürostandort, quasi die Bonner Zukunftswerkstatt. T-Mobile und das Zentrum für Luft- und Raumfahrt findet man neben Immobilien und Personalvermittlern, Adidas oder Wirtschaftsberatern. Außer der alten Direktorenvilla und dem Wasserturm prägt vor allem die

umgebaute „Rohmühle" das Bild: oben die transparenten Büros und unten der gehobene Italiener, aber immer mit Blick auf Strom, Ufer und das Siebengebirge.
Wichtig für Beuel war auch der Hafen mit der Verladung des Basalts, an den die Gaststätte „Bahnhöfchen" erinnert. Für den Hafen wurde 1891 eigens die „Brohltalbahn" eingerichtet, die erste Schmalspurbahn Deutschlands.
Neben chemischen Fabriken war die Jutespinnerei unmittelbar am Rheinufer in Beuel bedeutend als Arbeitgeber und prägend für den Ort. In der Halle an der Siegburger Straße, in der heute das Stadttheater eine Spielstätte unterhält, waren im Dritten Reich über 900 Männer und Frauen vor allem aus Osteuropa untergebracht, die als Zwangsarbeiter in den Beueler Werken arbeiten mussten.
Aber typisch für Beuel wurde die Lohnwäscherei Ende des 19. Jahrhunderts, die mehr als ein Zehntel der Einwohner beschäftigte. Die großen Rheinwiesen waren an die Lohnwäscher und Bleicher verpachtet, die auf dem flachen Ufer die Stoffbahnen aus den Textilfabriken und Hauswebereien ausrollen, von der Sonne bleichen und bearbeiten konnten. Beuel war das weit über Bonn hinaus bekannte Wäscherdorf am Rhein mit Kunden aus Köln und der ganzen Region. Auf sie geht die Karnevalstradition der Wäscherinnen zurück, die sich schon 1824 zu einem Verein zusammenschlossen, der ein Fest und einen Umzug organisierte: ausschließlich für Frauen und nur für die verheirateten. Das Ganze soll eine „Tarnung" gewesen sein, um sich gegen die ungleiche Belastung in Haus und Waschbetrieb zu wehren, vielleicht aber auch nur ein Argument zum Feiern. Egal, die Beueler Weiberfastnacht war geboren, zu der sich später alle 15 Beueler „Damenkomitees" zusammenschlossen. Bis heute stürmen diese Frauen als frühfeministische Parodie das Beueler Rathaus und küren ihre eigene Wäscheprinzessin.

Heimatmuseum Beuel Wagnergasse 2–4
Tel. 02 28–46 30 74 | Mi, Sa, So 15 bis 18 Uhr
www.hgv-beuel.de | Ambitionierte Sammlung zur rechtsrheinischen Ortsgeschichte von den Steinzeitfunden und den Römern über das Mittelalter bis zur Neuzeit – inklusive Industrie, Landwirtschaft, Wäscherinnen und Handwerk mit diversen Werkstätten.

Rohmühle Rheinwerkallee 3, Tel. 02 28–4 10 07 07
www.rohmuehle.de | Cafe, Restaurant, Biergarten und Bar, flotter Italiener in guter Lage mit mittleren Preisen.

VILLEN AM RHEIN

Erst die Romantik hat den Blick auf das Rheinland, den Strom, seine Ufer und die Berge gelenkt. Während der Fluss vorher nur Verkehrsweg und Arbeitsplatz war, nahmen die Menschen das Rheintal jetzt als Landschaft wahr und erlebten vor allem von Bonn den Ausblick wie in einen Landschaftsgarten. Seenartig weitet sich der Strom nach Süden, vor dem unmittelbar hügelig ansteigenden Siebengebirge. Mit der Lage auf dem hohen Rheinufer hatte man sozusagen ständig einen optischen Zugriff auf die Szenerie.
Wie die klassische italienische Villa wurden die Palais und Villen am Rhein als Teil dieser Landschaft begriffen. Die ersten Bauherren kamen nach der Franzosenzeit und mit der neuen Universität an den Rhein. Professoren waren die Ersten, die aus der Stadt heraus nach Süden bauten, gefolgt von reichen Neubürgern und Unter-

nehmern. Die meisten kamen von auswärts, die Bankiers aus Köln und die Fabrikanten von der Ruhr, die Rentiers aus Westfalen, dem Bergischen und etliche auch aus Berlin. Eine Liste der Villenbesitzer aus dem 19. Jahrhundert liest sich wie das Who's who des rheinisch-westfälischen Kapitals: Cahn, Camphausen oder Deichmann, Guilleaume, Langen und vom Rath, Schaafhausen, Stein und viele andere besaßen Villen und Sommersitze am Rhein zwischen Bonn und Remagen, aber auch rechtsrheinisch in Königswinter, Rhöndorf und Honnef. Nahezu alle errichtet in dem Jahrhundert zwischen Wiener Kongress und Erstem Weltkrieg. Hier finden sich alle Vorbilder, ob Villa, Burg, Tempel oder Landhaus, jede Architekturform ist vertreten und alle stilistischen Anleihen werden gemacht. Hauptsache, der Bau repräsentiert den Bauherrn und – liegt am Rhein.

Ernst-Moritz-Arndt-Haus
Bonn, Adenauerallee 79
Dependence des Stadtmuseums
Tel. 02 28–77 20 94 | Geöffnet nur zu Sonderausstellungen.

22 ERNST-MORITZ-ARNDT-HAUS

E. M. Arndt war einer der ersten Professoren an der neuen Bonner Universität. Beim Start 1818 zählte die Lehranstalt gerade einmal 47 Studenten, und ein Dutzend davon hörten Arndts Vorlesungen. Denn der war damals schon berühmt, weit über das Rheinland hinaus als Propagandist der Freiheitskriege gegen die Franzosen und als Wehrexperte durch seinen „Katechismus für den deutschen Wehr- und Kriegsmann". Arndt hatte 1806 wegen antinapoleonischer Schriften emigrieren müssen, war unter anderem Privatsekretär des Freiherrn vom Stein in Petersburg und verfasste dort im fernen Russland auch 1813 die berühmte Kampfschrift über den Rhein „Teutschlands Strom, aber nicht Teutschlands Grenze".

Als er 1818 den Ruf nach Bonn erhielt, war ihm die Stadt nicht unbekannt, denn schon 20 Jahre früher war er bei seinen Wanderungen durch Europa auch an den Rhein gekommen und hatte sich begeistert von Bonn gezeigt. Er verglich die Rheinstadt mit einer „ländlichen Braut, die einfältig und unschuldig es kaum zu wissen scheint, wie schön sie ist". Als frisch bestallter Hochschullehrer kaufte er umgehend auf den Rheinhügeln im Süden vor der damaligen Stadt zwei Weingärten und ließ hier ein Haus bauen – mit Hof und Ziegenstall, vor allem aber mit dem Blick auf das Siebengebirge. Er war der Erste, der diese romantische Ader auslebte, ihm folgten bald ähnlich Gesinnte mit einer ganzen Armada prächtiger Villen und Bürgerhäuser. Für die Bonner bot Arndt seinerzeit ein besonderes Schauspiel, wie eine zeitgenössische Quelle berichtet: „In den Morgenstunden stieg er mit einem großen Leinentuch versehen hinab, wo er sich ganz entkleidete, dann bis zu den Knien in den Fluss stellte, das Wasser mit beiden Händen gegen den Bauch schlug, wobei er so laut, dass man es weithin hören konnte, bis 100 zählte."

Konrad Adenauers erstes Kanzlerbüro im Palais Schaumburg.

Arndt war es auch, der 1818 die erste Buchhandlung in Bonn initiierte, „damit die Studenten nicht mehr wie bisher in Köln oder Neuwied ihre Bücher kaufen müssen": die Buchhandlung Weber, später Röhrscheidt, dann Bouvier, danach Grundmann, dann pleite und wieder Bouvier bzw. Thalia. 1820 wurde der prominente Professor wegen freiheitlicher Gedanken in seiner Schrift „Geist der Zeit" von den Preußen suspendiert – doch unter Weiterzahlung seiner Bezüge bis 1840. Als fast 80-Jähriger wurde er noch in die Paulskirche gewählt, gehörte dort zum konservativen Flügel, wobei er erstaunlicherweise das Image des Freiheitshelden und Demokraten nicht verlor. Immerhin hatte er sich zum Franzosenfresser entwickelt, dem das Nachbarland „das Reich Satans" war. Er forderte dagegen ewigen Hass, nur dann seien die Grenzen sicher. „Dieser Hass glühe als die Religion des deutschen Volkes, als ein heiliger Wahn in allen Herzen." Arndt starb 1860 in Bonn, ist auf dem Alten Friedhof begraben, und sein Haus, die letzte erhaltene Professorenvilla des frühen 19. Jahrhunderts, ist heute ein Museum.

23 **PALAIS SCHAUMBURG** Bekannt ist das schneeweiße Palais Schaumburg am Rhein vor allem als Kanzleramt der Bonner Republik: Konrad Adenauer, Ludwig Erhard, Kurt Georg Kiesinger, Willy Brandt und zuletzt Helmut Schmidt residierten hier, bevor Letzterer in das nebenan liegende Kanzleramt umzog, das ihn allerdings eher an eine Sparkassenfiliale erinnerte. In diesem Bau wird seit dem Regierungsumzug nach Berlin immer noch ein rheinischer Arbeitsplatz für den deutschen Regierungschef freigehalten. Die diensthabende Sekretärin soll allerdings ständig ein Foto der Kanzlerin auf dem Schreibtisch stehen haben, damit sie sie überhaupt erkennt, falls diese einmal auftaucht.

Vicky & Alex. Ganz modern bewegte sich die Preußenprinzessin mit ihrem mehr als 30 Jahre jüngeren Ehemann Alexander Zoubkoff im Rheinland.

Führungen im Palais Schaumburg organisiert vom Haus der Geschichte | Tel. 02 28–91 65-4 00.

Das Palais Schaumburg hat in seiner langen Geschichte auch andere illustre Gäste gesehen. Erbaut wurde es in den 1860er-Jahren von dem erfolgreichen rheinischen Seidenhändler Wilhelm Loeschigk, der sein Vermögen in den USA gemacht und sich schon im Alter von 52 Jahren aus dem Geschäft zurückgezogen hatte. Er war sozusagen „Rentner" von Beruf – „Rentier", wie man damals sagte –, was auf viele Bonner Villenbesitzer zutraf: Sie waren nicht alt, sondern reich, sodass sie von ihrem Vermögen gut leben konnten. Und wie: Loeschigk zum Beispiel lebte hier mit Frau und drei Kindern, hatte aber einen Diener, zwei Mägde, drei Kindermädchen, einen Unter- und einen Obergärtner sowie einen Torkontrolleur, vom Küchenpersonal ganz zu schweigen. Alle lebten auf dem riesigen Gelände von über 20 000 Quadratmetern.

Nach dem Tod von Loeschigk bezog Prinz Adolf zu Schaumburg-Lippe 1890 das Palais, das fortan seinen Namen trug. Damit war die Spitzenklasse der deutschen Aristokratie in Bonn sesshaft geworden: Prinz Adolf war mit der Hohenzollernprinzessin Victoria von Preußen verheiratet, Tochter des vormaligen Kaisers Friedrich und Schwester des regierenden Monarchen Wilhelm II. Fortan brachten die zahlreichen Besuche von Vettern und Cousinen, von Mutter, Bruder und der ganzen aristokratischen Bagage einen kaiserlichen Glanz an den Rhein, in dem sich die Bonner außerordentlich gerne sonnten. Nun war diese Königstochter und Kaiserschwester Victoria, am Rhein bald zärtlich „Vicky" genannt, zwar aus den höchsten Kreisen, benahm sich aber nicht immer so. Schon zu Lebzeiten ihres Schaumburger Adolfs soll sie mehr den Pferden und Rittmeistern zugetan gewesen sein: Nach Adolfs Heldentod 1916 – er starb fern der Front an einer Lungenentzündung – legte sie jedoch richtig los, vor allem, als sie sich mit dem 26-jährigen

Museumsmeile Willy-Brandt-/ Ebert-Allee
U-Bahn-Haltestelle „Museumsmeile"
Ob große Kunst oder Bonner Geschichte, ausgestopfte Tiere oder der Beginn der neuen Bundesrepublik – auf wenigen hundert Metern stößt man an der alten Allee von Bonn nach Godesberg auf eine Museumsdichte wie sonst nirgends im Rheinland. Angefangen vom Museum Alexander König mit der umfangreichen zoologischen Sammlung und der Dauerausstellung „Unser Blauer Planet" über das Haus der Geschichte, das die jüngsten Objekte der alten Bundesrepublik präsentiert, das Bonner Kunstmuseum mit seiner hervorragenden Sammlung der rheinischen Moderne, bis zur Kunst- und Ausstellungshalle der Bundesrepublik Deutschland, liegen sie wie an einer Perlenschnur, einladend für verregnete Vor- oder spannende Nachmittage. Und für laue Sommerabende gibt es wunderbare Plätze für Verliebte auf dem Dach der Bundeskunsthalle: auf einem Rasendach hinter den Plastiken von Niki de Saint Phalle. Die Museen sind nicht nur in ihrer Ausstellungsgestaltung auf der Höhe der Zeit, sondern bieten alle auch anregende Architekturen.
www.bundeskunsthalle.de I www.hdg.de
www.bonn.de/kunstmuseum I www.museum-koenig.de

russischen Hochstapler Alexander Zoubkoff zusammentat, ihn sogar ehelichte. Das war eine schöne Zeit für die 61-jährige Vicky, sie blühte auf, während ihr Vermögen abnahm. Als es verbraucht und der Liebhaber fort, ein Schuldenberg von über 600 000 Mark aber noch da war, kamen die Reste des kaiserlichen Hausrats beim Kölner Auktionator Lempertz unter den Hammer. Die Gläubiger waren befriedigt und Vicky starb 1929 in Bad Godesberg.
Das Palais Schaumburg ging später an das Deutsche Reich über, wurde nach dem Zweiten Weltkrieg dann von den Alliierten beschlagnahmt und diente ab 1949 als Sitz des Bundeskanzlers.

24 BONNER REPUBLIK/UN-STADT

Angefangen hat die Bonner Republik in der Pädagogischen Akademie in Bonn, einem weißen Bau am Rhein. Er war Anfang der 1930er-Jahre errichtet worden, als Ausgleich für den Wegfall der großen Garnisonen nach dem verlorenen Ersten Weltkrieg. Das funktionale Gebäude mit seinen ineinander verschachtelten Kuben war an die klare Architektur des Dessauer Bauhauses angelehnt und sollte in seiner sachlichen Art einem neuen Typus des Lehrers entsprechen. Der Neubau wurde erst im Herbst 1933, nach der NS-Machtergreifung, eingeweiht, und der neue Bonner Oberbürgermeister Ludwig Rickert meckerte denn auch bei der Eröffnungsfeier, er sei als Nationalsozialist „mit der äußeren Form nicht einverstanden".
Die Akademie überstand den Krieg fast unversehrt, und als die westdeutschen Ministerpräsidenten im Sommer 1948 einen Tagungsort für eine verfassungsgebende Versammlung der neuen Republik suchten, bot sie sich mit ihrem nüchternen Charakter an.

Führungen **„Vom ehemaligen Regierungsviertel zum internationalen Zentrum"** sowie Führungen im **ehemaligen Deutschen Bundestag** bietet: Bonn-Information Tel. 02 28–77 50 00.

Weg der Demokratie Vom Haus der Geschichte führt ein Weg in rund 90 Minuten zu den wichtigsten Orten, an denen Bonner Politik gemacht wurde, unter anderem zu Bundestag, Kanzleramt, Langem Eugen, Museum König und Villa Hammerschmidt – dort befinden sich jeweils Bildtafeln und weitere Informationen. Führungen in der Regel So 13 Uhr ab Haus der Geschichte. www.wegderdemokratie.de

Am 1. September 1948 traf sich der Parlamentarische Rat zur Eröffnung im Museum König und tagte dann mehr als acht Monate lang hier in der Akademie am Rhein. Neben der Ausarbeitung einer neuen Verfassung stand auch der Ort der künftigen Hauptstadt auf der Tagesordnung. Frankfurt, Kassel und Stuttgart bewarben sich, nachdem Berlin wegen der unsicheren Lage nicht infrage kam. Eine eigene „Bundessitzkommission" reiste umher. Bonn hatte durch die praktischen Erfahrungen der langen Arbeitsmonate die besten Karten. Am 10. Mai 1949 wurde im Parlamentarischen Rat sozusagen Probe abgestimmt, und in geheimer Wahl entschieden sich 33 Verfassungsväter oder -mütter für Bonn und 29 für Frankfurt. Erstaunlicherweise stimmten selbst die hessischen CDU-Leute gegen Frankfurt. Die hatte Adenauer mit einer persönlich gefälschten Agenturmeldung beeindruckt, nach der die SPD schon die allseits erwartete Entscheidung für Frankfurt als parteipolitischen Sieg der Sozialdemokratie feiere. Die Lüge wirkte, die Bonner jubelten und von Adenauer wurde das Bekenntnis kolportiert: „Auch Politiker haben die Wahrheit nicht für sich gepachtet, ich selbst bin Zeuge dafür."

In den 1950er-Jahren wurden ein Plenarsaal an- und zwei Flügel ausgebaut, später kam ein Restaurant dazu und ein achtgeschossiges Abgeordnetenhaus. Bei all diesen Erweiterungen achtete der Architekt Hans Schwippert darauf, den Stil des Hauses mit seiner klaren Linienführung beizubehalten – als Ausdruck einer fortschrittlichen und nüchternen Baukultur, wie es der provisorischen Republik entspreche. 1987 erst wurde ein neuer Plenarsaal nach Plänen von Günther Behnisch errichtet, der besonderen Wert auf die gläserne Transparenz als Metapher für die Demokratie legte. In der Umbauzeit diente das nebenan liegende Wasserwerk aus dem späten 19. Jahrhundert als provisorischer Plenarsaal mit Lobby und Cafeteria.

Hier fiel auch am 20. Juni 1991 der denkwürdige Beschluss, das Parlament umzusiedeln und Berlin zur neuen Hauptstadt zu machen.
Die Pädagogische Akademie war der Mittelpunkt, um den sich in den 40 Jahren Bonner Republik alle anderen Bauten gruppierten, sie wurde zum Herzstück des Regierungsviertels. Nachdem man zunächst weitgehend auf Neubauten verzichtete, stattdessen bestehende Gebäude umnutzte, ist die Phase nach dem Bau der Berliner Mauer 1961 von reinen Zweckbauten in einer zeitlosen und unauffälligen Architektursprache geprägt, wie etwa beim Bundeskanzler- oder beim Bundespresseamt. Erst später in den 1980er-Jahren wurde individueller geplant – als Ausdruck der Überzeugung, dass eine Wiedervereinigung mit der DDR nicht absehbar sei und Bonn weiterhin Bundeshauptstadt bleiben werde. Alle neuen Bauten, ob das Abgeordnetenhochhaus „Langer Eugen" oder der Bundesrat, ob Medienbüros, Bundespresse- oder Kanzleramt, ob Botschaften, Landesvertretungen oder Parteizentralen, ob Ministerien, Behörden oder Lobbyisten, alle siedelten sich weiterhin im Regierungsviertel an. Als letztes Gebäude entstand in den 1990er-Jahren der Schürmann-Bau, benannt nach dem Kölner Architekten Joachim Schürmann und berühmt durch den Rheinhochwasserschaden im Jahre 1993. Heute beherbergt der elegante Bau die Deutsche Welle.
Mit dem Regierungsumzug nach Berlin hat sich in Bonn viel verändert. Der alte Bundestag gehört mit vielen Neubauten zu einem World Conference Center, mit dem man in der Weltliga der Kongresszentren mitspielen will. Mit der Umwidmung des benachbarten „Langen Eugen" zum UN-Campus und der Entwicklung Bonns zur deutschen UN-Stadt rechnet man mit internationaler Bespielung des neuen Centers. Gebaut wurde das fast 300 Millionen teure Objekt von dem US-koreani-

Deutsche-Welle-Kantine Kurt Schumacher-Str. / Eingang gegenüber Haus Nr. 14 I Mo–Fr 11–14.30 Uhr I Das High-Quality-Kasino gilt als beste Versorgungseinheit eines öffentlichen Betriebes I Chefkoch Hermann Müller: 1. Preis Deutscher Gemeinschaftsgastronomen I frisch, bio, lecker I zugänglich auch für Gäste aus dem benachbarten Posttower und jeden, der günstig gut essen will.

schen Investor Hyundai, der das Zentrum 30 Jahre lang betreiben soll. Neben Konferenzsälen und Tagungsräumen gehören ein Hotel, Büros, Einzelhandel usw. dazu. Finanziert wurde das Ganze zum Teil mit Geldern des Hauptstadtausgleichs. Insgesamt sind nach dem Berlinumzug mehr als 1,5 Milliarden Euro in die Region geflossen, für neue Gewerbegebiete und Hochschulen, für neue Behörden als Ersatz für die Ministerien und die verschwundene Regierung. Gut zehn Jahre nach dem Hauptstadtvertrag hat die Zahl der Erwerbstätigen in der Region Bonn um gut 30 000 zugenommen, und die Stadt hat sich zum Wissenschafts- und Forschungsstandort entwickelt. Und mit der Ansiedlung der Post AG, der Postbank und der Telekom, für die der Posttower des Stararchitekten Helmut Jahn, das höchste Gebäude in NRW, symbolisch steht, ist Bonn auch zu einem Zentrum der Telekommunikation geworden. All das sind segensreiche Folgen einer Entscheidung, die die meisten Bonner seinerzeit bekämpft und betrauert haben.
Dem NRW-Staatssekretär Hermann Wandersleb, dem Initiator dafür, dass Bonn 1948 überhaupt den Zuschlag als Sitz des Parlamentarischen Rates erhielt, der als einer der Väter des späteren Wohnungsbaugesetzes gilt und auch die Bundesgartenschau 1979 an den Rhein holte, diesem Wohnungsbauexperten haben die dankbaren Bonner auch ein Denkmal gesetzt: Nach ihm wurde eine vierspurige Umgehungsstraße in Bonn-Endenich benannt!

25 **GRONAU** Das weite Gelände südlich des ehemaligen Regierungsviertels am Rhein entlang und unter der Konrad-Adenauer-Brücke hindurch ist unter Joggern, Spaziergängern und Radfahrern beliebt. Die Grünanlagen mit Gärten, Seen und Pavillons, mit den weiten Rasenflächen und den

Von der großen Stadthalle in der Gronau sind nur die Ufermauern stehen geblieben.

hohen Bäumen, wurden 1979 für die Bundesgartenschau hergerichtet. Direkt am Ufer und noch vor der Autobahnbrücke stößt man inmitten der Promenade auf einen lang gestreckten Sockel mit gemauerten Bögen und einem massiven steinernen Geländer. Heute parken hier Autos. Es war einmal das Fundament einer der populärsten Bonner Kulturstätten, der Stadthalle in der Gronau aus dem Jahre 1901. Ihren Spitznamen „Bierkirche" erhielt sie angeblich von Wilhelm II., der den roten Backsteinbau im Neo-Renaissance-Stil mit seinen Türmchen und Zinnen nicht besonders mochte. Die Bonner dagegen schätzten die Stadthalle, zu der auch ein beliebtes Restaurant auf großen Terrassen gehörte, für Bälle und Konzerte, für Ausstellungen und Karneval.

Wenige Schritte weiter südlich stößt man am Ufer auf ein Baudenkmal, das sicherlich den Segen des Kaisers gefunden hat, die Bismarcksäule. Im selben Jahr wie die Bierkirche 1901 eingeweiht, geht sie auf den Entwurf „Götterdämmerung" des Architekten Wilhelm Kreis zurück und wurde maßgeblich von der Bonner Burschenschaft Alemannia gefördert. An der Spitze dieser Säule wurde jeweils zu Bismarcks Geburtstag ein großes Feuer entzündet, um das sich seinerzeit alle Bonner Nationalpyromanen versammelten. Im Dritten Reich war das Denkmal Ort für Massenaufmärsche und Führerverehrung. Die Bismarcksäule wurde zur 2000-Jahr-Feier Bonns wieder hergerichtet und ist ein plastisches Dokument der rheinischen Preußenverehrung.

DIE NATO-RAMPEN – KALTER KRIEG AM RHEIN

Aufmerksamen Wanderern am Rhein oder auch Anglern sind sie bekannt, besonders gut sieht man sie vom Schiff aus: Alle acht bis zehn Kilometer führen Straßen im rechten Winkel zum Rhein, reichen bis zum Strom und dann über Betonrampen bis ins Wasser hinein, und zwar rechts- wie linksrheinisch und immer genau gegenüber. Diese Straßen kommen aus dem Hinterland und verschwinden auf der anderen Seite in aller Regel zwischen Feldern und Wiesen, selten führen sie zu einem Haus oder einem Ort. Manchmal lässt an diesen Rampen ein Bootsfreund seine Jacht zu Wasser, manche werden auch von Fähren als Anlegestellen genutzt, manchmal sitzt hier auch nur ein Angler oder trocknen die Enten ihr Gefieder.

Es sind „Ersatzübergangsstellen", unter Experten auch NATO-Rampen genannt, und Überreste des Kalten Krieges. Sie waren für den Ernstfall der „Vorneverteidigung" gedacht: Wenn der Warschauer Pakt den Westen angegriffen hätte – der umgekehrte Fall wurde nicht geplant – und alle Brücken zerstört oder unpassierbar gewesen wären, dann hätten an diesen Übergängen Schwimmbrücken und Militärfähren angedockt werden sollen, um den Vormarsch über den Rhein nicht ins Stocken zu bringen. Ähnliche Reste des Kalten Krieges gibt es auch in allen Rheinbrücken: Sprengkammern und Sprengvorrichtungen, mit denen durch einen „Trennschnitt" im Fall der Fälle die Brücke selber gesprengt werden kann, bevor der Feind sie benutzt. Zuständig für diese Anlagen sind die Pioniere der Bundeswehr, die sie zu warten haben und kaum noch wissen, wofür eigentlich. Auch wenn die Rampen militärisch überholt sind, politisch ohnehin, ein Rückbau lohnt sich nicht.

26 **HAUS CARSTANJEN** Heute residiert das Sekretariat der Vereinten Nationen zur Klimakonvention in dem prächtigen Schloss in Plittersdorf. Manchen erscheint es in seiner mittelalterlichen Formensprache wie eine Burg: mit den hohen Türmen und den Arkaden im Obergeschoss, die an Wehrgänge erinnern, mit den mächtigen Quadersteinen und dem vielgestaltigen Grundriss. Rundherum erstreckt sich ein gepflegter Park mit alten Bäumen, dahinter liegt die UN-Kantine und davor der Rhein. Dieser gerade einmal 100 Jahre alte Bau hatte berühmte Nutzer. Im Krieg beherbergte er eine Führungsakademie der Nazis, danach den amerikanischen Hochkommissar McLoy, der hier den Marshallplan unterzeichnen ließ, später das Schatz- und Finanzministerium. Der Namensgeber Adolf Carstanjen stammte aus einer Duisburger Industriellenfamilie, die mit Tabak, Zucker und der Eisenbahn ihr Geld gemacht hatte.

Vor dem Haus Carstanjen befand sich hier der Auerhof, ein alter Gutshof des Klosters Heisterbach. Der Kölner Bankier Abraham Schaafhausen hatte ihn gekauft und seiner Lieblingstochter Sibylle vererbt, die 1797 geboren und ohne Mutter aufgewachsen war. Sibylle war eine sehr selbstständige junge Frau, gebildet, mehrsprachig und künstlerisch ambitioniert; sie malte, dichtete, spielte Klavier und galt als renommierte Sammlerin und Expertin für Münzen und antike Gemmen. Aus Liebe zum Vater heiratete sie einen 16 Jahre älteren Kompagnon aus der väterlichen Bank, Louis Mertens, bestand aber auf ihrem alten Namen. Sie hieß nun Sibylle Mertens-Schaafhausen – die erste Rheinländerin mit einem Doppelnamen!

Der Ehemann kümmerte sich vor allem um die Bank und verdiente sein Geld als Unternehmer und Immobilienhändler. Ihm gehörte etwa der gegenüberliegende Petersberg und ein Anwesen in Unkel. Im Laufe der Jahre zeugte er mit seiner Frau

sechs Kinder, vor allem Töchter, und betrat ansonsten so gut wie nie den Auerhof, um seine Gattin nicht zu stören, wie ein Literaturwissenschaftler in einem der spärlichen Briefe fand, die Mertens hinterlassen hat.

Sibylle lebte derweilen in ihrem geliebten Plittersdorf und scharte einen ganzen Kreis kunstsinniger Gäste, vor allem aber gleich gesinnter Freundinnen um sich. Johanna und Adele Schopenhauer etwa, Mutter und Schwester des berühmten Philosophen, von denen die Erstere blank war, weil sie sich verspekuliert hatte, und die Zweite als verbittert, aber talentiert galt, allerdings – laut Zeitgenossen – auch unvorteilhaft aussah. Dazu kam die westfälische Junglyrikerin Annette von Droste-Hülshoff, mit der Sibylle ein besonders inniges Verhältnis verband, sowie Ottilie von Goethe, leichtlebige Schwiegertochter des Dichterfürsten. Sie war eine Gefühlschaotin, die nach dem Tod ihres Mannes eine Liaison mit einem irischen Theologiestudenten einging und ein uneheliches Kind zur Welt brachte, wobei die rheinischen Freundinnen hilfreich zur Stelle waren, damit daraus kein gesellschaftlicher Eklat wurde. Wegen ihrer vielfältigen Neigungen und Interessen und ihrer populären Gestalt war Sibylle Mertens-Schaafhausen bald als „Rheingräfin" bekannt und tauchte unter diesem Ehrentitel in den Medien ebenso wie in der zeitgenössischen Literatur auf.

Manche sehen in diesem Künstler-, genauer Künstlerinnen-Eldorado auch eine Keimzelle des rheinischen Feminismus, jedenfalls einen autonomen Frauenzirkel, der viel gemeinsam unternahm und reiste. Ständig wechselten sie Briefe mit Liebesschwüren und Sehnsuchtsseufzern und frischen Gedichten, wobei es bei aller schwärmerischen Romantik heute kaum zu unterscheiden ist, was dabei Frauenliebe und was Künstlerbeziehung war. Man teilte sich sogar die Erziehung der Kinder.

Schaumburger Hof Bonn-Plittersdorf | Am Schaumburger Hof 10
Tel. 02 28–9 56 35 29 | Mo und Di Ruhetage | www.schaumburger-hof.de
Seit 1755 als Gasthaus mit Biergarten am Rhein, in dem schon einmal alle historischen Berühmtheiten gesoffen haben und heute vielerlei Prominenz zu finden ist, trotzdem ein schöner Flecken im Sommer gegenüber dem Siebengebirge.

Restaurant Bastei Bonn-Rüngsdorf | Von-Sandt-Ufer 1/Ecke Rheinallee
Tel. 02 28–3 68 04 33 | Täglich bis 1 Uhr | www.bastei-bonn.de
Ende des 19. Jahrhunderts wurde hochwasserfrei ein Wartehaus und Schiffsanleger der Köln-Düsseldorfer gebaut, von wo aus man zur romantischen Rheinfahrt startete. Heute ein schönes Restaurant, mit herrlichem Blick und brauchbarer Küche.

Wenn etwa eines bestraft werden sollte, musste es alte Kleider anziehen und wurde in Plittersdorf zum Betteln auf die Straße geschickt – so lange, bis es von Tante Nette, Annette von Droste-Hülshoff, oder Tante Dele, Adele Schopenhauer, wieder hereingeholt wurde. Irgendetwas muss dabei allerdings schiefgegangen sein, denn als einige Jahre später der Ehemann Louis Mertens starb, ohne ein Testament zu hinterlassen, bekam Sibylle Stress mit allen Kindern. Mehr als zehn Jahre zog sich der Streit hin. Das Vermögen musste geteilt werden, aber da die Mutter ihre Antiken-Sammlungen nicht anrühren wollte, musste sie unter anderem den geliebten Auerhof verkaufen und starb 1857 frustriert in Rom. Dort ist sie auf dem Campo Santo Teutonico begraben.

27 **RHEINHOTEL DREESEN** Auf seiner Internetseite wirbt das Hotel mit berühmten Namen in seinen Gästebüchern, mit Präsidenten und Industriellen, wie Wilhelm II. und Krupp, Eisenhower und Marlene Dietrich, mit Charlie Chaplin und Hindenburg. Alle nächtigten schon in dem Prachthotel am Rhein aus dem Jahre 1894. Ein häufiger Gast wird allerdings scheu verschwiegen: Adolf Hitler. Über 60-mal ist er im Gästebuch zu finden, das erste Mal 1926 noch mit dem Eintrag „Adolf Hitler, Schriftsteller, München".
Aufmerksam wurde er auf das Dreesen durch seinen Parteifreund Rudolf Heß, früher Schüler im Evangelischen Pädagogium in Godesberg, und er war gleich so angetan von Lage, Landschaft und Service, dass er häufig die Reisen von Berlin nach München für einen Besuch im Dreesen unterbrach. Hier verhandelte er auch vor dem Münchner Abkommen 1938 mit dem englischen Premier Chamberlain, der auf dem Petersberg gegenüber untergebracht war, und von hier aus unternahm er seine

RHEINHOTEL DREESEN

Rheinhotel Dreesen Bonn
Rheinstraße 45–49 | Tel. 02 28–8 20 20
www.rheinhoteldreesen.de | €€€

Campingplatz Genienaue Bonn | Im Frankenkeller 49
Tel. 02 28–34 49 49
Romantischer Platz gegenüber dem Drachenfels.

Propagandafahrten zur Saarabstimmung. Bei seinem 50. Besuch im September 1935 bereiteten ihm die Godesberger ein Freudenfest mit Böllern und Feuerwerk, so glücklich waren sie über den Gast, der natürlich auch andere NS-Prominenz an den Rhein zog. „Die herrliche Landschaft mit den sagenumwobenen sieben Bergen, die Romantik und die historische Sendung des deutschen Schicksalsstroms übten auf den Führer tiefsten Eindruck aus“, notierte die rheinische NS-Zeitung „Westdeutscher Beobachter“, und der Führer revanchierte sich artig für all diese Begeisterung mit dem damals gern zitierten Motto „Godesberg liegt an der Pforte der Schönheit“.
Gegen Kriegsende nutzten die Nazis das Dreesen als Internierungslager prominenter französischer Gefangener, unter anderem für die Schwester de Gaulles. In den letzten Kriegstagen diente es Eisenhower für ein paar Tage als Hauptquartier und nach dem Krieg waren Flüchtlinge untergebracht. Dann wurde es Sitz der französischen Hohen Kommission und endlich in den 1950er-Jahren wieder Hotel.

28 VILLA GENIENAUE

Paul Grosser war Geologe, Spezialist für Vulkane, Professor an der Bonner Universität und heiratete um die Jahrhundertwende die Kölnerin Eugenie Klein, eine gute Partie aus der alten Bankiersfamilie Schnitzler. Grosser baute seiner Braut 1904/05 eine schneeweiße, wunderbare, fast 2000 Quadratmeter große Villa. Wie ein griechischer Tempel sah sie aus mit Säulen, Freitreppen und Portikus und allem antiken Drum und Dran. In Anlehnung an den Vornamen der Gattin nannte der Geologe das Anwesen „Genienaue“. Das Wichtigste aber: Hier war es einsam, am Ende von Mehlen, direkt am Wasser gegenüber der Nordspitze der Insel Nonnenwerth, rundherum nur

Wiesen und Natur und alles ganz allein für Grosser und seine Frau und ihre Lieblingstiere im Erdgeschoss. Denn Ziegen, Hühner, Pferde – alles rannte hier frei herum nach dem Motto „Leben in und mit der Natur".
Die beiden waren einigermaßen jung, er 40, sie gerade mal 35, als sie einzogen, und sie lebten ohne Nachbarn als Abstinenzler, Vegetarier, verachteten den Karneval und liebten nur ihre Tiere, voran die Pferde. Irgendwann aber muss es ein Problem gegeben haben, denn ein paar Jahre später, 1911, brachte sich Eugenie Grosser um. Keiner weiß heute mehr warum und vor allem wie. Jedenfalls war Paul Grosser nun völlig allein und verzweifelt. Er erschoss das Lieblingspferd seiner Frau, darauf sein eigenes, reiste dann mit der toten Gattin nach Mainz zur Kremation ihrer Leiche, da es in Bonn oder Köln wegen des kirchlichen Widerstands seinerzeit kein Krematorium gab. Als er das erledigt hatte, erschoss er sich am Ende selbst. Nun hatten die Grossers keine Kinder, und so fiel der gesamte Besitz an einen Bruder, der jedoch gerade im Zuchthaus saß, weil er nach einem verlorenen Prozess vor dem Reichsgericht in Leipzig den Gerichtspräsidenten an- und den Gerichtsdiener erschossen hatte. Dieser Bruder durfte das Erbe nicht antreten und so wurde am Ende alles zugunsten des Staates versteigert und verkauft.
Im Krieg diente die Genienaue als Gefangenenlager, danach als Puppenfabrik, als Bundesluftschutzlager, und schließlich war eine Eventagentur hier untergebracht. Heutzutage finden in der Prachtvilla, die einem Bonner Privatmann gehört, bisweilen Ausstellungen und Konzerte statt.

29 **OBERKASSEL** Bekannter sind vielleicht die Kinkel-Stuben im Herzen Oberkassels an der Königswinterer Straße, als das Kinkel-Denkmal in der nahe gelegenen Grünanlage. Seit 1883 ist hier der Bonner Kunstprofessor und Revolutionär Gottfried Kinkel verewigt, der in der Zeit der 1848er-Bewegung zusammen mit seiner Frau Johanna Kinkel zu den wichtigsten Führern der Demokraten zählte. Sie waren Hoffnungsträger der Reformen in Deutschland, die sie selber nicht mehr erlebt haben und deren Ausbleiben zu ihren Lebzeiten sie auch mit persönlichem Scheitern bezahlen mussten. Kinkel, von Haus aus evangelischer Theologe, wurde aus der Fakultät rausgeekelt, als er sich in die geschiedene, katholische, aber emanzipierte Johanna verliebte, die mit ihm zusammen den „Maikäfer-Bund" gründete, einen Treffpunkt und Zirkel literarisch ambitionierter Rheinländer. Kinkel wurde journalistisch tätig, befasste sich mit kunstgeschichtlichen Themen und wurde später außerordentlicher Professor für Kunst, Literatur und Kulturgeschichte in Bonn. In der 1848er-Zeit gründete er die „Bonner Zeitung", wurde zum Wortführer der Bonner Demokraten, und er war es, der am 18. März 1848 auf der Freitreppe des Bonner Rathauses eine flammende Rede auf die Demokratie, die freie Republik und ein geeintes Deutschland hielt.

„Behalt, o Filz, nur deinen Sack
Minister, deinen Stern
Du Adel, deinen Schabernack
das lass ich alles gern,
wenn ich in meines Volkes Schoß
mich mächtig fühle, frei und groß."
Bruderlied von Gottfried Kinkel

Johanna Kinkel managte die Redaktion der Zeitung, als er als Abgeordneter in Berlin weilte, dort immer radikaler wurde und schließlich nach dem kläglich gescheiterten „Sturm auf das Siegburger Zeughaus" an den Kämpfen in der Pfalz teilnahm. Er geriet in Gefangenschaft und wurde in Köln in einem Schauprozess zu lebenslanger Festungshaft verurteilt. Sein junger Kamerad und Student Carl Schurz konnte

So ähnlich wurde Gottfried Kinkel von Rastatt nach Köln gebracht. Als Gefangener der Preußen und eskortiert vom Militär. Trotzdem gelang später seine Befreiung aus der Festung Spandau.

ihn schließlich in einer abenteuerlichen Aktion aus der Festung Spandau befreien, sie flohen nach England. Schurz ging später in die USA und brachte es dort als erfolgreicher Politiker bis zum Innenminister. Kinkel emigrierte, nachdem seine Frau bei einem Fenstersturz in London ums Leben kam, nach Zürich.
Später nahm er, angewidert von der nationalistischen Begeisterung und dem „Siegesgeheul der Germanen", die Schweizer Staatsbürgerschaft an und starb in Zürich. Das Denkmal in seinem Geburtsort Oberkassel wurde 1883 von Freunden und Bewunderern errichtet. Auf einem Sockel thront lebensgroß Kinkels Büste, und die nicht minder bedeutsame Johanna ist an der Seite ihres Gatten ebenfalls auf dem Denkmal verewigt – als handgroßes Medaillon zwischen Sockel und Hüfte.

30 **HÄRLE PARK** Selbst die Eingeborenen in Oberkassel kennen selten das Härle-Arboretum, eine weitläufige und wunderbar gestaltete Parklandschaft, die man allerdings ein wenig suchen muss, bevor man sie am östlichen Ortshang entdeckt. Über 800 verschiedene Bäume, Sträucher und Gehölzgruppen sind hier auf einem fast fünf Hektar großen Gelände vereint. Zum Teil sind es Gattungen wie Eibe, Scheinzypresse, Lebensbaum und Rose, zum Teil Solitäre, deren Name allein poetische Assoziationen auslöst, wie der Zimtahorn und die Pyrenäeneiche, der Alligator-Wacholder oder die Hänge-Douglasie. Daneben findet man den mächtigen Mammutbaum oder die Atlaszeder und den prominenten Ginkgobaum. Ein Charakteristikum des Parks sind thematische Bereiche und zahlreiche Pflanzenbeete, zahllose Blumen darunter, in drei voneinander abgeteilten Bereichen. Da ist einmal der alte Parkteil mit den Gebäuden, allen voran die ehemalige Villa von Härle. Dann gibt es einen neuen Park um die

frühere Gärtnerei herum und einen Waldpark mit Maar, der bis zur angrenzenden B42 reicht, dazu Streuobstwiesen, einen Bach, und sogar ein paar Heidschnucken weiden bisweilen auf den Wiesen.

Im 19. Jahrhundert war es Mode unter den Villenbesitzern, sich exotische Bäume in den Park pflanzen zu lassen. Manche ließen sich ein ganzes Baum-Museum anlegen, ein sogenanntes Arboretum, bei dem sie möglichst viele verschiedene Vertreter aus aller Welt sehen wollten. Carl Härle (1879–1950) aus Mülheim an der Ruhr, der sein Geld als Generaldirektor von Thyssen von 1927 bis 1940 gemacht hatte, kaufte Anfang der 1920er-Jahre das Gelände mit dem alten Park und ließ sich daneben eine Gärtnerei anlegen. Die Töchter Maria und Regina Härle bauten das alles nach seinem Tode mit der Entschädigung für die Enteignung von Land für die vorbeiführende neue Autobahn in den 50er-Jahren plan- und liebevoll aus. Heute ist der Park Stiftung und der Öffentlichkeit zugänglich.

Der Thyssen-Manager Härle hatte noch eine zweite Leidenschaft, von der die Kölner profitieren: Er war passionierter Sammler mittelalterlicher und barocker Skulpturen, vor allem religiöser Kunst rund um das Thema Marienfrömmigkeit. Er hat aber auch Arbeiten des Kunsthandwerks, der Tafel- und Buchmalerei zusammengetragen, die früher sein Wohnhaus im Park schmückten. Die kleine, aber hoch gerühmte Sammlung haben die Töchter im Jahre 2001 als „Schenkung Härle" dem Kölner Diözesanmuseum gestiftet.

Stiftung Arboretum – Park Härle
Oberkassel, Büchelstraße 40
Tel. 02 28–2 49 92 70 | Führungen von März bis Oktober
Jeden ersten Sa 10 Uhr und jeden dritten Mi 17 Uhr
oder auf Anfrage: www.arboretum-haerle.de

Hund von Oberkassel In den Basaltbrüchen oberhalb von Oberkassel, an der ersten Geländekante über dem Rheintal, stießen Arbeiter 1914 auf ein Grab mit Skeletten, Tierknochen und ein paar Grabbeigaben. Die Wissenschaftler der Bonner Universität analysierten den Fund als ein männliches Skelett, etwa 50 Jahre alt mit robustem Körperbau, und ein weibliches, etwa 20 Jahre, „grazil und frühadult", wie sie in ihrer Analyse festhielten. Das Sensationelle war das Alter der menschlichen Knochen, denn fast 12000 Jahre lagen die beiden in ihrem Grab.

Es handelt sich um den ältesten Grabfund im Rheinland. Die genaue Analyse der Skelette förderte zutage, dass der Mann von der Krim und sie aus dem heutigen Portugal stammen musste. Es handelt sich also um Zugewanderte, die sich hier am Rhein niedergelassen hatten. Die beiden konnten schlecht allein gelebt haben, denn irgendwer musste sie ja mindestens ins Grab gelegt und die Grabbeigaben, Knochenschnitzereien und den Farbschmuck hinzugefügt haben, die die Archäologen fanden. Der Fund galt lange als so einmalig, dass manche sogar von einer „Oberkasseler Rasse" sprachen, um ihn gebührend zu würdigen.

Es gibt weitere interessante Details in dem Fund, denn zahlreiche Tierknochen waren dabei, Zähne vom Hirsch, Reh und Braunbär und vor allem für die Archäologen völlig überraschend, der Unterkiefer eines „canis familiaris", des gemeinen Haushunds. Nie zuvor hatte man so alte Funde eines Hundes gemacht. Bisher wurde die Hundezucht als wesentlich jünger terminiert und auch eher in Asien bei den Hirtenvölkern oder bei den Indianern Nordamerikas vermutet. Und jetzt die Sensation: Der erste Haushund stammt aus dem Rheinland.

Die Funde sind heute im Rheinischen Landesmuseum Bonn in einer besonderen Vitrine und einem speziellen Raum und Ambiente ausgestellt, während an der

Zur Fundstelle des Hundes von Oberkassel: Die Zippertstraße, über die Straßenbahngleise hinweg, weiter aufwärts Am Stingenberg, Richtung „Sportplatz" – direkt hinter der Überquerung der B42 links ein Stein mit Pfeil „Fundstelle", ein Fußweg etwa 300 Meter oberhalb der Schnellstraße, bis zur markierten Fundstelle rechts in den Büschen.

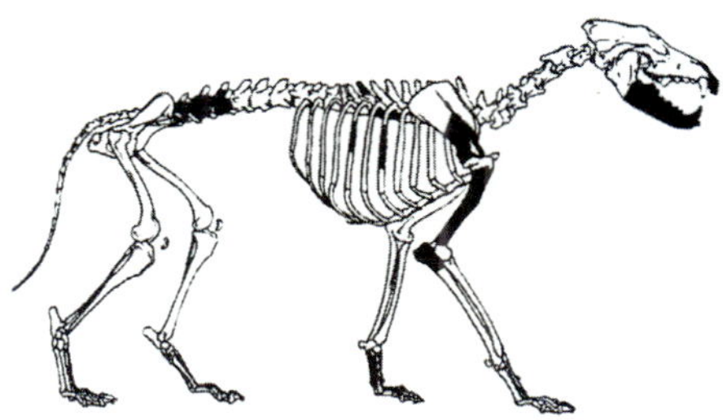

Fundstelle an einem kleinen Platz mit Bänken eine Schautafel an den Homo Oberkasselenis erinnert. Doch ein nicht unwesentliches Detail wird dem Besucher vorenthalten. Im Depot des Museums liegt ein weiteres Fundstück, ein sechs bis sieben Zentimeter langer, braun-weißer Knochen, beschriftet als „Langer Knochen". Die ersten Forscher haben von einer „Kultbeigabe" gesprochen, weil dieser Fund feine Bearbeitungsspuren aufweist. Das Denkwürdige allerdings ist, dass es sich dabei um den „os penis", den Penisknochen, eines jungen Höhlenbären handelt. Und da waren die Experten ratlos. Denn wer hat ihn bearbeitet und zu welchem Zweck? Eine Jagdtrophäe? Eine Kultbeigabe? Und wie kam der ins Grab und vor allem wozu?

„Bei dem freundlichen Bonn fängt die eigentlich schöne Rheingegend an; eine reich geschmückte breite Flur, die sich wie eine große Schlucht zwischen Hügeln und Bergen eine Tagesreise lang hinaufzieht bis zu dem Einfluss der Mosel ..." Friedrich Schlegel

fluss eins

heute in der früh
mit dem rad fuhr ich am fluss entlang
ein kalter schwerer dunst lag über allem
das ergab einen geheimnisvollen klang
was ihr stellenweise gelang
die ehrgeizige sonne versuchte
folgend einem zwang
durchzudringen
sie war mir nicht minder lieb
wo sie fahle scheibe blieb

Rolf Persch

SIEBENGEBIRGE

Je nachdem, woher man kommt oder wohin man schaut, hat das Siebengebirge mal elf oder 16, einmal sogar über 30 Gipfel, auf jeden Fall mehr als sieben. Der Name hat nichts mit der Zahl zu tun, sondern geht auf das Wort „Siefen" für ein feuchtes Tal zurück, und davon gibt es hier mehr als genug. „Entdeckt" wurde es Anfang des 19. Jahrhunderts von englischen Touristen, die den Rhein bereisten, begeistert von der wilden, urwüchsigen Landschaft, fasziniert vom Drachenfels, der damals nicht zugewachsen war wie heute, sondern durch den jahrhundertelangen Steinabbau steil und schroff zum Wasser hin abfiel. „Landschaft" ist ja eine Erfindung des 19. Jahrhunderts: Die Menschen früher haben ihre natürliche Umgebung nicht als ästhetische Einheit wahrgenommen. Erst die Fremden und ihr Blick haben aus der Heimat eine Landschaft werden lassen: ein komponiertes Bild mit Bergen, Burgen, Wäldern und Strom. Heute ist der Drachenfels der meistbestiegene Berg in Deutschland und ganz egal, ob die UNESCO auf Wunsch der rheinland-pfälzischen Landesregierung nur das Mittelrheintal zwischen Koblenz und Bingen zum Welterbe erklärt hat. Das Siebengebirge ist das Eingangstor der Romantik, so wie der Dom im Norden und die Loreley im Süden ihre Pole sind.
Seit 1922 ist das Gebirge Naturschutzgebiet und wird 2009/10 zum „Nationalpark" umgewandelt. Allerdings gegen zum Teil heftige Kritik vor allem aus Bad Honnef. Viele befürchten die erhöhte Verkehrsbelastung durch mehr Besucher und gleichzeitig eine stärkere Reglementierung. Tatsächlich erlaubt das Instrument „Nationalpark" Vorschriften zum Wegenetz und zur Benutzung der Freiflächen, Sportverbote wie Mountainbike oder Drachenfliegen, und auch die Einschränkung wirtschaftlicher Nutzung. Für viele ist das jedoch richtig und auf jeden Fall ist sicher: Für einen Nationalpark wird mehr getan und das macht ihn wiederum attraktiv.

Das Lieblingsfahrzeug von Willi Ostermann, Kölns großem Heimatdichter, auf den Drachenfels: der Esel.

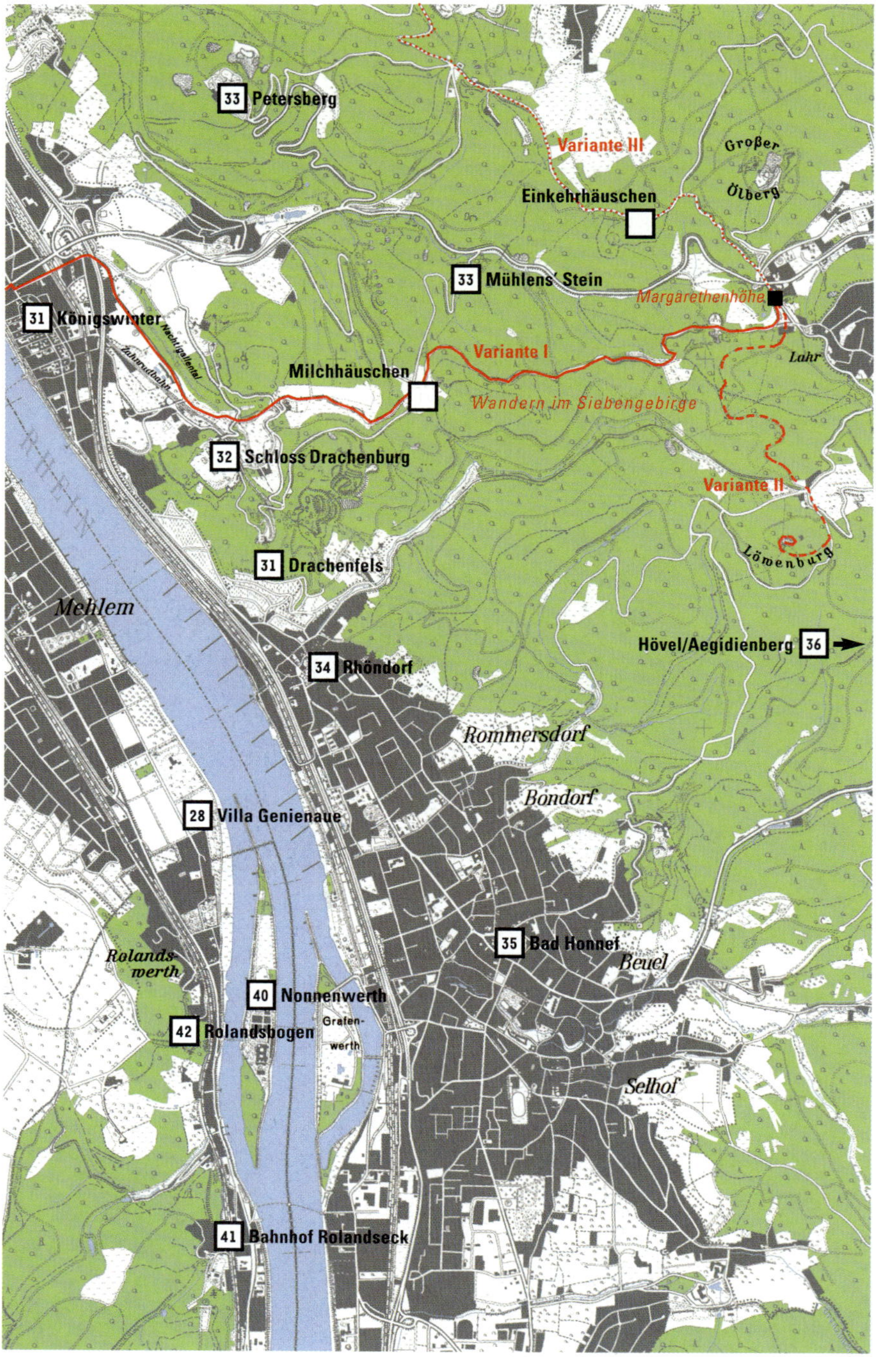
33 Petersberg
Variante III
Großer Ölberg
Einkehrhäuschen
33 Mühlens' Stein
Margarethenhöhe
31 Königswinter
Nachtigallental
Zahnradbahn
Variante I
Lahr
Milchhäuschen
Wandern im Siebengebirge
Rhein
32 Schloss Drachenburg
Variante II
31 Drachenfels
Löwenburg
Mehlem
Hövel/Aegidienberg 36
34 Rhöndorf
Rommersdorf
Bondorf
28 Villa Genienaue
35 Bad Honnef
Beuel
Rolandswerth
40 Nonnenwerth
42 Rolandsbogen
Grafenwerth
Selhof
41 Bahnhof Rolandseck

31 KÖNIGSWINTER/DRACHENFELS

Die Archäologen haben am Drachenfels Spuren und Zeichen römischer Steinbrucharbeiter gefunden, die schon vor 2000 Jahren Trachyt abgebaut haben, einen festen Stein, der sich gut spalten und verarbeiten lässt. Und die steile Flanke zum Rhein hinab war ideal, um die Steine zu transportieren und zu verschiffen. Manche führen den Namen Drachenfels, der etwa „steil abfallender Felsen" bedeutet habe, darauf zurück. Die Verladestelle am Ufer ist noch gut zu erkennen, etwa da, wo die B42 nördlich vor Rhöndorf die Uferstraße kreuzt.

Die wirtschaftliche Funktion des Berges stand während des gesamten Mittelalters im Vordergrund: Ob man den Xantener oder den Kölner Dom untersucht, die alten Steine sind in der Regel aus Trachyt vom Drachenfels. Die Kölner Dombauhütte betrieb hier einen eigenen Steinbruch. Erst als das Domkapitel diesen im 19. Jahrhundert wieder in Betrieb nahm, um den Dom zu reparieren und zu vollenden, rief das die ersten Naturfreunde auf den Plan, die die Naturschönheit des Drachenfels erhalten wollten – Ausdruck der veränderten Wahrnehmung durch die Romantik. Als dann noch ein Teil der gerade populär gewordenen Ruine der Drachenburg einstürzte, mobilisierte das sogar den preußischen Kronprinzen, und kurzerhand kaufte der Staat unter dem Vorwand, die Bürger vor Steinschlag zu schützen, den ganzen Felsen, der faktisch zum ersten Naturschutzgebiet Deutschlands wurde. Seitdem werden die aufgerissenen Flanken durch zahlreiche Plomben und Bänder, durch Betonsperren und Eisenhaken geschützt, um den morschen Fels zusammenzuhalten.

„… lässt Seine Kgl. Hoheit der Kronprinz ersuchen, so viel und so weit es die bestehenden Gesetze gestatten, dem Unwesen der Zerstörung solcher geschichtlicher Denkmäler zu steuern, welches gewöhnlich nur aus Gewinnsucht hervorgeht."
Kronprinz Friedrich Wilhelm an den Kölner Regierungspräsidenten

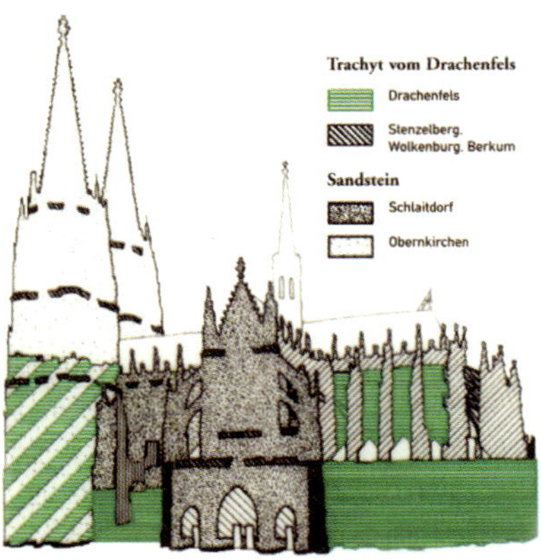

Der halbe Drachenfels befindet sich heute als Basis des Kölner Domes mitten in Köln.

Sanierung und Romantik, das sind am Drachenfels die zwei Seiten derselben Medaille. Damit verbunden ist auch der Wandel von Königswinter von einem Ort der Steinbrucharbeiter und Ofenbauer, die ihr Material ebenfalls in den „Ofenkaulen" des Siebengebirges gewannen, zu einer touristischen Rheinmetropole. Neue Hotelbauten, zahlreiche Villen und neugotische Schlösschen am Rhein, die Motorisierung der Schifffahrt und die Eisenbahn, vor allem aber die ungeheuer populäre Idealisierung in der Malerei und Literatur des 19. Jahrhunderts führten zu einem nicht mehr abreißenden Strom von Besuchern am Drachenfels. Die erste deutsche Andenkenbude, sozusagen die zeitgemäße Wiederaufnahme des mittelalterlichen Devotionalienhandels, das erste Wirtshaus auf der Spitze des Berges, die erste Zahnradbahn – alles das ist ebenso Ausdruck großer Emotion wie perfekter Vermarktung. Jedenfalls bis weit ins 20. Jahrhundert war das so und noch immer findet man in den meisten rheinischen Fotoalben das Bild vom Ausflug auf den Drachenfels mit den fröhlichen Köpfen auf dem Esel oder im millionenfach fotografierten Doppeldecker.

Aber die Gäste wurden älter und älter, die jungen Leute blieben aus und auch die Holländer ließen sich nicht mehr mit dem billigen Wein übers Ohr hauen. Königswinter war in den 1990ern einem Sanierungsfall ähnlicher als einem Ausflugsziel. Erst mit dem neuen Jahrtausend begann man sich ernsthaft Gedanken zu machen, Experten wurden befragt, im Rahmen der Regionale 2010 gerieten auch Projekte aus dem Siebengebirge auf die Agenda. Die Altstadt wurde zum Sanierungsgebiet erklärt, und es gab Landesmittel zur Stadterneuerung. Die Talstation der Drachenfelsbahn am Ende der zentralen Drachenfelsstraße, die man aufwerten will, wurde modernisiert und beherbergt inzwischen das Besucherzentrum Siebengebirge.

MS Siebengebirge Schönes Charterschiff | Ideal für Veranstaltungen. Zwei Säle und viele Plätze an Deck. | www.ms-siebengebirge.de

Villa Leonhart Hauptstr. 330 | Tel. 0 22 33–90 58 53 | www.villaleonhart.de | Edles Restaurant in eleganter Villa mit Park und Garten | Sa + So Kaffee und Kuchen | Mo geschlossen | Der Wirt ist Bernd Becker vom vormaligen Markt 3 in Bad Honnef.

Jesuiter Hof Gutsschenke & Weinkellerei & Hotel Königswinter, Hauptstraße 458 | € – €€
Tel. 0 22 23–2 26 50 | www.weingut-pieper.de
Nette Weinkneipe mit altem Innenhof, rustikaler Stube, akzeptabler Karte und mit ein paar angenehm-einfachen Doppelzimmern unterm Dach.

Winzerhäuschen Restaurant & Biergarten Drachenfels, Drachenfelsstraße 100
Tel. 0 22 23–2 14 69 | www.weinhaus-winzerhauschen.de
Schönster Blick vom halben Drachenfels auf ganz Bonn.

Strittig war allerdings die Eingangssituation am Berliner Platz direkt am Rhein. Bis zum Zweiten Weltkrieg mit einem repräsentativen Hotel bebaut, bot sich hier eine touristische Attraktion an, die es weit und breit noch nicht gab: ein Besucheraquarium mit Tausenden Meerestieren in fast drei Dutzend Becken. „Sea Life" gibt es auch seit Ende 2005, aber gegen heftigen Widerstand. Nachbarn klagten – und verloren – vor dem Verwaltungsgericht, die SPD und eine Bürgerinitiative fürchteten den Verkehr und die Zerstörung des Rheinpanoramas durch den „industrieähnlichen Charakter" des Baus. Schön ist das Aquarium wirklich nicht, eher ein Fast-Food-Museum, aber die Rheinfront war schon vorher mit den Neu- und Umbauten der Nachkriegsära dahin. Und so zieht Sea Life inzwischen die Hunderttausende nach Königswinter, die sich Gastronomie und Lokalpolitik gewünscht haben, hat auch einige Arbeitsplätze gebracht und man kann jetzt die Meeresbewohner von unten sehen – am Rhein!

Siegfried und der Drache Diverse Städte am Rhein streiten um die Ehre, wo der Auftrittsort der Nibelungen gewesen sei, wo Siegfried gekämpft und den Drachen besiegt habe. Speyer, Worms, Xanten, sogar Bonn und Erftstadt haben das schon für sich reklamiert. Und das spielt heutzutage mit der neuen deutschen Nation eine wichtige Rolle. Aber es war eindeutig im Siebengebirge. Hier trifft alles idealtypisch zu: Rheinnähe und dichte Wälder, Burgen und Quellen – und immer noch kann man das dunkle Loch der Drachenhöhle im hohen Fels oberhalb der Weinberge von Rhöndorf sehen, in dem der Drache gehaust hat. Von dort oben fiel er die vorbeifahrenden Schiffer an, bis diese begannen, sich zu verstecken, und stattdessen dem Drachen Strohpuppen opferten. Aus Wut soll der aber Feuer gespien und die

Siebengebirgsmuseum der Stadt Königswinter
Königswinter, Kellerstraße 16
Tel. 0 22 23–37 03 | www.siebengebirgsmuseum.de
Geöffnet täglich außer Mo | November bis März nur Mi, Sa + So
Eines der besten Heimatmuseen im Rheinland, gut präsentierte Regional- und Wirtschaftsgeschichte, ausgesuchte Exponate zu Rheinromantik, Geologie und allem, was rundherum wichtig und interessant ist – schönes Haus, kluge Konzepte.

Puppen verbrannt haben, bis er eines Tages an ein mit Pulver beladenes Schiff geriet, das in die Luft flog und der Drache gleich mit.
Aber das ist nur eine blasse Variante der tatsächlichen Ereignisse, denn es waren keine unbekannten Schiffer, sondern Siegfried, gebürtiger Rheinländer, der von dem Menschen fressenden Untier gehört und sich eine List gegen den gehörnten Drachen ausgedacht hatte. Er erkundete dessen Lager, erforschte seine täglichen Gewohnheiten und sammelte genügend trockenes Reisig, das er in einem günstigen Moment dem Feuer speienden Untier ins Maul stopfte, sodass es selber Feuer fing und jämmerlich verbrannte. Die ganze gepanzerte Hornhaut schmolz, in der sich Siegfried badete, was ihn bekanntlich – bis auf die Stelle mit dem Lindenblatt an der Schulter – unverwundbar machte. Dann räumte er die Drachenhöhle leer, die mit Gold und Schätzen gefüllt war. Die gingen allerdings laut Nibelungenlied kurze Zeit später wieder verloren, als sie für immer im Rhein versenkt wurden.
So weit das Urteil der Germanisten, aber der Analytiker sieht tiefer: Für ihn steht der Drache symbolisch für die Gier und nutzlose Anhäufung von Kapital, das nicht zirkuliert, während der muntere Rheinländer Siegfried keine Schätze anhäuft, sondern hervorholt und damit den Kreislauf von Geld und Gütern zur Freude aller in Schwung hält. Damit das nicht in Vergessenheit gerät, kann man auf halber Höhe zum Drachenfels die Nibelungenhalle besuchen – ein pathetischer Bau von 1912/13, der in einem Dutzend monumentaler Gemälde den „Ring der Nibelungen" von Richard Wagner thematisiert. Neben der Halle befindet sich ein mächtiger Betonwurm, und außerdem gibt es einen echten Zoo, in dem zwar keine Drachen, aber ihre reptilischen und amphibischen Vettern und Cousinen in zahlreichen Varianten aus aller Welt vertreten sind.

32 SCHLOSS DRACHENBURG

Im Grunde ist es eine amerikanische Tellerwäscher-Geschichte: Der Bonner Gastwirtsohn Stephan Sarter, aus einfachen Verhältnissen und mit schlechten Schulnoten, schafft den Aufstieg in die einflussreichen Pariser Bankkreise und macht ein Vermögen mit der Finanzierung des Suezkanals. Von seinen Geschäften weiß man wenig Genaues, er hat wohl beim Kölner Bankier Leopold Seligmann gelernt, von Paris aus internationale Geschäfte abgewickelt und mit einem eigenen Börsenblatt reüssiert, bevor er in das Kanal-Geschäft einstieg. Aber man kennt das Resultat seines Erfolges: das opulenteste aller neuen Rheinschlösser, Schloss Drachenburg. In einer rasant kurzen Zeit wurde es zwischen 1882 und 1884 im Stil der Neugotik erbaut und im Geist des nationalen Bürgertums üppig ausgestattet. Alle Mythen der Geschichte und deutschen Sagenwelt sind hier verarbeitet, ob Cäsar, Karl der Große und Wilhelm I. als Fassadenfiguren oder die mittelalterlichen Künstler und Dichter. Siegfried ist mehrfach verewigt, unter anderem mit einem eigenen Nibelungenzimmer. Ob Vater Rhein oder Dornröschen, alle kommen vor. Der Anlass des pathetischen Bildprogramms ist die Huldigung der Nation und des preußischen Herrscherhauses nach dem gewonnenen Krieg gegen Frankreich und der anschließenden Kaiserkrönung in Versailles.

Neben der Bildinterpretation gibt es aber auch eine nicht zu übersehende Bautradition. Die Leidenschaft für diese repräsentativen Bauten taucht gerade nach der Reichsgründung verstärkt beim neuen Geldbürgertum auf. Für das gesteigerte Renommierbedürfnis greift der Parvenü auf Versatzstücke aller feudalen Stile zurück, so wie Schloss Drachenburg zugleich Schloss und Burg, Villa und Kathedrale ist. Tatsächlich hatte der Bauherr auch den Bonnern etwas zu bewei-

Nibelungenhalle mit Drachenhöhle und Reptilienzoo
Drachenfels, Drachenfelsstraße 107
Tel. 0 22 23–2 41 50
www.nibelungenhalle.de
Im Sommer täglich geöffnet,
im Winter nur an Ferientagen und
Sa, So und feiertags.

sen: In der Literatur ist vom Baron Sarter immer als einem Bonner „Gastwirtsohn" die Rede. Doch weniger bekannt ist, dass der Vater mit seiner Kneipe in der Universitätsstadt in den Ruin getrieben wurde, als er einen zechprellenden Verbindungsstudenten im Januar 1832 geohrfeigt hatte und der mit einer halben Hundertschaft Kommilitonen zurückkehrte, die den Laden mit Äxten und Beilen völlig demolierten. Keiner wurde bestraft, aber Sarter senior musste mit seiner jungen Familie nach Köln verschwinden und dort seinen Lebensunterhalt mit der Herstellung von Knöpfen aus Tierknochen bestreiten. Eine demütigende Erfahrung für den jungen Sarter.
Das Schloss wurde als Wohngebäude hergerichtet, und der Bauherr, der in Paris lebte, kümmerte sich persönlich um alle Details, aber niemals hat er auf seinem Schloss selber gewohnt. Im Gegenteil, er beauftragte einen Privatförster mit der Verwaltung und blieb bis zu seinem Tode an der Seine. Er hatte es den Bonnern gezeigt! Sein Schwager machte später ein Hotel daraus und errichtete für die Sommerfrischler eine Reihe nordischer Sommerhäuser. Dann diente es hintereinander als katholisches Internat, nationalsozialistische Hitler-Schule und Eisenbahner-Schulungsstätte, bis es kurz vor dem Abriss 1971 ein kunstsinniger Burgenfan namens Paul Spinat kaufte und für die Touristen wieder herrichten ließ. Heute ist es im Besitz des Landes Nordrhein-Westfalen und wurde mehr als ein Jahrzehnt lang und mit Millionenaufwand von Grund auf pompös saniert und Stück für Stück der Öffentlichkeit zugänglich gemacht.

Wandern im Siebengebirge Wanderfreunde behaupten, man geht keinen Weg zweimal im Siebengebirge. Jede Jahreszeit verändert die Landschaft, jeder Blick

Schloss Drachenburg Tel. 0 22 23–90 19 70
Geöffnet April bis Oktober täglich außer Mo
www.schloss-drachenburg.de

Museum zur Geschichte des Naturschutzes in Deutschland Vorburg zum Schloss Drachenburg
Geöffnet April bis Oktober täglich außer Mo
Tel. 0 22 23–70 05 70
In dem ältesten deutschen Naturschutzgebiet Informationen über Personen, Ideen, Programme und die Geschichte des Naturschutzes. www.naturschutzgeschichte.de

auf die Berge bietet eine neue Perspektive, und egal, ob man rechts oder links herum, ob man einen Wander- oder Forstweg läuft, ob es rauf- oder runtergeht, man kann sich kaum verlaufen.

Das Siebengebirge ist ja nicht nur das erste Naturschutzgebiet, sondern auch eines der ältesten Wandergebiete, gut erschlossen und vielfach markiert. Die alten Wegsteine vom Verschönerungsverein sowie die vielen Hinweise und Tafeln machen das Ganze eher zu einem Spaziergang (siehe Karte Seite 96).

Variante 1: Man startet in Königswinter am Schiffsanleger oder am Bahnhof, geht an der Drachenfelsbahn vorbei und unter der B42 hindurch und ist dann bald in dem berühmten Nachtigallental, am Ostermann-Stein und dem Altar der 1000-Jahr-Feier der Rheinlande vorbei, wandert hinter dem Drachenfels und der Wolkenburg bergauf, erreicht das „Milchhäuschen", eine allzu populäre Berggaststätte, die an schönen Tagen überlaufen ist, und zieht dann weiter hinauf bis zur Margarethenhöhe. Man versteht zwar nicht, wieso diese Strecke in den Karten als „Wanderweg der Deutschen Einheit" bezeichnet wird, dafür stimmt man sich auf die rheinische Heimat ein, durch vielerlei Ein- und Ansichten in die Natur und die Geologie des Gebirges.

Variante 2: Ein etwa eineinhalbstündiger Rundweg von der Margarethenhöhe zur Ruine der Löwenburg. Auf der breiten Plattform der Löwenburg inmitten der hergerichteten Mauerreste und Turmstümpfe hat man einen grandiosen Rundblick über das gesamte Gebirge und fühlt sich wie bei einem Hubschrauberflug. Von hier aus begreift man die Abfolge der Berge, auf die meisten blickt man ja von hier oben herab. Nach Westen der Drachenfels mit der bekannten Ruine und daneben die Wolkenburg, dann das Rheintal und dahinter die Eifel. Beim Fernblick über die

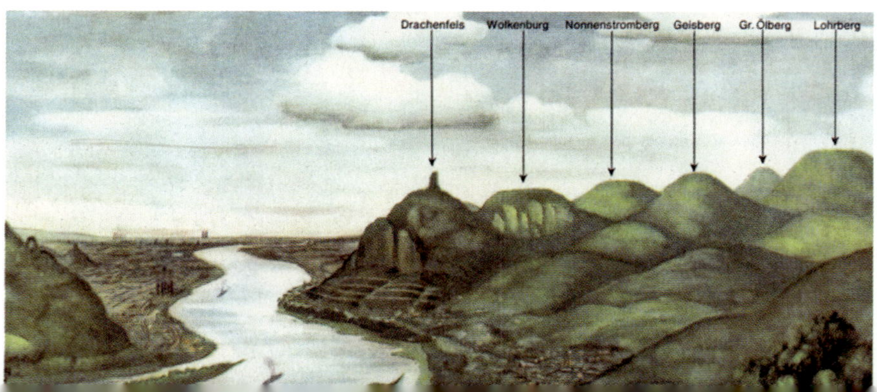

unzähligen Höhen im Hintergrund versteht man auch, warum das alles zum Mittel„gebirge" zählt. Nach Süden schaut man über den Rhein in den Westerwald und nach Norden über den Großen Ölberg und den niedrigeren Petersberg ins Bonner Becken, sieht die hohen Schlote der Wesselinger Chemieindustrie und kann bei schönem Wetter sogar den Kölner Dom erkennen. Nur nach Osten, Richtung Sauerland, ist es langweilig und erscheint niveauloser.

Die mächtige Löwenburg sicherte seit dem 12. Jahrhundert die Interessen der Grafen zu Sayn gegen die Kölner Erzbischöfe, die sich machtbewusst gegenüber auf dem Drachenfels und der Wolkenburg festgesetzt hatten. Hier oben ahnt man auch ein wenig vom Imponiergehabe der Burgenbauer, denn schutzwürdige wirtschaftliche Interessen oder territoriale Grenzen sind kaum zu erkennen. Die Löwenburg wurde schon im Dreißigjährigen Krieg zerstört, in jüngster Zeit erst archäologisch erschlossen und ihre Reste ein wenig aufgehübscht.

Variante 3: Ein Wanderweg von der Margarethenhöhe nach Niederdollendorf und natürlich auch umgekehrt. Unterhalb des Hohen Ölbergs führt der Weg durch mal dichte, mal lichte Täler und Wälder, an dem charmantesten Wirtshaus des Siebengebirges, dem „Einkehrhäuschen", vorbei, an der Flanke von Stromberg und Petersberg entlang, zum Kloster Heisterbach, oder was davon übrig geblieben ist. Seit dem 13. Jahrhundert haben in dem weiten Tal die Zisterzienser gesiedelt, ein reicher und mächtiger Orden, mit Besitz und Grundherrschaft im ganzen Rheinland. Das Kloster war auch kulturelles Zentrum und oft Motor der wirtschaftlichen Entwicklung, bis die Franzosen 1803 die letzten Mönche vertrieben und das Kloster „auf Abbruch" verkauften. Die meisten der behauenen Quader wurden von einem cleveren Abrissunternehmer verschifft und beim Bau des Rhein-Maas-Kanals als

Weinhaus Gut Sülz Oberdollendorf, Bachstraße 157
Tel. 0 22 23–30 10 | www.weinhaus-gutsuelz.de
Bekanntes Weinhaus in schönem Ambiente mit großer Gartenterrasse am Fuß der Weinberge – Weinlehrpfad in der Nähe.

Bungertshof Oberdollendorf, Heisterbacherstraße 149
Tel. 0 22 23–27 97 63 | www.bungertshof.de | €
Restaurant, Kneipe, Biergarten, Veranstaltungssaal mit Musik, Kabarett & Film und wunderbar eingerichteten, einfachen Gästezimmern. Eine gastronomische und kulturelle Ausnahmeerscheinung im Siebengebirge.

Ufersteine zweitverwertet. Die Chorruine widerstand der Sprengung und gilt bis in die Gegenwart als eines der fotogensten Denkmäler der Romanik – romantische Rheinlandnostalgie pur. Der Weg führt weiter nach Oberdollendorf, durch das nördlichste rheinische Weinbaugebiet, und geht dann hinunter bis nach Niederdollendorf und an den Rhein.

Naturpark-Haus des Verschönerungsvereins für das Siebengebirge (VVS) Königswinterer Str. 409
Tel. 0 22 23–90 94 94 I www.naturpark-siebengebirge.de
Erlebniswald mit Infos über Wald, Naturschutz, Geologie, mit Shop, Kaffee, geführten Wanderungen und guter Wanderkarte.

Einkehrhaus Waidmannsruh am Wanderweg Variante 3
Tel. 0 22 23–2 45 20 I www.einkehrhaus-online.de
Farbenfrohes Fachwerkhaus mit großer Terrasse mitten im Wald – nur zu Fuß zu erreichen.

 Chorruine Kloster Heisterbach (Bild rechts)

Edelweißpiraten Das Siebengebirge war auch beliebtes Ziel für die Wochenendfahrten der Kölner Edelweißpiraten. Das waren Jugendliche, die sich dem Drill der Hitlerjugend im Dritten Reich entzogen und ihr eigenes, autonomes Leben leben wollten, wie die Jugendlichen auf dem Bild aus Köln-Longerich im Juni 1942. Der Edelweißpirat Jean Jülich erinnert sich: „... da sind drei schöne tiefblaue Tümpel, Seen haben wir gesagt, der Blaue See, der Märchensee und der Felsensee, da waren Höhlen und Stollen. Das war so schön. Da trafen wir uns, Samstag fuhr man los. Dann schwamm man in dem See, aß sein Süppchen, quatschte ein bisschen, Lagerfeuer ... Manchmal waren wir 100 oder 150 Jungen und Mädchen und uns hat nie einer gestört."

33 MÜHLENS' STEIN/HOTEL PETERSBERG

An der Landstraße von Königswinter nach Ittenbach gibt es etwa auf halber Strecke rechts im Wald einen Parkplatz, der Ausgangspunkt für einen befestigten Weg zum Restaurant „Milchhäuschen" ist. Direkt am Anfang des Weges steht ein massiver Monolith, der etwa vier Meter aus dem Boden herausragt und den Hinweis „Ferdinandstraße – gestattet auf Widerruf" trägt. Mehr steht da nicht, aber die Einheimischen wissen, um welchen Ferdinand es sich handelt. Es ist Ferdinand Mühlens, der Fabrikant von Kölnisch Wasser der Marke 4711, ein Sohn und späterer Ehrenbürger der Gemeinde Königswinter. Der saß als reicher Rentier auf dem „Wintermühlenhof", immer an Reputation und an einem guten Geschäft interessiert, und wollte den Ort mit einem Hotel auf der Wolkenburg für die allererste Gesellschaftsklasse attraktiv machen. Da eine seiner Lieblingsbeschäftigungen das Bauen war, begann er nach dem Kauf des Berges 1896 mit dem Bau einer neuen Straße als Verbindungsweg von der Landstraße auf den Gipfel. Dabei kam er allerdings dem heimischen Steinbruchunternehmer Bachem in die Quere, der alte Schürfrechte an dem Berg besaß, und die beiden trafen sich vor Gericht. Das Urteil fiel salomonisch aus – jeder hatte recht und bekam auch recht: Mühlens durfte bauen, aber Bachem auch jederzeit wieder abreißen.

Das Hotelprojekt war damit natürlich passé und Mühlens musste seinen Ärger abreagieren. Er bestellte im Westerwald einen Steinblock von 500 Zentner Gewicht, also umgerechnet 25 Tonnen, ein riesiger Koloss, dessen Transport acht Tage dauerte. Ein halbes Dutzend Brücken musste dafür verstärkt werden, sonst hätte die Straßenbauverwaltung den Transport nicht erlaubt. Am Ende kostete der Transport zehnmal mehr als der Stein, der am Anfang der Ferdinandstraße aufgestellt wurde.

Milchhäuschen | Am Wanderweg
Tel. 0 22 23–90 90 00 | www.milchhaeuschen.de

Weingut Pieper-Domlay Haus Drachenloch
Rhöndorf, Am Domstein 2 | Tel. 0 22 24–96 72 60 | €€
Einer der drei Berufswinzer aus dem einzigen Weinbaugebiet in NRW – direkt am Drachenfels, in einem weiträumigen Neubau mit fast südländischem Flair. Hofverkauf und ein paar schöne Gästezimmer mit Blick auf die Weinberge.

Mühlens aber hatte es dem Bachem mit seinem monumentalen Stinkefinger „Hier bin ich. Ferdinand" gezeigt.

Ein paar Jahre später kam Mühlens doch noch an sein Hotel: Er kaufte den Petersberg und baute die dortige Herberge zu dem renommierten „Hotel Petersberg" um. Gegenüber dem Massenbetrieb im übrigen Siebengebirge wurde es zur Attraktion für die „reichere Klasse des Reisepublikums", die gerne in dem mondänen Kurhotel abstieg. Berühmt wurde es vor allem als Staatsherberge der späteren Bundesrepublik. Zum ersten Mal politisch genutzt wurde es allerdings schon 1938 vor dem Münchener Abkommen, als Hitler in seinem Lieblingshotel, dem Rheinhotel Dreesen auf der anderen Rheinseite, logierte und zur Vorbereitung der Verhandlungen den englischen Premier Neville Chamberlain auf dem Petersberg einquartierte. Nach dem Krieg wurde der Petersberg dann zum Dienstsitz der Alliierten Hohen Kommissare, und zwar innerhalb einer eigenen, aus der britischen Zone herausgelösten Enklave. Hier kam es auch zu jenem anekdotischen Fauxpas, als Adenauer im September 1949 bei der Vorstellung seines erstes Kabinetts in der Eingangshalle absichtlich jenen Teppich betrat, der nach dem diplomatischen Protokoll nur den Kommissaren vorbehalten war. Doch das war keine gezielte Regelverletzung, sondern die Umsetzung familiärer Spruchweisheit, hatte der Alte doch schon von seiner Mama gelernt: „Immer auf dem Teppich bleiben!".

34 RHÖNDORF

Rhöndorf ist ein beschauliches Städtchen am Rhein, ruhig und gediegen. Und man ahnt an den Schaufenstern des örtlichen Antiquitätenhandels, wer in Rhöndorf lebt und kauft: die gehobene Mittelschicht, die in Bonn oder Köln arbeitet, über die ausgebaute B42 rasch daheim ist und ihre Ruhe haben will. Und so wird auch das Geschäft mit den Touristen woanders gemacht, vor allem in Königswinter, obwohl auch Rhöndorf am Fuße des Drachenfels liegt und die Wälder und Höhen des Siebengebirges gut zu erreichen sind. Aber hier sucht man den Schnellimbiss, das Promenadenhotel oder die Andenkenbude vergebens.

In den 1950er-Jahren gab es einmal den Versuch einiger Kleinunternehmer, auch eine Scheibe von dem Kuchen abzubekommen. Der Anführer einer Gruppe innovativer Geschäftsleute, aus heutiger Sicht Start-up-Unternehmer, war der Konditormeister Peter Profittlich. Er entwarf den Plan, das Siebengebirge von Süden her zu erschließen, und zwar mittels einer Seilbahn. Direkt vor seinem Café am Ziepchensplatz sollte die Bahn an der Talstation starten, zur Wolkenburg hinauf etwa 270 Meter Höhenunterschied überwinden und dann weiter ins Gebirge hineinführen, bis zur Bergstation am Fuß der Löwenburg. Die rund 3,5 Kilometer lange Fahrt würde knapp 20 Minuten dauern. Er begeisterte die Kollegen im Ort und man gab eine Machbarkeitsstudie in Auftrag. Er ließ bei der Kölner Pohlig AG, die auch die Kabinenbahn vom Kölner Zoo über den Rhein gebaut hatte, Pläne anfertigen, ja man gründete sogar eine Aktiengesellschaft, zahlte das notwendige Startkapital ein und brachte auch die politischen Hürden hinter sich, als der Rat der Stadt Honnef sich für die Seilbahn entschied. Und als alles so weit geklärt war, der Startschuss hätte fallen können, da plötzlich – stopp! Einer legte sich quer, ihm war die Idylle Rhöndorfs

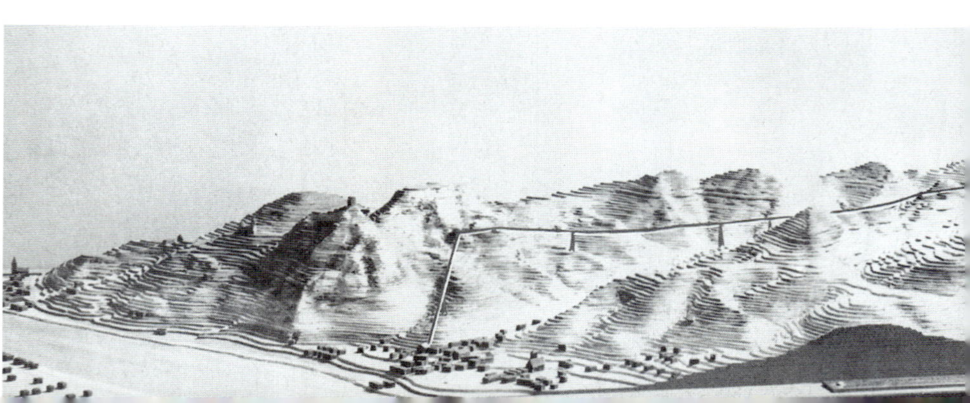

wichtiger: Konrad Adenauer. Seit 1936 lebte der ja in Rhöndorf, in seiner Villa am Hang, ein prominenter Bürger und Nachbar, aber vor allem der Kanzler der Bundesrepublik Deutschland. Adenauer hatte natürlich die besseren Karten als der Bäckermeister Profittlich. Er ließ sich erst einmal den Bürgermeister von Honnef kommen, von dem danach nichts mehr zur Seilbahn zu vernehmen war, intervenierte dann beim zuständigen Regierungspräsidenten, der auch prompt die Baugenehmigung versagte, und schließlich erklärte auch die Landesregierung, Grundbesitzer des Drachenfels, dass kein Quadratzentimeter für eine Seilbahn zur Verfügung stehe. Profittlich ließ nicht locker, vor allem nach einem Unglück mit der Königswinterer Zahnradbahn, bei dem es mehrere Tote und viele Verletzte gegeben hatte. Er wies auf die Sicherheit seiner Seile sowie den solventen Kölner Kabinenbauer hin, der auch schon die Seilbahn auf den Zuckerhut von Rio errichtet habe, und pries „den einzigartigen Blick durch die Rundsichtkabinen und die Ruhe und Schönheit der unterhalb dahinziehenden Wälder". Außerdem sei das Ganze „ohne Verschandeln des Landschaftsbilds, ohne Geräuschbelästigung und ohne großen technischen Aufwand" möglich. Es nutzte nichts, trotz aller Debatten und Argumente, trotz Presse und Öffentlichkeit. Der Alte auf dem Berg blieb stur. Es half auch nichts, als Profittlich zum Nahkampf überging und beim Schützenfest dem Vater durch den Sohn Georg übermitteln ließ, Adenauer könne ihn am Arsch lecken – ganz wörtlich und nicht in irgendeiner literarischen Anspielung als „Götz-Zitat". Auch das half nicht und so gibt es bis heute keine Seilbahn ins Siebengebirge, weder von Rhöndorf noch von anderswo.

Der CDU in Rhöndorf hat der Streit allerdings geschadet. Der Sohn des Seilbahnplaners überwarf sich mit den christlichen Gesinnungsgenossen und trat mit einem

Seilbahn auf den Drachenfels Vom Zentrum Rhöndorfs aus war die Seilbahn hinauf auf den Hang des Drachenfels geplant und dann weiter auf der Höhe quer durchs Siebengebirge bis zur Löwenburg. Die Pläne waren fertig, die Aktiengesellschaft gegründet und auch der Stadtrat dafür, trotzdem gibt es bis heute keine Seilbahn auf den Drachenfels.

Bäckerei Profittlich Rhöndorf, Ziepchensplatz | Tel. 0 22 24–27 96
www.cafe-profittlich.de

Legendäre Bäckerei in der vierten Profittlich-Generation – schönes Café im Flair der Sechzigerjahre mit historischen Accessoires vom Seilbahn-Krieg wie Baumodell, Fotos und Pläne, Gründungsurkunde. Hervorragender Stollen in der Weihnachtszeit und ganzjährig das „Adenauer-Notbrot" von 1915.

Dutzend weiterer Rhöndorfer aus der Partei aus, meldete aber gleichzeitig einen zweiten Wohnsitz in Bayern an. Das gelang mit Hilfe der Rhondörfer Firma Penaten, die bei Traunstein ein Erholungsheim unterhielt. Profittlich trat anschließend mit allen rheinischen Protestlern in die dortige Union ein. So kam Rhöndorf an die einzige Auslandsgruppe der CSU außerhalb Bayerns.

35 **BAD HONNEF** Ältere Semester kennen noch die Frage „Hast du Honnef?", und jeder wusste, was gemeint war. In Bad Honnef am Rhein hatten die Kultusminister 1955 eine Ausbildungsförderung für Studenten beschlossen, das sogenannte Honnefer Modell, in dessen Genuss allerdings auch nicht mehr kamen als heutzutage nach dem „Bafög". Das mag eines Tages ähnlich konspirativ klingen wie heute „das Honnef". Es war kein Zufall, dass die Minister hier tagten, in Bad Honnef war es damals einfach schöner als in Bonn. Das Städtchen zitiert ja gern das Diktum A. v. Humboldts, „Rheinisches Nizza". Tatsächlich hat der Ort Flair, es ist ein wenig wärmer als in der Umgebung, da das Siebengebirge die kalten Nord- und Ostwinde abhält. Und seitdem im Jahre 1938 auf der zu Honnef gehörenden Rheininsel Grafenwerth eine Thermalquelle erbohrt wurde, darf sich die Stadt „Bad Honnef" nennen. Mit den großen Parks und vielen Gärten fühlt man sich als Besucher wie in einer Gartenstadt und man findet seltene Bäume wie den Ginkgo und den Tulpenbaum, den beliebten Mammutbaum und diverse Zedernarten, Exoten aus Japan, Korea oder Amerika, manche haben sogar schon Bananenstauden mitten in Honnef gesehen.

Keine der kleineren Rheinstädte hat sich ein so einheitliches Bild bewahrt. Die vielen Villen in allen denkbaren Stilen und Mustern mit ihren Balkonen, Erkern und

Stiftung Bundeskanzler-Adenauer-Haus
Rhöndorf, Konrad-Adenauer-Straße 8c
Tel. 0 22 24–92 10 | Täglich außer Mo – Eintritt frei
www.adenauerhaus.de
Adenauers Wohnhaus ist öffentliche Gedenkstätte einschließlich Wohn- und Schlafzimmer, Bad und Klo, dem Garten mit Pavillon und Boccia-Bahn – exakt so, wie der Alte es verlassen hat. Dazu in einem Neubau ein Museum mit zahlreichen Fotos, Dokumenten und Devotionalien rund um Adenauer und die deutsche Geschichte.

Absätzen, den weiten Treppen und hohen Eingängen – hier ist augenfällig, dass man etwas zu zeigen hatte, man wollte sehen, aber auch gesehen werden! Honnef macht dabei keinen nostalgischen Eindruck – neue Bauten sind selten störend in das Stadtbild eingefügt –, sondern wirkt authentisch. Sicherlich hat das auch damit zu tun, dass die Stadt einen sichtbaren Wandel vollzogen hat, von einem Kurort zu einer Kongressstadt mit Wellnessangebot, und nicht stehen geblieben ist wie so viele Rheinorte. Geschäfte oder Cafés, Büros und Boutiquen, man sieht den Gebäuden an, dass Honnef weder Fluchtort der Bonner noch Altersruhesitz der Rentiers ist, jedenfalls nicht überwiegend. Auch der ein wenig höher liegende Ortskern um den Marktplatz und St. Johann Baptist herum lässt ahnen, dass hier nicht jeder Spekulant zum Zuge kam, jedenfalls nicht sichtbar. Die Kirche mit dem romanischen Kern und dem gotischen Bau wirkt großzügig und hell mit dem hohen Gewölbe. Und sie erscheint urban, soweit eine Kirche das überhaupt kann.

Der Bonner Germanist und Rheinlandfan Karl Simrock hatte seinen zweiten Wohnsitz im Haus Parzival in Menzenberg, einem Ortsteil im Süden von Bad Honnef. Ein

Mai

Im Mai im schönen Mai in Booten auf dem Rhein
Herab von Bergeshöhe schauten Damen heiter
Ihr seid so schön jedoch das Boot es gleitet weiter
Die Uferweiden weinen was macht ihnen Pein

Die Blüten hinter uns erstarrten an den Bäumen
Die Blütenblätter die im Mai der Kirschbaum gibt
Sind ihre Fingernägel die ich so geliebt
Verwelkt sind sie wie Augenlider über Träumen

Gemach auf einem Weg entlang den Stromesrand
Folgten Zigeuner dort mit Affe Bär und Hunden
Dem Zirkuswagen dem ein Esel vorgespannt
Indes im Weingelände das der Rhein durchwand
Mit ferner Pfeifen Lied ein Regiment entschwunden

Der Mai der schöne Mai schmückt die Ruinen mild
Mit Efeu Heckenrosen und mit wildem Weine
In Uferweiden spielt und wühlt der Wind vom Rheine
In Rebenblüten nackt und plauderhaftem Schilf

Guillaume Apollinaire (1902)

Markt 3 Bad Honnef, Markt 3 | Tel. 0 22 24-9 33 20. Pizzeria und kleines Hotel mit schönen Zimmern.

anderer und später berühmter Schriftsteller vor Ort war der Franzose Wilhelm de Kostrowski, 1901/02 als Hauslehrer eines adeligen Fräuleins an mehreren Stationen im Rheinland tätig, unter anderem in Andernach, in Königswinter-Bennerscheid, vor allem aber in der Villa Hölterhoff am Frankenweg in Bad Honnef. Hier wurde aus Kostrowski der Dichter Guillaume Apollinaire, in dessen Lyrik zahlreiche Bezüge und Anspielungen auf das Rheinland vorhanden und zahlreiche Orte zwischen Bacharach und Köln wiederzuerkennen sind. Der Schriftsteller Ferdinand Freiligrath lebte 1840/41 in Unkel: Er legte dort den Vorschuss seines Berliner Verlegers in Rheinwein an und organisierte den Bau des Rolandbogens. Einige dieser literarischen Stationen verbindet ein Wanderweg von Simrocks Haus Parzival in Menzenberg bis zum Freiligrath-Haus in Unkel.

36 **HÖVEL/AEGIDIENBERG** Wenn man im hinteren Siebengebirge mit der Linie 526 von Ittenbach nach Aegidienberg fährt, hält der Bus in Hövel an einer Haltestelle „Denkmal", und falls man aussteigt, findet man auf dem Dorfplatz auf einem gemauerten Sockel einen mächtigen Felsbrocken mit der folgenden Inschrift: „Kerndeutsche Arbeiter und Bauern / vergossen hier auf eigenem Boden / in erfolgreichen Abwehrkämpfen / ihr Blut zur restlosen Vernichtung / der Separatisten am 16. November 1923. / Gott verhalf zum Sieg." Dieser ebenso blasphemische wie blutrünstige Text stammt aus dem Jahre 1935, und es geht dabei um ein nur oberflächlich bekanntes Kapitel der rheinischen Geschichte, an die ansonsten nur noch ein Straßenname oder ein Grabstein in dieser Gegend erinnert. Die separatistische Bewegung nach dem Ersten Weltkrieg war der Versuch, das Rheinland aus dem deutschen Staat herauszulösen und eine

Villa Schaafhausen
Schaafhausenstr. 5, Tel. 0 22 24–91 70
www.villa-schaafhausen.de | € – €€ | Seminarhaus mit Lehrküche, Ferienhotel mit Ayurveda, Park und Hofladen, Wellnessherberge, Biorestaurant mit eigenem Bioanbau, Gesundheitsberatung und noch so einiges wird hier geboten. Insgesamt wie eine Kombi aus Müttergenesungsheim, Bio-WG und fernöstlicher Gesundheitspraxis, liegt aber herrlich am Ortsrand mit direktem Wanderzugang zum Siebengebirge.

eigene oder mit Frankreich assoziierte rheinische Republik zu installieren. Motor dafür waren nicht nur der verlorene Krieg und die drückenden Reparationen nach dem Versailler Vertrag, denen man mit einer Anlehnung an Frankreich zu entkommen hoffte, sondern auch die antipreußischen Vorurteile gegen das „rote Berlin". Die Anhänger kamen vor allem aus katholischen Kreisen, der Mehrheit des Kölner Zentrums, darunter ein paar einflussreiche Kleriker und Professoren und an der Spitze der Kölner Oberbürgermeister Konrad Adenauer. In dem Maße, wie sich die innenpolitischen Verhältnisse stabilisierten, verging den bürgerlichen Kreisen jedoch die Lust an einer eigenen Republik, und übrig blieben sehr unterschiedliche Überzeugungstäter, zum Teil linker, zum Teil rechter, zum Teil überhaupt keiner Provenienz. Es waren zersplitterte Gruppen und Grüppchen, die auf Drängen der französischen Besatzungsmacht im Sommer 1923 ein Aktionsbündnis schlossen und mehrere Demonstrationen veranstalteten. In Bonn gab es eine große Kundgebung in der Beethovenhalle, in Düsseldorf kam es zu fast einem Dutzend Toten und zahlreichen Verletzten, bis Einzelne im Oktober putschten, erst in Eschweiler bei Aachen, dann in Wiesbaden und schließlich am 26. Oktober in Koblenz die Rheinische Republik ausriefen. Die rheinische Regierung etablierte sich mit eigenen Dienststellen im Koblenzer Schloss, führte eine grün-weiß-rote Fahne ein und eigenes Geld, dessen Akzeptanz bei der Bevölkerung allerdings manchmal mit Gewalt erzwungen werden musste.

Die ganze Aktion war eher chaotisch und dilettantisch, die Franzosen verhielten sich unentschlossen und die andere Besatzungsmacht England hielt von einer rheinischen Republik überhaupt nichts. Von Koblenz marschierten dann einige Hundert Separatisten los, erst nach Linz, und wurden dann nach Honnef abgeschoben.

Einige Gruppen zogen dann auf der Suche nach Lebensmitteln ins Siebengebirge und gerieten in Rheinbreitbach an eine Straßensperre, bei der einer der Einwohner erschossen wurde.

Der Höhepunkt der „Schlacht im Siebengebirge" war der 16. November 1923. Das Ganze wurde professioneller, als sich frühere Soldaten mit ihren heimlich versteckten Waffen an der heimischen „Abwehrfront" beteiligten und die chaotisch agierenden Separatisten zurückschlugen. Einige der hungrigen Desperados konnten sich über einen Schleichweg nach Hövel durchschlagen, wurden dort aber gestellt, als sie sich auf der Suche nach Lebensmitteln in Kellern und Schuppen versteckt hatten. 14 von ihnen wurden gelyncht oder erschlagen, man weiß das nicht so genau, und es wurde nie offen darüber geredet. Es gab ja bald auch keinen Grund mehr, die Tatsachen aufzuspüren, als nach dem Ende der Besatzungszeit nur noch die andere Geschichte von dem erfolgreichen Widerstand erzählt wurde, die dann ja auch die Nazis propagierten.

Konrad Adenauer, der später von seinen Sympathien für die Rheinische Republik nichts mehr wissen wollte, musste sich noch öfter gegen den Vorwurf wehren, ein Verräter an der Nation zu sein. Diesen Vorwurf erhoben vor dem Krieg die Nazis und danach die Kommunisten, ein Indiz, wie komplex die ideologische Gemengelage bei diesem Thema war. Die 14 Erschlagenen wurden umgehend auf dem Friedhof in Hövel begraben. Das Holzkreuz mit der Inschrift „Hier ruhen 14 Separatisten" gibt es heute noch. Der Gedenkstein aus dem Jahre 1938 wurde knapp 50 Jahre später restauriert und erneuert – ohne jeden Zusatz und ohne Kommentar, aber jetzt mit eigener Haltestelle.

Separatisten im November 1923 vor dem Postamt in Königswinter. Im Hintergrund marokkanische Soldaten der französischen Besatzungsmacht. (Bilder links)
Das Rathaus in Königswinter nach dem Abzug der rheinischen Separatisten. (Bild rechts)

Seit 1732
HOTEL RESTAURANT

37 UNKEL

UNKEL Man könnte darüber streiten, wer der berühmteste Bewohner Unkels war: Ferdinand Freiligrath oder Stephan Andres, Konrad Adenauer oder Heinrich Böll, Johanna Schopenhauer oder die „Rheingräfin" Sibylle Mertens-Schaafhausen. Sie alle haben hier mal kürzer, mal länger gelebt und gearbeitet oder manchmal auch nur gefeiert wie Freiligrath: „Viel geliebt und gelebt, aber wenig gedichtet". Der Grund war bei allen der gleiche: Sie waren von Unkel und seinem geschlossenen, fast urban wirkenden Charakter fasziniert. Keine Landstraße, keine Autobahn oder Eisenbahntrasse schneidet den Ort vom Rhein ab. Es ist eines der ganz wenigen Städtchen zwischen Köln und Mainz, an dem noch vorstellbar ist, was im 19. Jahrhundert die romantischen Begeisterungsbeben ausgelöst hat. Das bezieht sich auf das alte Unkel, über die neuen Wohngebiete vor allem nach Süden sollte man schweigen. Es ist immer wieder erstaunlich, dass heute zwar individueller gebaut wird als früher, das Ergebnis aber dafür uniformer aussieht.

Unkel ist seit dem Mittelalter Kölner Besitz gewesen – im Besitz der Kirche, des Domes und einiger reicher Familien – und erhielt schon im 16. Jahrhundert Stadtrechte mit eigener Mauer und festen Stadttoren. Der Gefängnisturm am südlichen Ende der alten Rheinfront ist ein Rest der Befestigung. Der Heimatverein hat ihn hergerichtet: die enge Turmkammer mit dem schönen Blick aus den Dachluken in alle vier Himmelsrichtungen sowie die Zelle im Fundament, die mit originalen Knastobjekten bestückt wurde. Dokumentiert wird hier die Geschichte des letzten Todeskandidaten, Anton Kühlwetter, der wegen wiederholten Diebstahls, etwa von Oberhemden und Bettwäsche, und wegen Bigamie vom Unkeler Gericht als „Gewohnheitsdieb" zum Tode verurteilt und am 4. August 1739 erhängt wurde. Nicht

Der Junggesellenverein mit Hauptmann, Leutnant und Fahnenschwenkern ist bei allen öffentlichen Festen in Unkel dabei. Seit 230 Jahren existiert die Männergilde, die inzwischen auch Frauen aufnimmt – aber ob Weib ob Mann, mit der Hochzeit muss man wieder raus.

Seit 1732
HOTEL RESTAURANT
Unkeler
TAITTINGER

Unkel

weit entfernt vom Gefängnisturm findet man inmitten eines charmanten Friedhofs – wer möchte nicht direkt über dem Ufer und mit Blick auf den Rhein begraben sein? – die alte Kirche St. Pantaleon, ein exzellenter Bau, bei dem Proportionen, Farben und Licht, Architektur und die barocke Ausstattung als Gesamtkunstwerk wirken. Vor allem eine Kapelle mit den lebensgroßen Figuren der 14 Nothelfer ist faszinierend und kann, mit den realistisch dargestellten Leiden der Heiligen, einen lebendigen Eindruck ihrer emotionalen Wirkung verschaffen. Man muss nicht einmal dran glauben. Früher waren die „14 Heiligen am Rhein" ein beliebter Wallfahrtsort, heute existiert in Unkel eine neue Bruderschaft gleichen Namens.
Auf der Rheinpromenade stößt man auf das katholische „Paxheim". Das ehemalige Priesterheim wurde wegen Priestermangels in eine allgemeine Herberge umgewandelt, mit großen Zimmern ohne Dusche, aber gediegen und wunderbar altmodisch gepflegt. Anfang 1954 schrieb hier für einige Wochen Heinrich Böll an seinem Roman „Haus ohne Hüter", und richtige Böll-Exegeten erkennen sogar in einer darin vorkommenden Marmeladenfabrik ein entsprechendes örtliches Unternehmen. Bekannter ist aber ein anderer Gast, an ihn erinnert auch eine Tafel am Tor: Konrad Adenauer, der vom Herbst 1935 bis zum folgenden Sommer in dem südlichen Erkerzimmer lebte. Adenauer war vom Kölner Regierungspräsidenten aus Rhöndorf ins nahe Unkel ausgewiesen worden. Nun war der Alte ja bekanntermaßen ein großer Erfinder, vor allem in der Zeit seines „politischen Winterschlafs", und dabei immer auf der Suche nach Geld und Reichtum. Er hat sich an den unterschiedlichsten Erfindungen versucht. Ergebnisse wie das „beleuchtete Stopfei" oder die Gartenharke mit „Klumpenhammer" und natürlich sein bekanntes Patent für das „Notbrot" aus dem Jahre 1915 sind alle im Adenauer-Museum in Rhöndorf ausgestellt. Aber

Der Gefängnisturm von Unkel Der Turm ist verschlossen und es gibt keine festen Öffnungszeiten. Aber es gibt den Schlüssel zur „Selbstbedienung" in der Gaststätte „Traube" oder beim Touristikverein. Solche einfachen Lösungen wünscht man sich öfter.

Pax-Gästehaus Unkel, Kirchstraße 6 | Tel. 0 22 24–31 41 | € – €€
Katholisches Übernachtungshaus, von freundlichen Nonnen geführt, im Stil der 1950er-Jahre.

Rheinhotel Schulz Unkel, Vogtsgasse 4–7 | Tel. 0 22 24–90 10 50 | www.rheinhotel-schulz.de | €€€€
Luxuriöses Hotel der Spitzenklasse direkt an der Promenade – exzellent eingerichtet und gut geführt.

der Leonardo von Unkel hat viel umfassender experimentiert, sich zum Beispiel mit „Verfahren zur Entnebelung von Großstädten" befasst oder mit raffiniert gebogenen Haarnadeln, die man nicht mehr verlieren kann. Er wollte eine Schreibmaschine mit gezogenen statt gehämmerten Tasten entwickeln oder einen Toaster mit Innenspiegel und Beleuchtung, der einem den Grad der Röstung anzeigt.
In der Unkeler Zeit galt seine forschende Leidenschaft der Schädlingsbekämpfung. Adenauer entwickelte eine Art Elektrobürste, verknüpfte Kupferdrähte in einen Quast und verband das Ganze mit der Steckdose, um die Schädlinge von den Bäumen, Büschen oder den Weinstöcken herabzubürsten und per Elektroschock zu liquidieren. Das funktionierte aber nicht mit gewöhnlichen Käfern oder Insekten. Er setzte seine Experimente schließlich mit Mehlwürmern fort, für die er in einer Mehlschwitze angefeuchtet die passende Konsistenz für den Stromschlag entwickelte. Er variierte Stromspannung und Stärke, veränderte die Zeit, probierte mit Gleich- und Wechselstrom, forschte auch in der Fachliteratur nach den richtigen Würmern, und je verwickelter seine eigenen Lebensumstände wurden, umso verbissener widmete er sich den Mehlwürmern. Eine Reise nach Berlin verband er mit einem Abstecher zum Elektrokonzern AEG, weil er wissen wollte, unter welchen Voraussetzungen der „Strom letal auf die Wintersporen von Manila, Mehltau und Peronospora" wirke. Fast zehn Jahre lang blieb er bei den Mehlwürmern und versuchte bis ins Jahr 1943 das Reichspatentamt von seinen Ergebnissen zu überzeugen. Vergeblich. Immerhin sind Adenauers Eskapaden bis ins letzte Detail dokumentiert, wie überhaupt alles aus seinem Leben den Erbverwaltern wichtig scheint, gesichert zu werden.

Adenauers Elektrobürste zum Insektenkillen

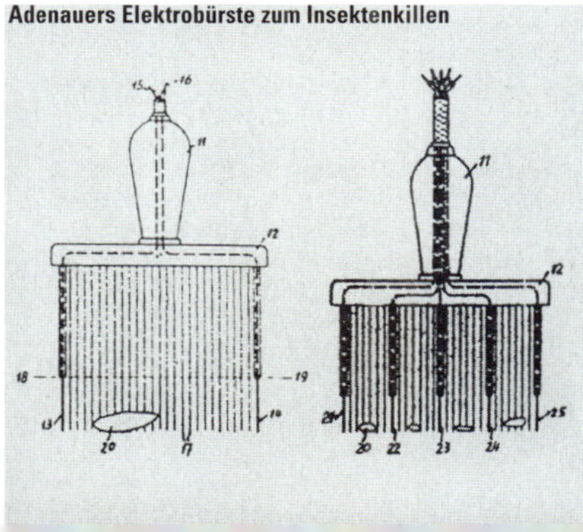

Ganz anders dagegen bei einem seiner Nachfolger, Willy Brandt, der von 1979 bis zu seinem Tode 1992 in Unkel lebte. Man findet eine „Gedenkstätte" im Unkeler Rathaus, die auf hartnäckige telefonische Anfrage auch geöffnet wird. Und dann steht man in einem dunklen Raum mit Blick in einen Hinterhof, möbliert mit Schreibtisch und einer Schrankwand – ein Ambiente, das direkt aus dem Rösrather Möbelzentrum zu stammen scheint. Ein paar zufällige Bücher, ein Foto, Aschenbecher und eine Brille komplettieren das „private Arbeitszimmer", bei dem man den lebhaften Eindruck hat, dass dies nur deshalb im Unkeler Rathaus gelandet ist, weil die Witwe es anders nicht loswerden konnte. Hier begreift man auch endlich einen Spiegel-Titel aus dem Jahre 1994 mit der Schlagzeile „Die Rache der Witwe". Am erstaunlichsten allerdings ist aus der Sicht von Unkel, dass von dem Bürger Brandt und seinem immerhin 13-jährigen Leben hier am Ort rein gar nichts zu finden ist.

38 **ERPEL** Es gibt eine Severinsapotheke und eine Kölner Straße, eine kleine Pforte im Kirchturm mit Namen „Dreikünnigepöötzje", und im Stadtwappen von Erpel findet man drei Kronen, also viel Köln hier, und das war schon immer so. Im 12. Jahrhundert musste der Kölner Erzbischof das Dorf Erpel an das Kölner Domkapitel verpfänden, um seine Kriegsschulden zu bezahlen. Seitdem hatten die Domherren hier das Sagen und die Erpeler mussten ihnen den Zehnten zahlen. Als Gegenleistung erhielt der Ort freie Marktrechte und Gerichtsbarkeit, später sogar eine eigene Befestigung. Damit war zwar die Unabhängigkeit von den anderen Landesherren garantiert, aber Erpel bekam niemals eigene Stadtrechte. Die Verbindung nach Köln war so eng, dass bis heute der Erpeler Dialekt als Kölsch-Variante bezeichnet wird und Erpel sich als südlichster Punkt Kölns ver-

Arbeitszimmer von Willy Brandt
im historischen Rathaus
Unkel, Linzerstraße 2
Telefonische Anmeldung: 0 22 24–33 09
Geplant ist ein „Willy-Brandt-Forum" im Zentrum von Unkel als Bürgerstiftung mit Ausstellung, Porträt-Galerie und Tourismus-Service-Zentrum.
Infos: www.willy-brandt-forum.com

steht. Das nimmt allerdings auch Andernach auf der anderen Rheinseite für sich in Anspruch und das liegt bekanntlich etliche Kilometer weiter im Süden.

Für die alten Beziehungen zu Köln berichten die Erpeler von einem besonderen Ereignis: Nachdem der Erzbischof von Köln, Rainald von Dassel, die Knochen der Hl. Drei Könige in Mailand geklaut hatte und in Eilmärschen nach Köln bringen ließ, legte er eine Tagesreise vor Köln in Erpel eine letzte Etappe ein. Dabei sollen die Heiligen in der Kirche St. Severin übernachtet haben. In dieser Tradition gibt es ein wunderbares venezianisches Bild aus dem 18. Jahrhundert gleich in der Eingangshalle der Kirche: „Die Anbetung des Jesuskindes durch die Hl. Drei Könige". Der älteste König kniet auf diesem Bild vor dem kleinen Jesus, der auf den Knien seiner Mutter steht, und küsst ihm den Fuß oder leckt ihm die Zehen. Das ist nicht so genau zu unterscheiden. Der „Fußkuss" – im Fachjargon „Proskynesis", eine alte byzantinische Unterwerfungsgeste – bereitet dem Kind auf dem Bild auf jeden Fall so viel Vergnügen, dass es dem Alten im Gegenzug die Glatze streichelt.

Noch einmal war Erpel der Mittelpunkt der Welt, denn am Fuße des mächtigen Basaltfelsens der Erpeler Ley war der rechtsrheinische Ankerpunkt der berühmten Remagener Brücke. Da die Deutschen sie kurz vor Kriegsende 1945 nicht mehr sprengen konnten, war es den Alliierten möglich, ungehindert über den Rhein nach Osten vorzudringen. In Erpel ließen sie sich, wenn auch kurz, nieder. Daran erinnert eine eher unscheinbare Tafel an einem Haus am Markt mit der Inschrift „Haus Gertrud Busch Erbaut 1602, seit 1850 im Besitz der Fam. Busch. Im März 1945 Nachr. Zentrale für die ganze Welt".

Neutor Sechs engagierte Erpeler haben in jahrelanger Arbeit dem alten Neutor zu frischem Glanz verholfen. Das einzig erhaltene Stadttor wurde ansprechend restauriert und mit seinen fünf Etagen wiederhergestellt: Clubraum, Zelle, Objekte des Handwerks, Ortspatron Severin und ein wunderbarer Blick übers Land. Kontakt und Besichtigung: Heribert Siebertz Tel. 0 26 44–9 52 10.

Theater im Tunnel 2007 wurde erstmals in dem Eisenbahntunnel unter der Erpeler Ley ein Theater an authentischem Ort inszeniert: „Die Brücke von Remagen". Daraus entstand ein Kulturkreis mit diesem und anderen Projekten. Infos: Kunst- und Kulturkreis ad Erpelle. www.ad-erpelle.de

39

BRUCHHAUSEN Das Dorf auf der Höhe zwischen Erpel und Unkel war lange ein beliebter Wallfahrtsort. Zwei gotische Marienfiguren aus dieser Zeit sind noch in der Kirche zu sehen. Interessanter ist aber ein Votivbild mit den „Sieben Schmerzen Mariens", auf dem sich nach alter Manier die Sponsoren als kleine Stifterfiguren verewigen ließen. Johann Jakob von Spee auf der einen und seine Schwester Agnes mit Gatten auf der anderen Seite. Das Motiv für die fromme Stiftung im Jahre 1636 war jedoch ein trauriger Anlass. Es erinnert an den Tod ihrer Mutter fünf Jahre zuvor auf dem Scheiterhaufen. Die Gräfin Anna Katharina von Spee lebte als Witwe in dem Dorf, war aber nach dem Tod ihres Mannes eine Fremde geblieben. Sie kam ins Gerede, als sie einen ihrer „Pferdeknechte" heiratete. Wahrscheinlich auf Betreiben ihrer Verwandtschaft wurde sie wegen dieser Mesalliance als Hexe denunziert. Nun war das Hochgericht in Erpel für seine brutale Praxis bekannt. Im Koblenzer Archiv gibt es eine Quittung von dem Erpeler Gerichtsschreiber Peter Zander „über den Empfang von 116 rheinischen Talern, 22 Albus und 1 Heller über Auslagen, die er wegen 20 Hexen und Unholden gehabt hat". Tagelang wurde die Gräfin gefoltert und am 20. September 1631 wegen „Unzucht und Hexerei" zum Tode verurteilt.

Pfarrkirche St. Johann Baptist Bruchhausen
Tel. 0 22 24–7 13 94 | Täglich geöffnet.

Sie wurde, wie die anderen unglücklichen Frauen vor ihr auch, auf dem Scheiterhaufen auf dem St. Severinsberg im Kasbachtal verbrannt. Anna Katharina von Spee hinterließ fünf Kinder, von denen die beiden ältesten später dieses Votivbild mit dem Thema „Abschied und Schmerz" gestiftet haben. Der Kölner Jesuit Friedrich Spee war der Schwager der Gräfin, und möglicherweise war ihr Prozess, den er nicht verhindern konnte, der Anstoß, die berühmte Mahnschrift „cautio criminalis" gegen den Irrsinn der Hexenverfolgung zu publizieren.

Es gibt noch ein zweites sehenswertes Objekt in der Kirche, direkt rechts hinter dem Eingang: ein metergroßes Bild unter Glas, der „Totentanz von Bruchhausen". In 22 Einzelbildern wird eine Reihe von Figuren gezeigt, oben die geistlichen Stände und unten die weltlichen, die allesamt vom Tod geholt werden. Das tanzende Skelett sucht jeden auf besondere Art heim: Es flötet dem Papst und trommelt der Königin, zeigt dem Kaiser die Sense und dem Arzt das Stundenglas. Und es geht durch alle gesellschaftlichen Klassen, vom Papst über den Kardinal, den Bischof und Mönch bis zum Ortspastor und vom Kaiser und König über den Ritter und Richter bis zum Krämer, Bauern und am Schluss bis zum Bettler. Alle sind vor dem Tode gleich, das ist die eine Botschaft. Der Tod ist mitten im Leben, die andere. Das Motiv des tanzenden Todes taucht allgemein im 15. Jahrhundert nach der Pestzeit auf, als die Menschen ihre unglaubliche Hilflosigkeit angesichts der Massenseuche künstlerisch und religiös zu verarbeiten suchten. Man kennt zahlreiche Totentänze, lebensgroß in Beinhäusern und auf Friedhofsmauern. Man findet sie vor allem in Süddeutschland, in der Schweiz, sogar im Norden, wie den bekannten Lübecker Totentanz. Im Rheinland ist der Bruchhausener Totentanz der einzige.

VOM SIEBENGEBIRGE BIS ZUR AHR

40 **NONNENWERTH** Vor langer Zeit hieß diese schöne Insel im Rhein „Ruleicheswerd", ein Name, der aus dem Keltischen stammt. Dabei war „Ru" wohl ein Hinweis auf den Kriegsgott Rudianus. Die zweite Silbe „Leiches" hängt mit dem alten Wort „Lei" für „Fels" und „Stein" zusammen, ähnlich wie bei der Loreley. Und das „Werth" war bei den Germanen die Insel im Fluss. Also kurz gesagt: eine Insel am Fels des kriegerischen Rudi! Aber längst heißt die Insel Nonnenwerth, ein romantischer Flecken im Rhein. Sie liegt da wie ein Schiff im Strom, vor sich das Siebengebirge und hinter sich den Rolandsbogen oder andersherum: hinten Rheinland-Pfalz und vorne NRW. Denn die Spitze der Insel und damit genau 205 von insgesamt 2062 Metern gehören zum Bundesland Nordrhein-Westfalen.

Die grüne Insel mit Parks, Gärten und zahlreichen Bäumen ist gepflegt, aber schwer zu erreichen. Schon an der kleinen Fähre am Rolandswerther Ufer steht das Schild „Fremden ist der Besuch der Insel nicht erlaubt". Und das ist keine neuerliche Schikane, sondern schon die Besiedlung im Jahre 1126 durch den Kölner Erzbischof geschah mit der Absicht nach Abgeschiedenheit. „Ein Notstand brachte uns zu diesem Beschluss", teilt er in seiner Gründungsurkunde mit, da in der ganzen Kirchenprovinz kein Kloster zu finden sei, „zu welchem eine Jungfrau Zuflucht nehmen konnte, die sich zu einem Leben der Enthaltsamkeit entschlossen hatte". Das Problem waren die „Doppelklöster" für Männer und für Frauen – unter einem Dach. So waren die Benediktinerinnen auf der Insel von Anfang an allein, trotzten allen Überschwemmungen, Kriegshorden und Feuersbrünsten, betrieben Landwirtschaft und ein Hospital am Ufer in Rolandswerth und schütteten zum Schutz vor dem Hochwasser Ende des 18. Jahrhunderts die Insel sogar um 1,5 Meter auf. So weit, so gut, bis die Franzosen kamen und alle Klöster auflösten – bis auf Nonnenwerth. Das hatten die Klosterfrauen

der Gattin Napoleons zu verdanken, der Kaiserin Josephine, die ihnen den guten Rat gab, den Kaiser auf der Landstraße mit einer Petition abzufangen. Mit Erfolg. Napoleon nahm in einem Dekret Nonnenwerth von der allgemeinen Enteignung aus und bestimmte es als Altersheim für säkularisierte Nonnen.

Erst die Preußen enteigneten die Nonnen 20 Jahre später mit der Begründung, der Franzose habe ihnen nur das Wohnrecht gelassen, aber weder die Insel noch den Gartenbau erlaubt. Gegen heftigen Widerstand verkauften die Preußen das ganze Anwesen im Jahre 1821 und versteigerten das Inventar einschließlich Orgel und Kirchturmsuhr. Ein Gastwirt übernahm den prächtigen Barockbau und machte daraus eine populäre Herberge mit so prominenten Gästen wie Karl Simrock, Ernst Moritz Arndt, Ferdinand Freiligrath, George Sand und Franz Liszt, der drei Sommer von 1841 bis 1843 hier war. Die Anwesenheit des damals in ganz Europa umschwärmten Pianisten war eine Attraktion zwischen Köln und Koblenz, vor allem für seine Verehrerinnen. „Zahllose Züge und Kähne voller Menschen", wie die Zeitgenossen berichten, und alle wollten dem Star nahe sein. Von viel Sekt ist die Rede, zahlreichen Frauen und natürlich viel Gesang, wie überhaupt diese Sommerwochen eine einzige Folge von Musik, Tanz und leckerem Essen waren. Liszt verbrachte die Zeit mit seiner Lebensgefährtin Marie d´Agoult, mit der er drei Kinder hatte – unter anderem die Tochter Cosima, die spätere Frau Wagner. Doch es gab ständigen Beziehungsstress bei all den Verehrerinnen und am Ende des dritten Sommers trennte Marie sich von ihm. Und wie oft bei großem Kummer war das Ergebnis große Kunst, denn Liszt komponierte zur Trennung „Die Zelle von Nonnenwerth".

Nonnenwerth www.nonnenwerth.de
Informationen über Schule und Insel.

Fähre von Rolandswerth Täglich zwischen 7 und 19.45 Uhr – nur mit Genehmigung. Zur Messe Sa um 18 Uhr ist der Besuch von Kirche, Insel und Klostermuseum möglich.

Stätte der Erholung & Besinnung Pension im Kloster Nonnenwerth | Tel. 0 22 28–6 00 90
www.nonnenwerth.org | €

Die Platane, direkt neben der Kirche, hat der Musiker zu seinem 30. Geburtstag selber gepflanzt. Mit reichlich Sekt begossen, wurde sie zum größten Baum der Insel und ist als „Liszt-Platane" eine der Attraktionen von Nonnenwerth.
Die Insel diente im folgenden Sommer 1844 dann den rheinischen Demokraten und Karnevalisten als Treffpunkt. Die Polizei hatte zwar durch Teilnehmerkontrolle, Liedzensur, Verweigerung der Schiffspassagen und ähnliche Schikanen alles versucht, ein großes Fest der Revolutionsanhänger aus Köln und Düsseldorf, aus Andernach und Koblenz zu verhindern. Aber am Ende fand das Ganze als eine Art Polithappening statt, mit Spielzeuggewehren und viel Musik. Auf dem Kirchturm wurde eine Karnevalsflagge neben der preußischen Fahne gehisst unter dem Motto „Die gehören zusammen". Initiator der Aktion war Franz Raveaux, populärer Volkstribun und Revolutionär in der Domstadt und erster alternativer Karnevalspräsident in Köln – später der einzige direkt gewählte Kölner Abgeordnete im ersten deutschen Parlament in der Paulskirche.
Als romantische Ausflugskneipe funktionierte Nonnenwerth nicht lange. Nach mehreren Besitzerwechseln übernahm die Hauptgläubigerin Madame von Cordier selber die Insel und überließ sie ihrer frommen Tochter Auguste, die einen Frauenkonvent im Orden der Franziskanerinnen gründete. Seitdem sind wieder Nonnen auf der Insel, wobei allerdings die Farbe wechselte: vom Benediktiner-Schwarz zum Franziskaner-Braun. Inzwischen leben hier rund drei Dutzend Ordensfrauen, viele in dem ordenseigenen Seniorinnenstift, unterhalten die kleine Barockkirche, ein katholisches Gymnasium und pflegen die schönen Parkanlagen.
Die nördliche Spitze der Insel haben die Nordrhein-Westfalen den Preußen zu verdanken, die in den 1890er-Jahren, mit der Regulierung des Rheins und der

Arp Museum | Bahnhof Rolandseck | Remagen-Rolandseck | Hans-Arp-Allee 1 | Tel. 0 22 28–94 25 12
www.arpmuseum.org

Bar im Arp Museum Interieur no. 253 | Täglich geöffnet bis 22 Uhr | Tel. 0 22 28–91 11 11
Bahnhof, Museum, Bar, Restaurant, Terrasse und die Bahn bilden ein seltenes Ensemble aus Kunst, Vergnügen und Transport. Einen Besuch wert sind allein schon die deftig-kräftigen Malereien in den Herren- wie Damenklos. Und die Tatsache, dass hier von morgens 4 Uhr bis nach Mitternacht stündlich ein Zug in Richtung Bonn/Köln und einer in Richtung Koblenz hält, macht Rolandseck nicht nur bequem erreichbar, sondern auch zu einem Ort, den man ohne jede Promillekontrolle beruhigt verlassen kann. Speisesaal und Bar im Obergeschoss sind in einer einfachen und gleichzeitig prächtigen Architektur gestaltet, die den Gast in Hochstimmung versetzt. Das gilt vor allem für die schöne Terrasse gegenüber Nonnenwerth und dem ganzen Panorama des Siebengebirges. Dazu eine rheinisch-französische Cross-Karte mit zivilen Preisen und fähigem Koch. Alles spricht dafür: Nichts wie hin!

Optimierung der Flusslinie und der Strömung, die Insel vorne und hinten verlängerten und das neu gewonnene Stück im Norden dem Kreis Bonn zuschlugen. Nach dem Zweiten Weltkrieg gehörte dann Bonn und damit auch die Spitze von Nonnenwerth zum neuen Bundesland NRW und der Rest der Insel zu Rheinland-Pfalz.

41 **BAHNHOF ROLANDSECK** Für die meisten Rheinreisenden ist der Bahnhof Rolandseck nur ein heller, vorbeihuschender Bau an der Rheinstrecke zwischen Koblenz und Köln und zweimal in der Stunde hält hier ein Bummelzug auch an. Für die Kenner ist der weiße, klassizistische Bahnhof mit den originalen Räumen, Festsälen und der alten Schalterhalle ein wichtiges Kunst- und Ausstellungszentrum im nördlichsten Zipfel von Rheinland-Pfalz. Man hat sich hier vor allem dem Werk von Hans Arp und Sophie Täubner-Arp verschrieben, zugleich aber auch einen Ort zeitgenössischer Kunstbegegnung und künstlerischer Darbietung geschaffen: mit Konzerten, Workshops, Wechselausstellungen und Arbeitsräumen sowie einem Café. Im Herbst 2007 wurde ein neuer Museumsbau auf der Rheinhöhe oberhalb des Bahnhofs eröffnet, entworfen von dem amerikanischen Stararchitekt Richard Meier. Der Bau funktioniert mit den großen Fenstern und ungegliederten Sälen zwar nicht besonders gut als Museum, wirkt aber durch Zugänge und Aufzüge, vor allem mit den wechselnden Ein/Aus- und Durchblicken, selber wie eine gebaute Großskulptur. Hier wird Architektur selbst zur Kunst.
Die Rheinstrecke zwischen Bonn und Remagen galt einmal als die Riviera des Rheinlands mit den zahllosen Villen, Burgen, Herrenhäusern und Hotels für die rheinischen Unternehmer, Rentiers und Bankiers. Die ersten Kölner Familien, die

Schnitzlers, Guilleaumes, Mevissens, die von Leidens und die Schröders hatten in dieser Gegend ihre Dependancen. Und es liegt völlig in der Tradition dieser noblen Unterkünfte, dass sich auch heute der eine oder andere Reiche oder Prominente hier umsieht. So hat Thomas Gottschalk das Schloss Marienfels gekauft, das man kurz vor Remagen oberhalb der B9 als gelb getünchten, neugotischen Bau erblickt. Das Schloss wurde Mitte des 19. Jahrhunderts von dem Kölner Festungsarchitekten Karl Schnitzler für einen Krefelder Zuckerfabrikanten entworfen. Der Boom entstand nach 1856, als die Bahnlinie von Köln über Bonn bis zum prächtigen Bahnhof Rolandseck verlängert wurde und zahlreiche berühmte Gäste in dem Bahnhof abstiegen: Richard Wagner und Victor Hugo, Robert Schumann oder Friedrich Nietzsche, selbst Lenin hielt hier an auf seiner verplombten Reise von der Schweiz nach Russland.

42 **ROLANDSBOGEN** Die Geschichte ist im Märchengut fest verankert: Ein rheinischer Ritter namens Roland beteiligt sich am Kreuzzug und lässt die Braut zurück. Sie wartet, und als sein Tod gemeldet wird, geht sie trauernd ins Kloster Nonnenwerth. Nun war der rheinische Roland aber nicht tot, sondern in Kriegsgefangenschaft. Er kehrte erst später heim, findet seine Braut im Kloster, und jetzt sitzt er traurig auf seinem Schloss Rolandseck und sieht die verflossene Braut, jetzt die Nonne Hildegard, im Klostergarten kontemplative Runden drehen. Er kann nicht rein, sie nicht mehr raus, eine unglückliche Liebesgeschichte. Der Rest der Burganlage Rolandseck, eigentlich nur noch ein Fensterbogen, in dem der traurige Roland saß, ist heute noch auf dem Berg zu bewundern. Errichtet wurde die Burg im 12. Jahrhundert als Grenzfestung Kurkölns,

Geheimer Garten Rolandswerth Eine der Aktionen des Kunstbahnhofs im Auftrag der Stadt Remagen ist das Skulpturenufer, dessen nördlichster Stützpunkt am Rhein in Rolandswerth zu bewundern ist. Direkt hinter dem Campingplatz gegenüber der Insel Nonnenwerth haben die Kölner Künstler Bittermann & Duka einen „Geheimen Garten" in einem Park der früheren Villa des Fabrikanten Hentzen inszeniert. An einem schneeweißen Tor ist die rätselhafte Botschaft „Die vollendete Spekulation" zu lesen. Der verwilderte Park ist durch ein paar Trampelpfade erschlossen. In die hohen Seitenwangen der Bänke sind die Umrisse von Köpfen eingefräst sowie Vögel und Tiere, die wie schattenhafte Gedanken wirken. In der Mitte des Parks ragt eine hohe Betonsäule empor, eine Buchstabenskulptur, kreisrund und zugleich Brutstelle für Vögel, Käfer, Insekten und vor allem Fledermäuse. Die Künstler haben sich schon länger mit dem Thema Garten als Schnittstelle im Verhältnis von Natur und Kultur auseinandergesetzt.

Skulpturenufer Bittermann & Duka
Rolandswerth, Ecke Parkstraße/Weingärtenstraße
www.geheime-gaerten-rolandswerth.de

vielleicht auch zum Schutz des Klosters Nonnenwerth. 1673 wurde sie bei einem heftigen Erdbeben zerstört, nur der Ruinenrest mit dem großen Fensterbogen blieb erhalten. 250 Jahre später kommt die Romantik ins Spiel: Auf der anderen Rheinseite in Unkel lebte der Schriftsteller Ferdinand Freiligrath und arbeitete an einem Buch über das „romantische Westphalen" – ein geselliger Autor, der sich gern mit Freunden traf und feierte, bis er blank war. In diesen 1830er-Jahren war der Rolandsbogen bereits Objekt romantischer Verehrung und auch Freiligrath wollte ihn am 6. Januar 1840 einem afrikanischen Freund zeigen. Aber: „Von den Rheines Wogen zur anderen Seite wend' ich schnell den Blick. Ich schaue empor, ich fahr' entsetzt zurück. O Gott, o Gott, verschwunden ist der Bogen." Ein Wintersturm hatte das bröckelige Mauerwerk zerstört und hier erkannte Freiligrath eine einmalige Chance. Am selben Tag noch gründete er ein „Rettungskomitee" und rief das ganze deutsche Volk zur Benefizaktion auf: „Jeder ein Stein!". Der Dichter richtete drei Barkassen ein, bei DuMont in Köln, bei Baedeker in Koblenz und bei sich in Unkel. „Der Erfolg übertraf meine Erwartungen. Von allen Seiten kamen die Spenden. Ich kam mir vor wie der siegende Troubadour eines Blumenspiels." Er überredete den Kölner Dombaumeister Friedrich Zwirner zum Wiederaufbau, aber gerade so viel wie nötig, dass es schnell ging und wahrscheinlich auch noch ein wenig für die romantische Dichtergruppe übrig blieb. Neun Monate später, im September 1840, wurde der neue Bogen eingeweiht. An den Initiator erinnert ein Freiligrath-Denkmal am Fußweg, der vom Rhein heraufführt. Und just an dieser Stelle muss der junge Nietzsche, damals Student in Bonn, gemeinsam mit einem Freund das Pistolenschießen geübt haben, wovon er in seinem ersten Vortrag „Über die Zukunft unserer Bildungsanstalten" erzählt.

Historisch oder aktuell:
Der Blick durch den Rolandsbogen fällt immer auf den Drachenfels und niemals auf den Klostergarten von Nonnenwerth.

Restaurant Rolandsbogen
Rolandswerth | Tel. 0 22 28–3 72
www.rolandsbogen.de

Römisches Museum Remagen Kirchstraße 9
Tel. 0 26 42–20 10 | März bis Oktober nachmittags von Mi bis So
Kleine Sammlung römischer Altertümer in einer spätgotischen Kapelle mit einer geschickt gestalteten „Gräberstraße" in Maulwurfsperspektive – ein Museum, das offen von der eigenen Sammlungsgeschichte erzählt, von honorigen Gründern, aber auch von Desinteresse und Ignoranz, Diebstahl, Bränden und einem plündernden Museumsleiter.

Infos zum **hl. Apollinaris:** www.sankt-apollinaris.de
und zum **Apollinaris-Mineralwasser:** www.apollinaris.de

43 REMAGEN

Im Jahre 2001 feierten die Remagener ihr 2000-jähriges Stadtjubiläum. Das war nicht falsch, aber trotzdem zu kurz gegriffen. Sie feierten die Errichtung eines römischen Kastells, das an der alten Militärstraße von Mainz nach Köln errichtet worden war. Doch eine Siedlung an diesem Ort ist älter und geht wie der ursprüngliche Name Rigomagus wohl auf die Kelten zurück. Das sind stolze Daten und Jubiläen, die man dem Ort kaum ansieht. Remagen hat nichts Stolzes, wird wie viele Orte am Rhein von der Bundesstraße durchtrennt und wirkt ein wenig verloren. Wie hingeworfen in ihrem Mix erscheinen die unterschiedlichen Bauten und Plätze, und vor allem in der Uferzone am Rhein ist deutlich, dass hier in den letzten 50 Jahren von einem Gestaltungswillen kaum gesprochen werden kann. Da tröstet auch der Hinweis auf die lange Geschichte nicht.

Warchum istis am Rhain so chöön?
Gerhard Zwerenz, Gesang vom Himmel über Remagen, 1964

„(...) waren wir schon drei Tage durch Remagens Keller und Kneipen gekrochen, und immer auf der Suche nach der Mythologie des Rheins (...) Wir saßen am Strom, vom Abend beleuchtet (...) es war die Freude eines ausgebrochenen Sommers, die uns umgab, auf der Uferpromenade versammelten sich fette Familien aus Deutschland und dürre Familien aus England und schwitzende Holländerinnen, die ihre Männer suchten, und über allem hing das hölzerne Kreuz der Erpeler Ley und glotzte verständnislos (....) die Reisegesellschaft soff den gefälschten Wein und den verschnittenen Schnaps, die gemütliche Band gähnte Polka und Rheinländer dazu, und dann packten die Holländer ihre ölglänzenden Weiber, stampften mit breitem Schuhwerk und sangen: Warchum istis am Rhain so chöön (...)"

St. Apollinaris Der 23. Juli war einer der wichtigsten Feiertage der Kölner Stadtgeschichte, denn an diesem Tag des Jahres 1164 sind die Knochen der Hl. Drei Könige in Köln angekommen. Dasselbe Datum wird auch in Remagen gefeiert, als Ankunftstag des hl. Apollinaris. Tatsächlich sind die Heiligen gemeinsam aus Italien ins Rheinland gekommen, die Drei Könige aus Mailand und Apollinaris aus Ravenna, und zwar alle vom Kölner Erzbischof persönlich geklaut. Den Apollinaris ließ er eine Tagesreise

Das Pfarrhoftor mit seinen vitalen Plastiken stammt aus dem 12. Jahrhundert.

vor Köln in Remagen zurück, und zwar – wie die Legende berichtet – weil das Schiff sich weigerte, weiterzufahren. Später hat man dann nachgerechnet, mit Anlanden, Ausladen, Hochamt, feierlicher Überführung und der Weiterfahrt nach Köln, und festgestellt, dass das schwerlich alles an einem Tag zu schaffen war, und darum wird seit dem Jahre 1915 die Kölner Ankunft nicht mehr am 23., sondern einen Tag später am 24. Juli gefeiert.
Nun ist der hl. Apollinaris nicht nur der Patron von Remagen, sondern auch der von Düsseldorf, weil der Herzog von Berg den Heiligen 200 Jahre später nach Düsseldorf verschleppt hat. Bis auf den Schädel, den konnten die Remagener vorher in Sicherheit bringen und der ist in einer wunderbaren silbernen Reliquienbüste heute noch in

Warnung zur Hinreise nach Neuenahr: Sowohl auf dem Bahnhof Remagen als auch in den Zügen zwischen Remagen und Neuenahr verkehren ein Heer von so gen. Schleppern beiderlei Geschlechts, welche in scheinbar harmloser Weise sich den Fremden nähern, um ihnen unter allen möglichen Versprechungen Wohnungen anzubieten. Erklärt nun der Fremde, er wolle zu einem bestimmten Hotel, so heißt es sehr häufig: Da ist alles besetzt, das Hotel liegt zu weit vom Kurgarten, Sie können auch bei mir wohnen. Da dieses Unwesen derart überhandgenommen hat, hat die Ortsbehörde das Anbieten von Wohnungen auf dem Bahnhof polizeilich unter Strafe gestellt.
Die Polizeiverwaltung, Neuenahr, den 15. April 1903

der gleichnamigen Kirche auf dem gleichnamigen Berg zu bewundern. Die Mehrheit der Knochen liegt in Düsseldorf, der Schädel aber in Remagen. Auf den kommt es schließlich an, der Kopf ist immer das Wichtigste an einem Heiligen. Die Apollinaris-Kirche in Remagen hat der Kölner Dombaumeister Zwirner entworfen – im selben neugotischen Stil wie das große Kölner Vorbild. Sie wird neben der Architektur auch wegen der Wandgemälde von Malern der Düsseldorfer Nazarener Schule gerühmt.
 Wer die heftige Farbigkeit und den superrealistischen Stil mag, mit dem Anfang des

19. Jahrhunderts eine neudeutsch-pathetische Kunst initiiert werden sollte, der kommt hier voll auf seine Kosten.

Remagen war früher ein beliebter Wallfahrtsort, galt der hl. Apollinaris nicht nur als Weinheiliger, sondern half auch bei Fallsucht, Steinleiden und Beschwerden an den Geschlechtsorganen. Das gleichnamige Mineralwasser ist einem Irrtum zu verdanken: 1852 ersteigerte der Winzer Georg Kreuzberg einen Weinberg in der Nähe von Bad Neuenahr, hatte aber Pech, da die Reben nicht wuchsen. Die Diagnose: „Saurer Boden", wegen einer ungewöhnlich hohen Konzentration von Kohlendioxyd. Georg Kreuzberg ließ graben, stieß auf eine Mineralwasserquelle bester Qualität und nannte sie nach dem Heiligen, dessen Statue im Weinberg stand, „Apollinaris-Quelle". Der Winzer sattelte auf Wasser um, hatte großen Erfolg und verriet erst auf dem Sterbebett den Söhnen sein Geheimnis: „Man kann auch aus Trauben Wasser machen."

St. Peter & Paul Ein schönes Ensemble im ansonsten eher durchschnittlichen Stadtbild findet man rund um die alte Pfarrkirche St. Peter & Paul. Die Gassen und Mauern, Häuser und Gärten hier erscheinen wie ein gestaltetes Quartier am Strom. Die Kirche gilt als eine der ältesten am Rhein und der heutige Bau gehört ins 13. Jahrhundert, die Zeit der Spätromanik. Faszinierend ist vor allem das „Pfarrhoftor", ein großes Portal vor der Kirche, das aus dem frühen 12. Jahrhundert stammt, aber erst 1902 an diesem Ort aufgestellt wurde. Ein großer und ein kleiner Torbogen mit vitalen mittelalterlichen Plastiken und Halbreliefs geben der Kunstgeschichte Rätsel auf, da sich dort heidnische und christliche Motive und Symbole mischen. Allgemein nimmt man eine Darstellung der Laster an, symbolisiert sind Hochmut, Eitelkeit, Zorn oder Geiz, wobei die ausdrucksstarken Bilder eine eigene Sprache sprechen: Tiere, die sich

Weinkontor Diedenhofen Remagen-Kripp, Rheinallee 31 Tel. 0 26 42–4 69 42 I Do bis So von Ostern bis Weihnachten I Weinkontor und Restaurant direkt am Ufer I im Sommer unter alten Bäumen im Garten I eine der besten Weinstuben im Bonner Raum I zertifiziert als Biorestaurant mit schönen Veranstaltungen rund um Bio, Wein & Gaumenfreuden.

Friedensmuseum Brücke von Remagen Remagen I Geöffnet 7. März bis November www.bruecke-remagen.de

Stadt Remagen www.remagen.de

selbst verschlingen, Übergangswesen zwischen Mensch und Tier oder zwischen Tier und Pflanze, expressive Metaphern und Gesichter, die an afrikanische Masken erinnern und nichts von ihrer wuchtigen Ursprünglichkeit verloren haben. Eine Geschichte, direkt über dem kleineren Tor, bezieht sich auf die Himmelfahrt Alexanders. Der Feldherr Alexander wollte danach den Kosmos erkunden und schwang sich auf zwei Greifvögel, furchtbare Tiere mit Löwenkörpern und Adlerköpfen, denen er zwei Ratten als Köder vorhielt. Nach siebentägigem Flug begegnete er einem anderen Vogel mit Menschenkopf, der wissen wollte, wieso er den Kosmos erkunde, wo er doch nicht einmal die irdischen Dinge kenne. Beschämt kehrte Alexander wieder um. Das ist eine Geschichte aus dem Mythenkreis der Alexandersage, die im Mittelalter nicht nur in Europa, sondern auch im Orient sehr populär war, und als Metapher auf Hochmut und Scheitern verstanden wurde.

Keine Brücke Berühmt ist Remagen vor allem für etwas, das es nicht mehr gibt: die Remagener Brücke. Im Ersten Weltkrieg auf Veranlassung von General Ludendorff errichtet, um den Nachschub an die Westfront zu verkürzen, galt sie zwischen den beiden Weltkriegen als eine der schönsten Eisenbahnbrücken über den Rhein. Sie hatte allerdings weder eine verkehrspolitische noch eine militärische Funktion. Aber als in den letzten Tagen des Zweiten Weltkriegs die Deutschen versuchten, sie wie alle anderen Brücken über den Rhein zu sprengen, wurde sie beschädigt, aber nicht zerstört und fiel am 7. März 1945 den Amerikanern in die Hände. Dieses „Wunder von Remagen" erleichterte den Alliierten einen raschen Vorstoß auf die rechte Rheinseite und sie erreichten schneller das Ruhrgebiet. Die lädierte Brücke hielt nur zehn Tage, als sie plötzlich einstürzte und mehr als zwei Dutzend GIs unter ihren Trümmern

Goldene Meile Die weite Ebene südlich von Remagen und jenseits der Ahrmündung.
Die „goldene Meile" spielt in der Kriegs-, genauer der Nachkriegsgeschichte eine ebenso wichtige Rolle wie die Brücke von Remagen. Hier ließen die Alliierten Tausende deutsche Kriegsgefangene in oft primitiven Erdlöchern oder auf dem freien Feld campieren, von denen viele an den Entbehrungen und Auszehrungen starben.
An sie erinnert eine Kapelle der „Schwarzen Madonna".

begrub. Die linksrheinischen Brückentürme beherbergen das „Friedensmuseum Brücke von Remagen", das nicht nur die Militär- und Zivilgeschichte des Baus, sondern auch Krieg und NS-Zeit in Remagen sowie die Gefangenenlager 1945 thematisiert. Ganz aktuell geht das Museum auf friedenspolitische Themen ein, wie die Geschichte des Friedensnobelpreises, zeigt eine Fotoschau des Kriegsreporters Hilmar Pabel und einen Überblick aller bewaffneten Konflikte in der Welt seit 1945 – ein pazifistisches Museum, das sich auf die konkreten Realitäten des Krieges bezieht, jenseits jeder Waffenverherrlichung, aber auch jenseits aller Ideologie. Initiiert wurde das Museum vom damaligen Bürgermeister Peter Kürten und finanziert unter anderem durch die steinernen Brückenreste, die aus dem Rhein geborgen und zu kleinen Stücken in Gießharz gegossen als Friedensbausteine sehr beliebt sind – vor allem in den USA und bei den alliierten Soldaten als Objekte des „Wunders von Remagen".

Ahrtalbahn Mit dem Zug ab Remagen bis Ahrbrück (29 Kilometer), Bahnhöfe in allen Weinorten, Fahrzeit 45 Minuten, stündlich. www.ahrtalbahn.de

Rotweinwanderweg Ab Bad Bodendorf bis Altenahr rund 30 Kilometer immer an den Hängen des Ahrtals entlang. Spektakulär ist die Strecke ab Walporzheim mit schluchtartigen Talengen, schroffen Felswänden und steil terrassierten Weinbergen. Markierung auf der Strecke: rote Trauben. www.ahr-rotweinwanderweg.de

Radwanderweg Ab Remagen bis Ahrbrück (37 Kilometer) Rechts und links der Ahr. Alle Infos: www.altenahr.de

44

AHR Vor einigen Jahren noch war das Ahrtal Ziel von Sonderzügen aus dem Ruhrgebiet mit Hunderten strohhutbewehrter Trinker, die einen Schoppen nach dem anderen schütteten, bis sie blau vom Rotwein waren. Das ist vorbei und im Gegenteil hat sich das Ahrtal als Rotweingebiet höherer Qualität entwickelt, mit zahlreichen Auszeichnungen und Prämierungen in der jüngeren Zeit. Qualifizierte Trinker lieben den samtigen Geschmack des Ahrweins mit seinem vergleichsweise geringen Gerbsäuregehalt. Bekanntere Namen sind das Weingut J. J. Adeneuer in Ahrweiler oder Meyer-Näkel in Dernau oder die Winzergenossenschaft Mayschoß-Altenahr. Mit wenig mehr als 400 Hektar gehört das Ahrtal zu den kleinsten Weinanbaugebieten, aber schon seit dem Jahre 893 ist mit einem Güterverzeichnis der Abtei Prüm hier die Weinkultur dokumentiert. Heute zählt eine Fülle von Weinlokalen, Hotels und Restaurants, davon einige mit Michelin-Sternen und Gault-Millau-Hauben, zu den Attraktionen des Tals.

VON LINZ BIS KOBLENZ

45

LINZ nennt sich stolz „die bunte Stadt am Rhein", aber das muss ja nicht falsch sein, auch wenn es jeden Tourismusprospekt ziert. Tatsächlich bietet Linz eines der geschlossensten Stadtbilder aus Fachwerkhäusern, die überwiegend in der zweiten Hälfte des 17. Jahrhunderts, in der Erholungsphase nach dem Dreißigjährigen Krieg, entstanden sind.

Die schmalen Eingänge und schiefen Böden, die niedrigen Decken und auskragenden Balken, die vielfach gewinkelten Straßen und Gassen, dazu die Farben, der Bauschmuck und die vielfältigen Schnitzereien, alles das ist angenehm anzuschauen und lädt zum Bummeln, Staunen oder einfach nur Herumsitzen ein. Ein Ensemble wie am Buttermarkt wirkt trotz aller Fachwerkperfektion nicht nostalgisch, sondern lebendig in der Mischung aus historischer Bausubstanz und Geschäften des täglichen Bedarfs. Es gibt allerdings zwei schreckliche Bausünden in der Stadt: wie üblich die Sparkasse und dann die Marienkirche aus dem Jahre 1968, für die das Adjektiv „modern" noch eine maßlose Übertreibung wäre. Die Kirche ist ein blanker Betonbau, den jeder Sportverein als Turnhalle ablehnen würde.

Die Stadt gehörte vom hohen Mittelalter bis zur Franzosenzeit zum Erzbistum Köln, das immer großen Wert darauf legte, die Linzer Bürger unter seinen Fittichen zu halten. Als Linz Mitte des 14. Jahrhunderts mit anderen Orten ein Bündnis schloss, um die eigenen Rechte zu sichern und die Macht des Erzbischofs einzuschränken, ließ der 1365 in der Südwestecke innerhalb der Stadt eine Burg errichten, mit einer ständigen Besatzung, um die Bürger kleinzuhalten, die von da an ihren Rat nicht mehr selber wählen durften. Von dieser Burg aus wurde für einige Jahrzehnte auch der Rheinzoll eingetrieben – sehr zur Verärgerung der Andernacher. Heute noch bezieht man sich dort beim jährlichen Bäckerjungenfest darauf, wenn ein angeblicher

Hotel Haus Bucheneck Linz, Linzhausenstraße 1 | Tel. 0 26 44–94 20 www.bucheneck.de | €€ | Modernes Haus in klassischem Bau direkt am Rhein mit schönen Freiterrassen.

Angriff der Linzer auf Andernach durch die heldenhafte Abwehr zweier Bäckerjungen vereitelt wird. In dieser Zeit prosperierte Linz auch wirtschaftlich. Neben dem dominierenden Weinbau gehörten Tuche, Eisenwaren und Walkerde zu den wichtigsten Exportartikeln der Stadt. Politische Bedeutung errang Linz später auch mit dem ausgehenden 15. Jahrhundert als Haupt der „Linzer Union", einem Verteidigungsbündnis mehrerer kleiner mittelrheinischer Orte und Städte.

Der Niedergang der Stadt im 19. Jahrhundert wurde erst mit dem industriellen Basaltabbau aufgefangen, der bereits seit dem Mittelalter im Westerwald gewonnen und in Linz verschifft wurde. Einen rasanten Aufschwung nahm er, als im Zuge der preußischen Rheinregulierung massive Böschungsmauern am Rhein gebaut wurden sowie die Küste im steinarmen Holland befestigt wurde. 1888 gründete man mit deutschem und holländischem Kapital die „Basalt Aktien-Gesellschaft", die sich schnell zum größten Steinkonzern Europas entwickelte. Ein „Steinmuseum" an der Rheinpromenade neben dem Hotel Bucheneck versammelt einige Dutzend mächtiger Brocken aus ganz Europa mit Fundort, Namen und Alter.

Linz ist zwar immer noch der Firmensitz der Basalt AG, aber Wirtschaftsfaktor Nummer eins ist längst der Tourismus. Nach den zentralen Fremdenverkehrsmagneten St. Goar und der Loreley an erster und Rüdesheim an zweiter Stelle steht Linz bezogen auf die Besucherzahlen am gesamten Mittelrhein an dritter Stelle.

Klapperjungenfest Jährlich an Karfreitag und Karsamstag, wenn nach alter Tradition die Glocken der katholischen Kirchen schweigen, ziehen dreimal täglich Hunderte Kinder und Jugendliche mit Holzklappern durch Linz und veranstalten einen lärmenden, vorösterlichen Umzug.

Kasbachtal-Bahn 1912 eröffnete die Schienenbusbahn, die auf einer Entfernung von etwa neun Kilometern rund 400 Meter Höhenunterschied durch das romantische Kasbachtal bewältigen muss. Die Bahn betreibt heute ein Verein. Karfreitag bis Ende Dezember, So und feiertags stündlich ab Linz Bahnhof. Tel. 0 26 44–80 90-0.

46

BAD HÖNNINGEN Es ist sicherlich nur ein Vorurteil, wenn bei dem Stichwort „Damenkegelklubs“ und der Schilderung ihrer freudvollen Ausflüge ohne Ehemänner als Orte des Geschehens regelmäßig der Sauerlandstern in Willingen oder Bad Hönningen am Rhein genannt werden. Der dortige Bürgermeister bemüht sich auch redlich, jede entsprechende Journalistenfrage abzuwehren, aber er tut sich schwer mit den Fakten. Die Fachhochschule Heilbronn hat vor ein paar Jahren einen vergleichenden Städtetest am Mittelrhein durchgeführt – mit aufschlussreichen Ergebnissen. Danach sind die meisten Touristen am Rhein Tagesgäste und bleiben kaum über Nacht. In Rüdesheim zum Beispiel übernachtet nur einer von 16 Besuchern, in St. Goar einer von 15, in Andernach ist es jeder elfte, aber in Bad Hönningen jeder dritte. Und dieses Phänomen, das möglicherweise ja auch mit der Qualität der Betten zusammenhängt, tritt vor allem saisonal auf, an den Wochenenden um Fronleichnam, um Christi Himmelfahrt herum und im Sommer. „Bad Hönnigen wird“, so formuliert es die Studie, „total überschwemmt mit Klubtouristen der nicht so feinen Art.“ Aber das rechnet sich offenbar, denn durchschnittlich lässt ein Kegelbruder rund 500 Euro am Wochenende am Rhein und eine Kegelschwester vermutlich auch.

Und für die Pausen bietet Bad Hönningen einige historisch interessante Gebäude wie den Tempelhof, die Burg Ariendorf oder einen nachgebauten römischen Wachturm. All diese Bauten sind allerdings nicht zu besichtigen, mit Ausnahme des Mönchhofs, denn der beherbergt eine Gaststätte.

Die größte Verkehrsachse der Republik
Niemand zählt die Boote, Schiffe, Jachten, Dampfer oder Fähren, die auf dem Rhein verkehren. Aber es sind unzählige, die täglich stromauf oder stromab fahren zu einem einzigen Zweck: dem Transport. Und den Schiffen ist es gleich, ob sie Touristen oder Pendler, Schiffer, Fischer oder Sommerfrischler befördern, ob Zement, Sand oder Holz.

47 RHEINBROHL/LIMES

Am südlichen Rand von Bad Hönningen, jenseits des Industriegebiets, und schon auf dem Gebiet von Rheinbrohl, stößt man auf eine Rückstandshalde der Firma Solvay Strontium GmbH. Wenn man einmal um den Zaun herumgewandert ist, erblickt man plötzlich einen römischen Wachturm. Er ist zwar nur rekonstruiert, dokumentiert aber augenfällig ein Grenzbauwerk hier am Rhein – genau gegenüber dem Vinxtbach auf der linken Rheinseite. Dieser Turm ist der nördlichste Punkt des Limes, der legendäre Schutzwall der Römer. Er zog sich mehr als 500 Kilometer weit von der Donau herauf durch Franken und am Main entlang über Taunus und Spessart bis hier an den Rhein. Ursprünglich war das nur eine durch Holztürme bewachte Schneise, die später durch vorgelagerte Palisaden, Wall und Graben ausgebaut und durch Steinbauten verstärkt wurde. Nun darf man sich diesen Limes, der mehr als 200 Jahre existierte, nicht als Schutzwall wie die chinesische Mauer oder als Grenzsicherung vorstellen wie im Süden der USA, um illegale Einwanderer, die aus Mexiko kommen, fernzuhalten. Der Limes war eher flexible Grenze als Wall und wurde den jeweiligen ökonomischen oder auch politischen Verhältnissen angepasst. Er diente hier im Norden vor allem der Beaufsichtigung der im Vorfeld siedelnden Bevölkerung und war durchlässig für Händler und Handwerker. Die Besatzungen der Wachtürme und Grenzstationen rekurrierten sich meist aus germanischen Hilfstruppen – das einfache Leben an der Grenze war nichts für die römischen Legionäre. Wie sprach Kaiser Julian (332–363): „Wein duftet nach Nektar, Bier aber stinkt nach Bock." So war der Limes von seiner Wirkung eher eine kulturelle Scheidelinie: die Markierung zwischen der antiken Zivilisation mit Steinbauten, Bädern, Kultur und urbanen Strukturen am Rhein und dem bäuerlich geprägten Leben der Germanen. Diese

Römerwelt am Caput Limitis Erlebnismuseum, Arienheller an der B 42
Tel. 0 26 35–92 18 66 | www.roemer-welt.de
Im heutigen Rheinbrohl endete der römische Limes, der von der Donau herauf über 550 km bis an den Rhein führte. Hier starten der Limes-Rad- und Wanderweg, die Limesstraße, und seit Anfang 2009 eröffnet ein neues Erlebnismuseum den historischen Reigen. Ein wenig pathetisch inszeniert, aber informativ über Römer, Germanen und was sie miteinander trieben. Optimal für Kinder.

Konditorei Schmidt Rheinbrohl, Hauptstraße 120 | Tel. 0 26 35–23 13
www.cafe-schmidt-rheinbrohl.de
Eine der wenigen Konditoreien in Deutschland mit einer Fünf-Sterne-Prämierung und einer eigenen Buttercreme-Kreation, der „Limes-Torte".

Grenze, respektive der dahinter lockende Luxus, weckte naturgemäß Begehrlichkeiten: Als Mitte des 3. Jahrhunderts der militärische Druck der germanischen Völker nicht mehr aufzuhalten war, gaben die Römer den Limes auf und zogen sich vollständig aufs linke Ufer hinter den Rhein zurück.

48 **HAMMERSTEIN** An dem Straßendorf Hammerstein fährt man vorbei, findet nichts Besonderes, vielleicht erblickt man aus der Ferne die Ruinenreste der Burg Hammerstein auf dem hohen Felssporn über dem Rheintal. Und dabei hat sich hier einmal ganz große Politik abgespielt und zugleich eine rührende Liebesgeschichte. Auf dieser Burg lebte Anfang des 11. Jahrhunderts ein Graf Otto von Hammerstein mit seiner geliebten Gattin Irmgard. Das gefiel dem Mainzer Erzbischof nicht, der die Beziehung für ungültig erklärte. Angeblich waren Graf und Gräfin zu nahe verwandt, manche tratschten auch von Blutschande. Das Publikum seinerzeit nahm regen Anteil an der Geschichte, die sich auch ohne Express und Gala herumsprach. Aber der Hammersteiner scherte sich nicht darum, überfiel sogar den Erzbischof, als der keine Ruhe gab, der Geistliche konnte nur knapp entkommen. Natürlich ging es bei dem Streit auch um Machtpolitik, denn jetzt eilte Kaiser Heinrich II. dem Erzbischof zu Hilfe. Der hatte schon aus ganz persönlichen Gründen kein Verständnis für das Liebespaar: Dieser Heinrich war der deutsche Kaiser, der wegen seines heiligmäßig keuschen Lebens später den Beinamen „Heinrich der Heilige“ erhielt, während die Zeitgenossen ihn „Heinrich den Lahmen“ nannten. Er war bei einem Volksaufstand in Pavia aus Angst vor der Menge aus dem Fenster gesprungen, wodurch er seither hinkte. Aber er hatte sich nicht nur am Fuß verletzt, sondern auch am Geschlecht, sodass er seit-

Pfarrkirche St. Suitbert Rheinbrohl | www.seelsorgeeinheit-rheinbrohl.de
Zwischen Weihnachten und Mariä Lichtmess (2. Februar) gibt es in jedem Jahr in der Rheinbrohler Pfarrkirche eine eindrucksvolle Installation zu bewundern: eine Wurzelkrippe, aus originalen Naturwurzeln, Moos und Stroh, viel Grün und zahlreichen Pflanzen. Die über 60 Quadratmeter lebensgroße Inszenierung über einer Höhlenlandschaft mit Hl. Familie, Stall und Herodespalast ist eine fromme und zugleich naturnahe Besonderheit im Krippenbau.

Kaffee-Galerie Marienburg Charmant-nostalgische Schloßanlage direkt am Rhein in Leutesdorf, benannt nach Marie Blank, der Schwester von Friedrich Engels. Eine Nachfahrin, die Malerin Gisela Schreyögg, betreibt Galerie und Café. Geöffnet Mi-So 14–18 Uhr, Tel. 0 26 31–97 97 45.

dem mit seiner Gattin eine sogenannte Josefsehe führen musste. Das ist eine keusche Verbindung, oder eben auch Nicht-Verbindung, die zu keinen Nachkommen führt, weswegen mit ihm auch das sächsische Kaiserhaus ausgestorben ist. Dieser Kaiser also verstand nichts von der Liebe, aber er verstand auch keinen Spaß und belagerte mit einem mächtigen Heer die Burg Hammerstein, bis die Eingeschlossenen nach drei Monaten wegen Lebensmittelknappheit aufgeben mussten. Das war am 2. Weihnachtstag des Jahres 1020. Graf Otto und seine Irmgard kamen zwar mit dem Leben, aber ohne allen Besitz davon und irrten durch die Lande, bis er sich unterwarf, sie aber nach Rom zum Papst zog, dass der ihre Ehe wieder für gültig erklärte. Sie wusste, dass der Papst aus kirchenpolitischen Gründen noch ein Hühnchen mit dem Mainzer Erzbischof zu rupfen hatte, und tatsächlich versetzte der Papst die Liebenden wieder in den Stand der Ehe. Und als dann der Kaiser verschieden war und sein Nachfolger Konrad, der selber gerade eine rüstige Witwe geheiratet hatte, schon insofern Verständnis für das Paar zeigte, konnten sie endlich mit dem Segen des Papstes und in Frieden zusammenleben. Die Burg wurde wieder aufgebaut und erst Jahrhunderte später im Dreißigjährigen Krieg und nachdem sie von wechselnden Besatzungen okkupiert gewesen war, von den Mainzern selber geschliffen. So konnten sich hier keine Feinde mehr festsetzen. Seitdem ist das vormalige Liebesnest eine Ruine.

49 **LEUTESDORF** Hin und wieder gibt es Überraschungen, auch im Rheinland. Das trifft auch auf Leutesdorf zu: ein Winzerort, lang gestreckt am Strom, gegenüber von Andernach, nicht spektakulär, aber erwähnenswert. Hier wird seit dem 9. Jahrhundert Wein angebaut. Früher war der Ort,

Hotel und Restaurant Leutesdorf
Leyscher Hof am Rhein | Tel. 0 26 31–7 31 31
www.leutesdorf-rhein.de/leyscher-hof | €
Mit einer der schönsten Gartenterrassen am Rhein, Veranstaltungssaal „Nachtschicht" und einfachen Zimmern.

Weingut Mohr & Söhne Leutesdorf | Krautsgasse 16
www.weingutmohr.de
Gute Rieslinge und Graue Burgunder, vor allem aus den Steillagen am Rhein.

typisch durch einige Fachwerkhäuser und alte Gassen, in klösterlichem Besitz. Leutesdorf wird durch die Eisenbahn geteilt, hat aber immer noch einen ruhigen Ortskern. Jenseits der Bahn sitzt neben einer Wallfahrtskirche der Johannesbund, ein sozial-karitatives Missionswerk mit Niederlassungen in Indien, Mosambik und Montenegro sowie einem frommen Exerzitienhaus hier am Ort. Diesseits der Bahn lädt die lange Promenade zum Wandern am Ufer ein – vorbei an einem mächtigen Fronhof des 16. Jahrhunderts, der in einen Dornröschenschlaf gefallen scheint. Und überall sieht man die Höfe der Winzer. Dies ist das erste große Weingebiet auf der rechten Rheinseite, wenn man von Norden kommt. Schön sind die Plätze direkt neben dem alten Zolltor und unter markanten Bäumen in einem Gartenrestaurant, mit Blick auf Andernach und die Schiffe, die in Rufnähe vorbeifahren.

50 **NEUWIED** „Tolerant und lebendig" – so preisen die Neuwieder in den Werbebroschüren ihre eigene Stadt. Über die Beschreibung „lebendig" kann man sich je nach Interessenlage streiten, aber mit „tolerant" haben sie recht, jedenfalls historisch. Als einzige Stadt am Rhein bezieht sich Neuwied nicht auf keltische, römische oder fränkische Vorfahren, die hier gesiedelt hätten. Neuwied ist eine Kunststadt, gegründet im Jahre 1653 durch den Grafen Friedrich III. zu Wied und ausgestattet mit einigen für die damalige Zeit unerhörten „Privilegien". Religionsfreiheit versprach der Graf, egal ob für Reformierte, Katholiken oder Lutheraner – allerdings bei gleichzeitigem Verbot der gegenseitigen Missionierung. Gewerbe- und Marktfreiheit kündigte er an sowie das Recht, einen eigenen Magistrat zu wählen. Und er schenkte jedem, der sich in seinem „Neuenwiedt" niederließ, einen Bauplatz bei zehnjähriger Steuerfreiheit. Das war

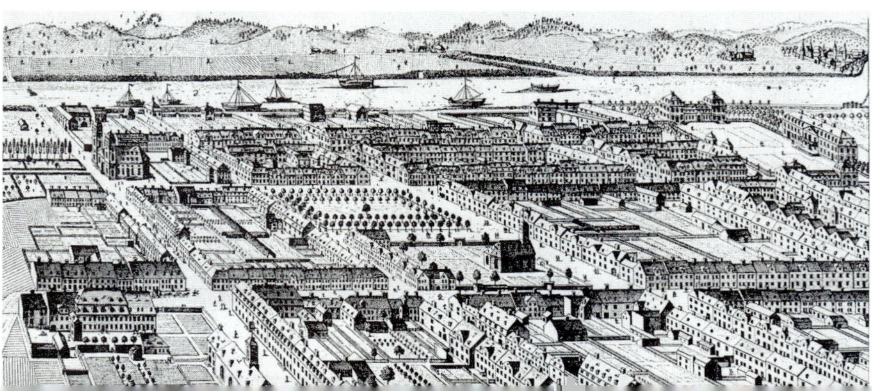

kein Altruismus, sondern eher aufgeklärte Vernunft: In dieser Zeit, kurz nach dem Ende des verheerenden Dreißigjährigen Krieges, als halb Europa in Trümmern lag, die Menschen ausgeblutet, verstört oder vertrieben waren, mussten Handel und Gewerbe wieder in Schwung gebracht werden. Außerdem sollte die neue Stadt am Rhein als Bollwerk gegen den Kurfürsten von Trier dienen, der das ganze rechte Ufer von Hönningen bis zur Lahn beanspruchte.

Die Privilegien galten nur innerhalb der Stadt. Jenseits des Grabens waren die Untertanen weiterhin Leibeigene und mussten Frondienste leisten. Trotzdem war das Angebot attraktiv genug, dass genügend Menschen nach Neuwied kamen – vor allem Glaubensflüchtlinge. So gab es neben Lutheranern und Reformierten bald eine jüdische Gemeinde oder auch die Mennoniten, die den Kriegsdienst und den Eid sowie die Kindertaufe ablehnten. Gegenüber dem Haupteingang des Schlosses kann man noch heute die schlichte Eleganz der mennonitischen „Brüderkirche" von 1768 bewundern, in der inzwischen die städtische Kunstgalerie untergebracht ist. Überhaupt ist der planvolle Auf- und Ausbau von Neuwied immer noch erkennbar: an dem regelmäßigen Raster der Innenstadt zwischen Deich und Hermannstraße, an dem rechtwinkligen Straßenverlauf und den gleichmäßigen Fronten.

Eine enorme Entwicklung zeigte sich in der neuen Stadt unter einem Nachfolger des Stadtgründers, dem Humanisten Graf Friedrich Alexander zu Wied. Das Organisationstalent förderte Mitte des 18. Jahrhunderts die Hütten- und Hammerwerke, siedelte neue Manufakturen an, erteilte freizügig Baugenehmigungen und gab materielle Unterstützung für die Stadterweiterung. Er holte die „Herrnhuter Brüdergemeinde" an den Rhein, eine Kommunität frommer, aber andernorts verfolgter Pietisten, die hervorragende Handwerker in ihren Reihen hatten. So kamen etwa die

Schloss Monrepos Museum für die Archäologie des Eiszeitalters | Neuwied-Segendorf | Tel. 0 26 31–9 77 20 | www.museum-monrepos.de

Geöffnet April bis Okt. tägl. außer Mo 10–17 Uhr | Nov bis März Mi, So + feiertags 10–17 Uhr.

Ein lichter Bau im Wald oberhalb von Neuwied, früher Alterssitz der fürstlichen Damen zu Wied, beherbergt heute die rheinischen Eiszeitforscher. Kein Zufall, da im Neuwieder Becken die wichtigsten Fundplätze der Altsteinzeit liegen. 2,5 Mio Jahre Geschichte bis vor etwa 10 000 Jahren sind informativ und ansprechend aufbereitet. Immer wieder erstaunlich die Geschichten, die Archäologen aus Steinen und Knochen, Formen und Gravuren, aus all den unscheinbaren Resten lesen. Nicht nur für Kinder der Tipp. In der Nähe verläuft der Rheinsteig.

Hahnhof Schöner Waldgasthof direkt unterhalb von Museum Monrepos | Tel. 0 26 31–34 76 54 | Geöffnet Fr bis Mi ab 15 Uhr, So ab 10 Uhr.

Kunsttischler Abraham und David Röntgen nach Neuwied oder auch der Uhrmacher Peter Kienzing. Deren Prunkmöbel konnten sich damals schon nur einige der vermögendsten Häuser wie die Könige von Frankreich oder Preußen und der russische Zar leisten. Heute noch erzielen diese Kostbarkeiten bei internationalen Auktionen Spitzenpreise. In der Pfarrstraße kann man das prächtige und gleichzeitig elegante„Roentgenhaus" bewundern, das bis 1794 Wohnhaus und Werkstatt der Spitzenhandwerker war. Neben solchen Luxusprodukten wurde Neuwied auch durch Alltagsartikel wie das „Sanitätsgeschirr", vornehm ausgedrückt das „Nachtbesteck", bekannt, das unter dem Markennamen „Rheinische Nachttöpfe Original Wied" ein erfolgreicher Exportartikel war. Der Graf kümmerte sich um landwirtschaftliche Musterbetriebe und sorgte für die Ausbreitung des Kartoffelanbaus, sogar um Maulbeerplantagen für Seiden- und Krappanbau zwecks Farbstoffgewinnung.

Dieser Friedrich Alexander zu Wied, der später für die stolze Summe von 15 000 Gulden beim Kaiser in Wien den erblichen Fürstentitel erwarb – allerdings das weiter gehende Schnäppchen ablehnte, für die Anrede„Durchlaucht" noch mal 7500 Gulden draufzulegen –, dieser Mann der Aufklärung führte in Neuwied als einer der ersten Städte in Deutschland die Pressefreiheit ein. Das war am Rhein seinerzeit eine publizistische Sensation: Ab 1755 erschien ein „Wöchentlicher Neuwiedischer Anzeiger", ab 1786 die „Politischen Gespräche der Todten", eine beliebte Metapher und gleichzeitig ein listiger Ideenschmuggel, um ungeschützt über alle Themen reden zu können. Mit der Französischen Revolution wurde Neuwied ein Zufluchtsort vieler adeliger Flüchtlinge, aber auch ein Ort kontroverser Publizistik, wo Gegner und Anhänger der Revolutionsziele freimütig zu Wort kamen.

Alle Infos zu Neuwied unter:
www.neuwied.de

König im Landratsgarten I Neuwied, Landratsgarten 24 I Tel. 0 26 31–5 78 00 I www.landratsgarten.de
Lieblingsplatz des Neuwieder Jazzmusikers Achim Fink – vor allem die Terrasse unter den mächtigen Kastanien.

City Hotel Neuwied Marktstraße 97 I 0 26 31–82 55 55 I www.cityhotelneuwied.de I € – €€ I Schlicht-chic und neu renoviert mitten in der Stadt.

Roentgen-Museum Raiffeisenplatz 1a I Geöffnet Di bis Fr 10–17 Uhr, So 14–16 Uhr I Geruhsames Museum mit feiner Sammlung edler Röntgenmöbel I dazu die Geschichte des Sozialreformers Fr. W. Raiffeisen.

Bis heute residiert die fürstliche Familie Wied in ihrem Schloss am Rhein und bis heute lässt sich Stadt- und Familiengeschichte nicht voneinander trennen. Auf einem Brunnen vor dem Schlosstheater stößt man auf ein anderes Familienmitglied, Prinz Maximilian zu Wied, mit Tropenhut und Gewehr unterm Arm, der als Reisefürst in der ersten Hälfte des 19. Jahrhunderts mehrfach in Nord- und Südamerika war. Er erforschte dort die Flora und Fauna und dokumentierte gleichzeitig das Leben indigener Völker. Von einer dieser Reisen brachte er sich einen indianischen Diener namens „Quäck" mit, der in Neuwied natürlich entsprechend exotisch bestaunt wurde – der sich allerdings, wie eine Chronik des Hauses Wied notierte, „später, vielleicht aus Heimweh, dem Alkohol ergab". Auch in Fachkreisen reüssierte der Biologe und Ethnologe, vor allem auch als Nordamerikareisender, der einiges zur Erforschung der Indianer, ihrer Waffen, Gebräuche und ihres Alltags beigetragen hat.

Es gab andere große Familienmitglieder, wie den Fürsten Friedrich Carl, der 1791 von seinem allerdings zögernden Vater als Nachfolger eingesetzt wurde. Die Familienchronik ist hier nicht besonders erhellend, charakterisiert ihn als „wechselhaft", der „als sonderbar empfundene soziale und religiös vermischte Ideen" vertreten habe. Dieser Fürst war ein frommer Mann und ein Friedensfreund dazu – von ihm ist folgende Erkenntnis überliefert: „Die Erzeugung von Kindern muss sündhaft sein, denn Kinder erzeugen Mist und Urin wie das Vieh. Aus Mist und Urin entsteht Salpeter. Aus Salpeter entsteht Pulver. Pulver führt zum Krieg. Folglich muss ich enthaltsam leben." Und in logischer Konsequenz wollte er sich, wie Kirchenvater Origines, das sündige Körperteil entfernen lassen, um keine Kinder mehr zu zeugen. Erst als das Reichskammergericht in Wetzlar ankündigte, ihn für

Abtei Rommersdorf
Heimbach-Weis | Stiftstraße 2 | Tel. 0 26 22–83 73 65
www.abtei-rommersdorf.de |
Ehemalige Prämonstratenserabtei mit prächtigen Anlagen, u. a. Kräutergarten im Kreuzgang, Barockgarten und englischem Garten mit altem Baumbestand. Die großartig-ruinöse Klosterkirche ist einer der schönsten Räume am Rhein! Heute Stadt- und Landesarchiv. Im Sommer Musik und Theater. Ganzjährig geöffnet, So und feiertags 13 bis 18 Uhr, Kräutergarten und Kloster nur nach Voranmeldung.

Der indianische Diener des Neuwieder Kurfürsten starb an Heimweh.

verrückt zu erklären, ließ er davon ab. Von diesem Fürsten gibt es allerdings kein Denkmal in Neuwied.

Es gibt einen weiteren Neuwieder Superlativ, an den auch keine Tafel und kein Straßenschild erinnern. So haben sich die Herrnhuter auch um die Bildung gekümmert: Sie haben unter anderem eine Knabenanstalt gegründet, in der im Jahre 1887 das erste internationale Fußballturnier auf deutschem Boden stattfand. Von der Lokalpresse wurde dieses Ereignis mit der folgenden lapidaren Bemerkung gewürdigt: „In Fastnachtskostümen wurde um einen aufblasbaren Ball gekämpft."

51 **SCHLOSS ENGERS** Das opulente Barockschloss Engers liegt direkt am Rhein. Erbaut wurde es 1762 als Jagd- und Lustschloss unter dem Trierer Kurfürsten Johann Philipp von Walderdorf, mit einem weiten Schlosshof, der zum Ortskern von Engers weist, und breiten Freitreppen und Terrassen zum Rhein. Der hellweiße Bau ist in seiner ganzen künstlerischen Pracht erhalten. Man mag sich heute über die Wucht dieses Rokoko-Kitsches wundern, kann aber auch fasziniert von der künstlerischen Dramatik eines Malers wie Januarius Zick sein, von dem einige der schönsten Deckengemälde stammen. Und im Unterschied zu damals, als das Schloss einer parasitären Clique von Kirche und Adel vorbehalten war, ist das Gebäude heute „demokratisiert": öffentlich zugänglich und staubt auch nicht als Museum vor sich hin. Im Gegenteil, Engers dient als Musikschloss – es ist Zentrum der Stiftung „Villa Musica", einer Gründung des Landes Rheinland-Pfalz gemeinsam mit dem Südwestrundfunk. Diese Akademie bietet jährlich über 100 jungen Musikerinnen und Musikern eine mehrwöchige kammermusikalische Zusatzausbildung.

Das Barockfest im Schloss Engers ist einer der opulenten Höhepunkte des musikalischen Jahres am Rhein.

Schloss Engers | Restaurant und Hotel | Tel. 0 26 22–9 26 42 95
€€ | www.schloss-engers.de | www.villamusica.de
Besichtigung So und feiertags von 11 bis 15 Uhr.
Exquisite Küche und ein paar schöne Gästezimmer mit Blick auf den Rhein.

52 BENDORF

Es soll Schlossbesitzer am Rhein geben, die ihr Anwesen für einen Euro anbieten, wenn man nur ihre Lasten und Schulden mit übernimmt. Sie sind pleite, es ist schließlich nicht billig heutzutage, Schlösser oder Burgen zu unterhalten – von den Auflagen der Denkmalpflege ganz abgesehen. Vielleicht sollten diese klammen Schlossherren mal bei ihrem Kollegen, dem Fürsten Alexander zu Sayn-Wittgenstein-Sayn, einen Kurs in innovativer Vermarktung belegen. Dieser rheinische Fürst hat aus seinem adeligen Besitz eine Erfolgsstory gemacht, in deren Zentrum natürlich das Schloss Sayn steht und auch die entsprechende Burgruine nicht fehlt. Auch ein Museum und ein Park gehören zu dem Anwesen, ebenso eine Falknerei mit Vogelschau – aber das haben andere auch. Fürst Alexander vermarktet sein Schloss darüber hinaus als Kongresszentrum, unterhält ein eigenes Touristenbüro mit Buchhandlung und Verlag und lockt mit der Küche seiner Schlossterrasse sowie einer Burgschänke. Man kann bei ihm auf dem Schloss heiraten und sich in der Schlosskapelle trauen lassen, und als Spitze der Attraktionen unterhält er in seinem Park einen Garten mit Freiflughalle für Schmetterlinge. Das alles ist dem fürstlichen Corporate Design gemäß auf der hauseigenen Internetseite

Fürstliches Innenleben Galten früher die Details durchlauchter Familien als Privatsache, die von der Neugier des gemeinen Volkes abgeschottet wurden, hat die digitale Kommunikation offensichtlich für rapide Veränderung gesorgt. Man findet im Internet nicht nur die historischen Stammbäume zum Herunterladen oder die Symbolik gräflicher Wappen, sondern auch aktuelle Familienfotos mit Kind und Kindeskind, mit Fürstin, Fürst und der ganzen Entourage von den Hochzeitsbildern über die Kindstaufen – natürlich katholisch! – und die Trauerfälle bis zu den Leidenschaften der Prinzen. Edzart zu Wied etwa bietet seine Cocktailrezepte an – „Ein Hobby von mir" –, während der Bruder nur mit einer schäkernden Verlobten zu finden ist. Und auch die Sorgen der Fürsten sind Thema, zum Beispiel der Streit mit Titelhändlern: „Es werden verdeckte Preise bis zu 450 000 Euro genannt!" Und da gilt es aufzupassen, ein echter Fürst ist nämlich nur ein „zu" Sayn und nicht ein „von". Aber die Frage ist doch eigentlich nicht von oder zu, sondern wozu?

dargestellt. Dort gelangt man schlussendlich zum Louis-Sayn-Direktvertrieb, der vom Kristallkandelaber über das Hundehalsband bis zum frisch geschlagenen Weihnachtsbaum alles liefert, was der gehobene Haushalt so braucht. Und das alles in Bendorf-Sayn, ein Ort, der erst durch dieses fürstliche Fantasialand ins Blickfeld der Besucherscharen gerückt ist. Das Schloss, ein neugotischer Bau aus der zweiten Hälfte des 19. Jahrhunderts, brannte im Zweiten Weltkrieg aus, nachdem die Deutschen die nahe gelegene Brexbachbrücke gesprengt und dabei Dach und Fassade heftig ramponiert hatten. Es wurde in seinem ursprünglichen Stil wieder aufgebaut und beherbergt heute, neben dem edlen Schlossrestaurant und gediegenen Tagungsräumen, ein „Rheinisches Eisenkunstgussmuseum".

Sayn war im 19. Jahrhundert dank großer Eisenerzvorkommen ein Standort der Erzverhüttung, aber auch durch reiche Holzvorräte und die Wasserläufe in den Tälern des Westerwalds begünstigt. Die Sayner Hütte war die drittgrößte Erzschmelze in Preußen und versorgte die ganze Region mit Gebrauchseisen, Rohren oder Maschinen. Sie trug damit wesentlich zum Ausbau der preußischen Festungen wie etwa Ehrenbreitstein bei. Die frühere Gießhalle aus dem Jahre 1830, an der Rückseite des Schlossbergs gelegen und wie eine dreischiffige Kathedrale aus Gussstahl errichtet, ist in ihrer eisern-gläsernen Pracht ein herausragendes Dokument der Industriegeschichte. Sie gehört heute der Stadt Bendorf, die sie für Konzerte, Theater und Kultur herrichten will.

Weltende
Von Jacob van Hoddis

Dem Bürger fliegt vom spitzen Kopf der Hut,
in allen Lüften hallt es wie Geschrei,
Dachdecker stürzen ab und gehen entzwei
und an den Küsten – liest man – steigt die Flut.

Der Sturm ist da, die wilden Meere hupfen
an Land, um dicke Dämme zu zerdrücken.
Die meisten Menschen haben einen Schnupfen.
Die Eisenbahnen fallen von den Brücken.

[i] Garten der Schmetterlinge Die Eintrittskarte für das Eisenkunstgussmuseum auf Schloss Sayn gilt auch für den Schmetterlingsgarten, eine der Attraktionen von Sayn in dem weitläufigen Park des Schlosses mit seinem alten und seltenen Baumbestand, mit Bächen, Weihern, Fontäne und einer Minigolfanlage.
Die Freiflughalle der Schmetterlinge ist als Tropenhaus gestaltet, mit viel Wasser und Grün inmitten grellbunter Pflanzen und Blumen, vor allem in Rot und Gelb als Locksignale und Landeplätze für die zarten Falter. Kleine Brücken, benannt nach den fürstlichen Kindern, führen über die Wasserläufe, in denen Koikarpfen und Wasserschildkröten schwimmen. Daneben befinden sich Schaukästen mit Spinnen oder Chamäleons, und überall flattern die bunten Exoten umher. Dazwischen flitzen Zwergwachteln durchs Gebüsch, zwei grüne Leguane räkeln sich auf dem Schilfdach einer Raupenstation und bunte Tropenvögel schwirren durch das Gewächshaus. Mit einem Wort: Es ist exotisch und es ist romantisch.
www.sayn.de
Garten der Schmetterlinge: geöffnet 5. März bis 1. Advent
Eisenkunstgussmuseum: geöffnet 28. Februar bis 1. Advent.

Burg Sayn Über dem Schloss auf dem schmalen Bergsporn liegt die Ruine der Burg Sayn mit der Falknerstation und einer brauchbaren Burggaststätte. Hier hat man vor allem einen weiten Blick über das breite Neuwieder Becken und über Bendorf und den Rhein und auch über das Atomkraftwerk Mülheim-Kärlich hinweg bis in den Hunsrück. Alle Informationen zum Schloss Sayn, zu Museum, Fürstinnenzimmer und zum Garten der Schmetterlinge, zu Falknerei und Gastronomie und viele nette Details zur Familie Sayn: www.sayn.de

Touristeninformation im Schloss Sayn
Sayn, Abteistraße 1 | Tel. 0 26 22–90 29 13
www.bendorf.de

Hotel-Restaurant „Villa Sayn"
Sayn, Koblenz-Olper-Straße 111
Tel. 0 26 22–9 44 90 | www.villasayn.de | €€
Gute Küche, angenehmes Hotel in historischem Bürgerhaus und in Fußnähe zu allen fürstlichen Sehenswürdigkeiten.

Auf eine ganz andere Geschichte stößt man am Eingang der früheren „Jacoby'chen Anstalt" kurz vor dem Schloss in der Koblenz-Olper-Str. 39. Die mondän wirkenden hellgelben Villen im Park beherbergen heute mehrere Schulen und Betriebe für Behinderte, bis 1942 das einzige jüdische psychiatrische Krankenhaus in Deutschland. Ein Gedenkstein vor dem Eingang und eine Namenstafel im Foyer erinnern an die über 250 Patienten und das Personal, die von den Nazis aus Bendorf nach Polen verschleppt und ermordet wurden. Unter ihnen auch Hans Davidsohn, mit dem Künstlernamen Jacob van Hoddis, dessen Gedicht „Weltende" aus dem Jahre 1911 als Gründungsmanifest des literarischen Expressionismus gilt.

53 ABTEIKIRCHE SAYN

Das Rheinland kennt eine Fülle romanischer Kirchen mit imposanter Architektur und Ausstattung, aber selten ist die ornamentale Farbigkeit der mittelalterlichen Kirchenkunst so beeindruckend wie in der früheren Abteikirche der Prämonstratenser in Sayn. Der Weg vom Schloss Sayn dorthin führt am Brexbach entlang, bis man nach kurzer Strecke in einen lang gezogenen Talkessel gelangt, in dem Kirche und Reste des Klosters stehen. Die Abteikirche, 1202 geweiht, beherbergt eine Reihe interessanter Grabdenkmäler – unter anderem des Klosterstifters Heinrich II., der hier gemeinsam mit seiner Tochter begraben liegt. Es gibt einige schöne Reliquiare mit Köpfen oder Armen diverser Heiliger, und in einer Seitenkapelle neben dem Chor findet man, hinter einem Vorhang und in einer Nische versteckt, den fromm geschmückten Korpus eines Katakombenheiligen namens Pius. Von ihm weiß man nichts anderes, als dass er in Sayn das Licht der christlichen Welt erblickte.

Abteikirche Sayn Täglich geöffnet, Führungen nach Vereinbarung | Tel. 0 26 22–90 29 13

Brexbachtal Immer am Brexbach entlang führt ein kleiner Wanderweg mal neben, mal unter einer stillgelegten Eisenbahn vorbei, zieht sich das Tal hinauf in den Westerwald und mäandert dann bis nach Höhr-Grenzhausen (etwa zwölf Kilometer).

Das Schönste an dieser Abteikirche sind jedoch die Reste des Kreuzgangs neben dem Sakralbau. Mit ihren abgesetzten Farbbändern und Linien, mit Punkten und ornamentalen Reihungen wirken die wiederhergestellten farbigen Gewölbe wie aus einem orientalischen Bilderbuch. Oder wie ein Musterkatalog der Malerzunft, die an diesem Ort mit Formen und Farben experimentieren durfte. Das Ganze erstrahlt nach der kürzlichen Renovierung in einer Weise, als hätten die Künstler soeben erst ihre Arbeitsstätte verlassen.

54 **VALLENDAR** Auf den Straßen und Plätzen dieser Kleinstadt kann man zwei ganz verschiedenen Gruppen von Menschen begegnen, die beide hier verkehren, aber keinerlei Schnittmenge miteinander haben: fromme katholische Fundamentalisten einer- und eine internationale Elite junger Wirtschaftswissenschaftler andererseits. Zunächst die: Als der Bürgermeister vor über 20 Jahren die erste private Wirtschaftshochschule der Republik, die „WHU", aus Koblenz nach Vallendar lotste, hat er einen entscheidenden Schub für seine Gemeinde initiiert. Nicht nur Arbeitsplätze, Wohnungsmarkt, Bauwirtschaft und das Image nützen Vallendar, immerhin erreicht die „WHU-Otto Beisheim School of Management" in allen Rankings die Spitzenplätze, sogar international. Über 700 Studenten leben und arbeiten inzwischen hier, mit mehr als zwei Dutzend Professoren, ein ideales Verhältnis, um zu lehren und zu lernen. Vor allem aber, und das zählt, trotz der immensen Studienkosten von über 10 000 € pro Jahr ist Vallendar mit der engen Verknüpfung von Hochschule und Wirtschaft ein fast sicheres Sprungbrett für den beruflichen Ein- und Aufstieg.

Man weiß nicht, wen man als Erstes dafür bestrafen sollte: die Architekten, die Bauherren oder die Politiker, die solche Betonburgen genehmigen wie in Vallendar. Aber vielleicht haben sie alle gedacht, bei diesem Ort macht das auch nichts mehr aus ...

Die Traube Rathausplatz 12 | Tel. 02 61–6 11 62 | Mittag- und Abendtisch, So Ruhetag | Weinstube & Restaurant mit diversen Sternen und Löffeln ausgezeichnet | Schön restaurierte alte Schänke mit junger Küche.

Die anderen auf den Straßen der Stadt sind fromme Katholiken aus halb Europa, die als Pilger nach Vallendar kommen. Mehr als 100 000 Menschen strömen jährlich in die städtebaulich eher unscheinbare Kommune zum Berg Sion oder Moriah, steigen auf den Marien- oder den Reginaberg, und alle kommen, um eine der frommen Einrichtungen der Pallottiner oder Schönstätter zu besuchen. Kloster, Bildungsstätte und Heiligtum, Pilgerherbergen, Pilgerkirchen, Väter- und Mutterhaus und Dutzende weiterer Einrichtungen finden sich in Vallendar, einem Ort, der für das Auge kaum etwas Schönes zu bieten hat. Auffallend im Unterschied zu anderen frommen Orten sind die vielen jungen Menschen, vor allem um den Bildungsbetrieb der Pallottiner.

Die Bewegung der Schönstätter, die sich in den 1960er-Jahren von den Pallottinern abgespalten hat, zählt zu den allerfrömmsten katholischen Strömungen. Es handelt sich um eine Art Sekte ohne Fundamentalismus, die Mitglieder sind lieb und nett, Hauptsache fromm! Mittelpunkt des religiösen Kompaktangebots der Schönstätter ist die „Gnadenkapelle", die es als Nachbau in diversen Kirchen und Kapellen auch außerhalb des Rheinlands gibt. Neben dem Original-Heiligtum hier in Vallendar findet man ein kleines, eher unscheinbares Gräberfeld, auf dem, neben dem Schönstatt-Gründer Kentenich, der katholische Kriegsdienstverweigerer Franz Reinisch bestattet ist.

Reinisch, 1903 in Österreich geboren, war Priester und Mitglied des Pallottinerordens, geriet als Männerseelsorger in Konflikt mit der Gestapo und erhielt 1940 Rede- und Predigtverbot. Als er 1942 die Einberufung zur Wehrmacht erhielt, rückte er absichtlich einen Tag später in die Kaserne ein, um „von vornherein zum Ausdruck zu bringen, dass er weder Furcht noch Flucht" kenne, mit dem „Gestellungsbefehl

Franz Reinisch, Priester und Kriegsdienstverweigerer, von den Nazis hingerichtet, in Vallendar beigesetzt.

Infos/Lageplan zum Grab von Franz Reinisch unter: www.schoenstatt.de

Pfarrkirche St. Marcellinus & Petrus Kirchstraße | Überraschend helle und weite Hallenkirche in ausgewogenen Proportionen | 1837–41 nach Plänen des rheinischen Stararchitekten J. C. von Lassaulx gebaut.

jedoch nicht einverstanden" sei. Er verweigerte aus grundsätzlicher Ablehnung des Nationalsozialismus den Fahneneid auf Hitler. Das Reichskriegsgericht in Berlin verurteilte ihn zum Tode und er wurde am 21. August 1942 mit dem Fallbeil geköpft. Seine Asche wurde auf dem Urnenfriedhof Brandenburg bestattet, aber ein Mitbruder konnte die Urne im Jahre 1946 nach Vallendar bringen und hier beisetzen. Während sich die Pallottiner und Schönstätter damals mit der Eidverweigerung des Mitbruders Reinisch schwertaten und ihm sogar den Ausschluss aus dem Orden androhten, betreiben sie inzwischen ein Verfahren zu seiner Heiligsprechung. Aber das zieht sich. Denn natürlich wirft ein einzelner katholischer Verweigerer die Frage auf, was mit den anderen war, die bei den Nazis mitgemacht oder zumindest geschwiegen haben, insbesondere die katholische Hierarchie. Reinisch ist der einzige katholische Priester in Deutschland, der Kriegsdienst und Fahneneid auf Hitler verweigerte und dafür hingerichtet wurde.

55 **NIEDERWERTH** Früher hat der Rhein häufiger Inseln gebildet, neue Wege genommen oder Land angeschwemmt, aber schon beim nächsten Hochwasser auch wieder mitgenommen. Doch seit der Flussregulierung durch die Preußen im 19. Jahrhundert gibt es zwischen Köln und Mainz kein Dutzend Inseln mehr. Von den übrig gebliebenen ist nur noch eine einzige von einer Flussgemeinde bewohnt: Niederwerth. Die Insel gehört zur Verbandsgemeinde Vallendar, bildet aber eine eigene Einheit und ist mit ihren 1300 Einwohnern die einzige Flussinsel in Deutschland mit einer eigenen Dorfgemeinde mit zwei Kneipen und einer Kirche. Obwohl Niederwerth nur einen Sprung vom rechten Rheinufer entfernt und seit 1958 auch durch eine Brücke mit dem Festland

MARTINEZ

verbunden ist, ist ein Besuch auf der Insel immer noch eine kleine Reise. Das enge Dorf ist nach Südosten ausgerichtet, rundherum liegen weite Felder und Wiesen und immer wieder Gemüsegärten. Dank der günstigen klimatischen Lage und der fruchtbaren Böden, die bis zu drei Ernten jährlich erlauben, ist Niederwerth der Obst- und Gemüsegarten des Neuwieder Beckens, vor allem für Erdbeeren und Spargel.

Man kann auf der Insel lange Spaziergänge machen oder mit dem Rad am Strom entlangfahren, einen Blick auf die nicht zugängliche kleinere Nachbarinsel Graswerth werfen, die unter Naturschutz steht, oder sich im Sommer an der Südspitze in einer der schmalen Badebuchten, teilweise sogar mit Sandstrand, entspannen. Die spätgotische Kirche St. Georg erscheint wie eine Schatzkammer rheinischer Kunst. Zahlreiche Gemälde und Altäre, Skulpturen und gotische Wandmalereien finden sich hier. Neben der Kirche sieht man die Mauerreste eines Klosterbezirks, der auf einen Beginenkonvent aus dem 13. Jahrhundert zurückgeht. Das Bauensemble mit den alten Toren und dem Friedhof wirkt ein wenig romantisch verlottert, fast wie kurz nach einem Hochwasser, aber schön.

Das aparteste Stück der Kirchen- und Klostergeschichte von Niederwerth ist eine Mütze des berühmten Kreuzzugspredigers Bernhard von Clairvaux, der auf einer rheinischen Predigt- und Wunderreise auf der Insel übernachtete. Eine fromme, aber kinderlose Rheinländerin, Benigna von Helfenstein, hatte die Mütze dem Heiligen als „Gnadenbeweis" abgeschwätzt – und tatsächlich, sie wurde nach neun Monaten Mutter zweier Söhne! Und diese heilige Mütze befindet sich jetzt in einer vergitterten Nische in der Apsis der ehemaligen Klosterkirche auf der Insel Niederwerth.

VON DER AHR ZUR MOSEL

Am linksrheinischen Ufer von der Ahr bis zur Mosel stößt man zunächst auf fruchtbares Schwemmland mit viel Landwirtschaft, aber dann schieben sich die Berge wieder an den Rhein heran. Ab Andernach erstreckt sich bis zur Mosel ein breites Becken, in dem man vor allem Gewerbe und Industrie findet. Nichtsdestotrotz gibt es auch hier viele schöne Ecken zu entdecken.

56 **SINZIG** Es ist immer wieder erstaunlich, wie sehr sich am Rhein Schönheit und Schrecken in den Dörfern und Städten jäh abwechseln. Sinzig ist so ein Beispiel: Ob man von Norden her von Remagen oder vom südlichen Bad Breisig kommt – da hat man die jeweiligen Scheußlichkeiten noch nicht verdaut, schon stößt man auf dieses ungewöhnliche Sinzig. Es gibt Reisende, die sich bei dem geschlossenen Marktplatzensemble, der farbenfrohen Petrikirche und ihrer beschwingt stimmenden Architektur an eine italienische Kleinstadt erinnert fühlen.

Schon die Kelten haben hier auf einem Hügel hochwasserfrei gesiedelt, zu ihren Füßen lag das fruchtbare Schwemmland des Rheins in der sogenannten Goldenen Meile. Natürlich haben sich die Römer hier niedergelassen, später war es ein fränkischer Königshof und schließlich kaiserliche Pfalz. Vor allem Friedrich Barbarossa scheint es in Sinzig gut gefallen zu haben, er war mehrfach hier. Später im 19. Jahrhundert hat man ihm ein Denkmal errichtet und vermarktet sich heute stolz als „Barbarossastadt“. Neben aller historischen Bedeutung ist der Ort auch deshalb so überraschend, weil er kitschfrei restauriert wurde und weder aufgehübscht noch vernachlässigt wirkt. Sinzig hat sich auch nicht, wie manche andere Nachbarstädte, völlig dem launischen Tourismus unterworfen, und man spürt, dass

Restaurant Vieux Sinzig Sinzig, Kölner Straße 6
Tel. 0 26 42–4 27 57 | www.vieux-sinzig.de
Spitzenadresse mit einer gelungenen Mischung aus normannischer und rheinischer Küche – gerühmt für den kreativen Umgang mit den heimischen Kräutern.
Bekannt ist der kreative Gastronom auch durch Trüffelfunde an der Ahr. Hierzulande unter Naturschutz darf er sie nicht vermarkten. Der Ausweg: ein Verein.
Mehr unter: www.ahrtrueffel.com

Bad Bodendorf Der ehemalige Kurort an der Ahr mit vernageltem Kurbad und traurigem Charme ist heute ein Ortsteil von Sinzig. Bad Bodendorf besitzt ein Natur- und Thermal-Freibad im Stil der 1950er-Jahre, mit alten Liegestühlen und für jeden eine eigene Kabine am Beckenrand, das Thermalwasser ist auf 26 Grad erwärmt. Nostalgie am Eingang des Ahrtals.
Thermalbad Bad Bodendorf Am Kurgarten
Geöffnet von Karfreitag bis Oktober | Tel. 0 26 42–50 87

die Menschen hier gern leben. Man sieht es an den Geschäften, Cafés und Büros, wenn man durch die Straßen und über die Plätze schlendert.
Die Kirche St. Peter gilt seit Langem als Juwel der Spätromanik und zählt zu den schönsten Kirchenbauten im mittleren Rheinland. Nach der gelungenen Restaurierung wirkt der Bau in seiner leuchtenden Farbigkeit, wie er auch im 13. Jahrhundert gewirkt haben mag. Das Rot-Braun der Friese, Bögen und Nischen kontrastiert reizvoll mit dem weißen Grundanstrich. Aber auch die Umgebung stimmt: mit dem Zehnthof, den ein Privatmann vor dem Abriss gerettet und wunderbar wieder hergerichtet hat, den weiten Parks an der Flanke, dem wohlproportionierten Platz und seiner Randbebauung und dem Rathaus davor. Der Kirchenbau aus dem frühen 13. Jahrhundert besitzt noch ursprüngliche Fresken und birgt eine Fülle wichtiger und schöner Kunstwerke aller Epochen.
Fasziniert ist man aber vor allem vom „Heiligen Vogt", einem vollständig mumifizierten Leichnam, der in einem Glassarg in einer Seitenkapelle ausgestellt ist. Ledern wirkt die verschrumpelte Haut des nackten Toten. Die Heimathistoriker sagen, es handelt sich um den am 7. März 1691 verstorbenen Amtsvogt Wilhelm von Holbach, dessen Leiche dank mineralischer Einwirkungen unverwest blieb und bei einem Unwetter später aus der Gruft geschwemmt wurde. Die Sinziger haben ihn früher wohl beim Karnevalsumzug mitgenommen oder auch schon mal einer als geizig verschrienen Frau vor die Tür gelegt. Trotzdem war die Empörung groß, als die Franzosen die Mumie 1797 nach Paris verschleppten. Erst 1815 kehrte der hl. Vogt an den Rhein zurück und wird heute in seinem Glassarg von allen Seiten sichtbar und nur mit einem Lendentuch bedeckt präsentiert.

Die Blätter fressende Ziege gehörte zu einem Altar am Vinxtbach, der heute ein Rinnsal am Rhein ist und früher die römischen Provinzen trennte.

57 BAD BREISIG

Es ist schon traurig, wenn die B9 Hauptstraße und zentrale Einkaufsmeile einer rheinischen Kommune darstellt. Es ist lästig, wenn die Eisenbahn diesen Ort zusätzlich noch einmal durchschneidet, und es ist bescheiden, wenn man als kulturelles Highlight ein Ikonenmuseum anzubieten hat. Das alles zusammen ist Bad Breisig. Ein „Kurort", dem anzusehen ist, dass Kuren kaum noch bezahlt werden, mit einer Rheinfront im 1970er-Jahre-Look mit zu großen und meist halb leeren Hotels, einem Märchenwald und einem Puppenmuseum. Und dabei hat der Ort doch eine entscheidende historische Bedeutung – gehabt.

In der Marienkirche im Zentrum von Bad Breisig findet man rechts an einem Pfeiler neben dem Hauptaltar einen fast tischhohen Stein mit einem Halbrelief, das eine aufgerichtete Ziege zeigt, die Blätter von einem Baum rupft. Den Stein hat man im Süden von Bad Breisig gefunden, am Vinxtbach, neben einem anderen mit der Inschrift „Finibus genio loci et jovi". Heute ist diese Stelle von Schnell- und Nebenstraße, Radweg und Bahntrasse eingekesselt. Ein mächtiger Findling neben der Busstation wiederholt die Weiheworte auf Deutsch: „An der Grenze dem Ortsgeist und Jupiter".

Man sieht es dem dünnen Rinnsal nicht an, aber immerhin war der Vinxtbach so bedeutend, dass er in dem wichtigsten geografischen Werk der Antike, der „Geografia" des Ptolomäus, unter dem Namen „Abrinca" erwähnt wird. Erst später wird das Wässerchen zum „Vinxtbach", abgeleitet vom lateinischen „finis", das „Ende", die „Grenze". Tatsächlich ist der von West nach Ost führende Bachverlauf die alte Völkergrenze zwischen den Treverern – von denen der Name Trier herrührt – im Süden und den Eburonen oder später den Ubiern im Norden. Die Römer machten

Findling am Vinxtbach Neben der B9, Abfahrt ins Vinxtbachtal, unterhalb von Schloss Rheineck.

daraus eine Provinzgrenze zwischen Niedergermanien mit Köln und Obergermanien mit Trier als Hauptstadt. Und am Vinxtbach gab es wie üblich an der Grenze eine Benefiziarierstation – eine Zollwache – mit Rastplatz und Soldaten, die polizeiähnliche Funktionen ausübten und von denen der Weihestein mit der Blätter fressenden Ziege stammt.

Aus der römischen Grenze wurde später die zwischen den Bistümern Trier und Köln beziehungsweise der Fürstentümer Kurköln und Kurtrier – bis die Franzosen 1794 kamen. Da erst hatte diese Bachgrenze ihre Funktion nach fast 1800 Jahren eingebüßt und seitdem rinnt der Vinxtbach, meistens mit ziemlich wenig Wasser, nur noch vor sich hin.

Der Verlauf des Vinxtbachs zeigt, dass die damalige Welt am Mittelrhein eben nicht in Ost und West, in rechts- und linksrheinisch, sondern in Nord und Süd getrennt war. Ein Hinweis darauf ist genau gegenüber der Mündung des Vinxtbachs auf der rechten Rheinseite zu finden. Dort steht der nördlichste Wachturm des römischen Grenzwalls Limes, der sich von der Donau über den Taunus und den Westerwald bis hier herauf an den Rhein schlängelte und an dieser Stelle endete.

In einer Hinsicht ist der Vinxtbach allerdings noch heute Grenze: Er ist die Sprachgrenze zwischen dem moselländischen und dem rheinkölnischen Dialekt, was sich etwa an der Bezeichnung für „Kartoffel“ nachweisen lässt. 1536 kommt die Kartoffel aus Amerika nach Europa, die Spanier hatten sie importiert. Die „Tartoufli“ galt als botanische Rarität in den fürstlichen Lustgärten, bis man nach und nach auch deren Nährgehalt entdeckte. Sie breitete sich mit den Industriearbeitern vom Saarland Richtung Eifel unter der Bezeichnung „Grundbirne“ oder auch „Grundbeere“ („Schrompere“ oder „Krompere“) aus. In derselben Zeit gelangte die Kartoffel aber

auch von Norden ins Rheinland und tauchte 1740 zum ersten Mal auf dem Alter Markt in Köln als „Erdapfel" („Ädäppele" oder „Edeppel") auf. Beide Bezeichnungen treffen schließlich am Vinxtbach aufeinander und finden hier ihre natürliche Grenze: Grundbirne versus Erdapfel!

Mitten in Bad Breisig, gegenüber dem alten Rathaus, stößt man auf einen markanten Jugendstilbau mit einer hohen, halbrunden Kuppel und einem klassizistischen Eingang. Es ist das Mausoleum der Familie Mertés, einer reichen Fabrikantenfamilie aus Köln, die jahrzehntelang hier am Rhein eine Sommerresidenz besaß. Ihre „Villa Alberti" auf dem Gelände des heutigen Kurhauses war ein opulenter Bau mit Gewächshaus, Kegelbahn, Rheinpavillon, eigener Hausgärtnerei und einem weiten Park, dessen Überbleibsel noch als Kurpark erhalten sind. Albert Mertés war Hutfabrikant und in Breisig so beliebt, dass die Gemeinde ihn zum einzigen Ehrenbürger machte, sein Mausoleum restaurierte und es heute als eine der Sehenswürdigkeiten des Ortes in ihrer Tourismuswerbung rühmt.

Es gibt allerdings noch eine zweite Geschichte und vielleicht eine andere Existenz des Fabrikanten, auf die ein Kölner Historiker gestoßen ist. Er fand im Düsseldorfer Hauptstaatsarchiv Akten über Albert Mertés, die seinen jahrelangen Kampf gegen die Polizei in Köln und Berlin bezeugen. Es war Mertés' Versuch, zu erreichen, dass er aus den einschlägigen Homosexuellen-Karteien gestrichen wurde. In den kaiserlichen 1890er-Jahren begann die Polizei, „Listen der homosexuell Verdächtigen" anzulegen, die sie durch Beobachtung bekannter Treffpunkte der Schwulen, durch Verhöre und Denunziationen füllte. Mertés geriet 1896 zum ersten Mal ins Blickfeld der Polizei und in diese Listen, unter dem Vorwurf, einem Soldaten in Köln „für die Gestattung homosexueller Handlungen" Geld gegeben zu haben. Einige Jahre später wurde er verhaftet, als er mit einem jungen Mann angetroffen wurde und ihm das Hemd aus der Hose heraushing, wobei er nach der polizeilichen Logik diese „zweifellos heruntergelassen haben musste". Es gab weitere Vorwürfe und Verdächtigungen in Berlin und Köln, auch öffentlicher Art, aber Mertés hat sich immer vehement dagegen verwehrt, vor allem gegen den Eintrag in die Homosexuellen-Kartei. Seine Anwälte intervenierten beim Kölner Regierungspräsidenten und beim Berliner Innenminister, immerhin zählte Mertés selber zu diesen großbürgerlichen Kreisen, erreichten aber nichts. Er blieb in den Listen, gleichzeitig aber verfügte der Minister „aus Billigkeitsrücksichten", dass er „fortan seitens der Polizei nicht mehr als homosexuell verdächtig" behandelt wurde. Das war eine fast rheinische Lösung, denn Mertés wurde nie aufgrund dieser Vorwürfe verurteilt. Seinem couragierten Auftreten und Kampf gegen die Polizei allerdings verdankt die heutige Forschung immerhin die detailliertesten Informationen über diese Listen. So weiß man inzwischen einiges mehr über die Diskriminierung der in den Listen erfassten Männer in der wilhelminischen Zeit und die entsprechende Auswirkung auf ihr Leben und Ansehen.

58

BROHLTAL – VULKANPARK Vulkan-Express heißt die populäre Bahn, die in Brohl-Lützing am Rhein startet und ins Brohltal hinauffährt. Der Name hat wenig mit der Geschwindigkeit der Schmalspurbahn zu tun, sondern eher mit dem expressiven Vergnügen. Für die 18 Kilometer lange Strecke bis Engeln braucht sie rund eineinhalb Stunden, vorbei an Burgen, Wassermühlen und historischen Bahngebäuden, durch einen schmalen Tunnel und über ein atemberaubendes Viadukt. Immer wieder gibt es die Möglichkeit, die Reise für

Brohltal-Schmalspureisenbahn
Tel. 0 26 36–8 03 03 | www.vulkan-express.de
Di, Do, Sa und So von Karfreitag bis Ende Oktober

Vulkanpark Brohltal/Laacher See www.brohltal.de
Alle Informationen über Orte und Strecken,
den Vulkanpark, Verkehrsmittel, Sehenswürdigkeiten und
die Gastronomie des Brohltals.

Wanderungen oder Radtouren durch die schmucke Landschaft der Eifel zu unterbrechen. Gebaut wurde die Strecke Anfang des 20. Jahrhunderts, 1987 wurde sie jedoch stillgelegt und wird seitdem, außer bisweilen als Güterstrecke für Phonolit-Gestein für die Glasproduktion, von einem Verein engagierter Eisenbahnfreaks als Nostalgiebahn betrieben. Sie sind immerhin so erfolgreich, dass die Strecke im Sommer zweimal täglich bedient wird, wobei Geburtstagskinder, Fahrräder und Hunde immer umsonst befördert werden.
An drei verschiedenen Haltestellen starten Rundwanderwege durch den „Vulkanpark Brohltal/Laacher See", die als Tagestouren gedacht sind. An der Endstation Engeln informiert ein geologischer Garten über die wichtigsten erdgeschichtlichen Entwicklungen der Region, die eine der jüngsten Vulkanlandschaften Mitteleuropas ist. Bei allen Touren wird über Steinbrüche, Erdaufschlüsse, landschaftliche Besonderheiten sowie die typischen Gesteine Tuff, Lava und Basalt informiert. Aber neben den geologischen Themen geht es auch um Flora und Fauna, um Kirchen, Schlösser, Fachwerk- und Verkehrsbauten des Brohltals. Gut gemacht und schön zu wandern.

59 **NAMEDY** Ein paar Kilometer nördlich von Andernach, neben der B9, bevor sich die Bundesstraße mit einem großspurigen Brückenbauwerk um den Krahnenberg herumschlägt, liegt Namedy, ein kleiner Ort mit der frühgotischen Pfarrkirche St. Bartholomäus, die ursprünglich den Nonnen eines Zisterzienserinnenklosters als Gotteshaus diente. Der Ortsname geht auf die Burg Namedy zurück, die im 13. Jahrhundert als Wasserburg eines Andernacher Patriziergeschlechts gebaut, mehrfach erweitert und vergrößert wurde, bis sie 1896

Burg Namedy Namedy, Schlossstraße
Tel. 0 26 32–4 86 25 | www.burg-namedy.de

in die Hände eines Freiherrn von Solemacher-Antweiler geriet. Der war unter anderem auch Rittmeister der Kavallerie bei der kaiserlichen „Garde du Corps" in Berlin, der nobelsten Abteilung beim preußischen Militär, und freundete sich dort mit dem Kronprinzen und späteren Kaiser Wilhelm II. an. Von Solemacher wurde Kammerherr des Kaisers, dann Gouverneur von Norderney, profilierte sich aber ganz zivil auch als Experte für Garten- und Obstkultur. Aus Frankreich führte er etwa eine immer blühende Erdbeere ins Rheinland ein, die bis heute seinen Namen trägt, die „Solemacher-Erdbeere".

Ihm wird Geselligkeit, Humor und rheinischer Frohsinn nachgesagt, offensichtlich wohl auch Spielsucht. Solemacher organisierte auf Burg Namedy größere Zockerfeste in kleinerer Runde, unter anderem waren der Kaiser und andere Mitglieder des europäischen Hochadels dabei, aber auch Bismarck soll dort beim Kartenspiel gesehen worden sein. Das war zwar höchst verlogen, da die Berliner Regierung 1867 die Spielbank in Bad Ems geschlossen hatte – mit der Begründung, Glücksspiel sei unmoralisch –, aber hier in Namedy wurde außerhalb der Öffentlichkeit gezockt! Der Hausherr übernahm sich allerdings in der hochadeligen Spielhölle und musste 1907 seine Burg wegen Spielschulden verkaufen. Das hat ihm die Laune nicht verdorben, er ging nach Bonn, gründete dort die Gartenlehranstalt Friesdorf und präsidierte bis zu seinem Tod 1942 der Großen Bonner Karnevalsgesellschaft.

Die Burg Namedy ging in den Besitz einer Hohenzollern-Familie über, deren heutige Eigentümerin, Prinzessin Heide von Hohenzollern, das Gebäude aufwendig renoviert hat. Inzwischen ist die alte Burg ein feiner und hochmusikalischer Ort der Kultur mit Dichterlesungen, Konzerten und Gartenfesten, die alle öffentlich sind.

Erlebniszentrum Geysir Andernach | Tel. 0 26 32–29 84 21
Geöffnet im Sommer, Besichtigung mehrfach täglich.
Infos: www.geysir-andernach.de

Das achte Weltwunder Im November 2008 knallten im Andernacher Rathaus die Sektkorken. Man hatte es geschafft und die dahinsiechende Rheinstadt wieder eine Weltattraktion: den höchsten Kaltwassergeysir der Welt. Bestätigt durch den Eintrag im Guinness book of records. Jetzt endlich können die Touristen strömen, denn das gibt es weit und breit nicht, nur noch in der Slowakei und in den USA, aber eben nicht so hoch. Man kennt Geysire als Heißwasserfontänen, die aus der Erde schießen, aber der Andernacher ist kalt und darum eine Rarität. Kohlendioxyd mischt sich mit Grundwasser tief in der Erde, und irgendwann wird – wie bei einer Sprudelflasche – der Druck so groß, dass es einen Ausweg sucht: nach oben, und etwa 50 Meter hoch aus der Erde schießt. Man stieß Anfang des vorigen Jahrhunderts bei Mineralwasserbohrungen auf dieses Naturwunder, das schon vor dem Krieg Tausende anzog und von Ärzten als Heilwasser empfohlen wurde. Im Krieg wurde die Anlage beschädigt und in den 1950er-Jahren verschlossen. Sie stand der neu gebauten Bundesstraße über das Namedyer Werth im Weg. Die Halbinsel verwilderte und wurde zum Rückzugsgebiet für sel-

Der „Alte Krahnen" Andernach war lange Zeit ein bedeutender Umschlagplatz von Basalt und rheinischem Tuffstein, die beim Bau der romanischen Kirchen gebraucht wurden. Der harte Basalt wurde außerdem gerne für Mühlsteine verwendet. Die Rohlinge wurden auf dem Landweg von der Eifel bis nach Andernach transportiert und von dort dann auf dem Rhein bis nach Holland, Dänemark und England verschifft. Der „Alte Krahnen" aus dem 16. Jahrhundert, der wie ein Schlossturm wirkt, war ein technisches Meisterwerk und wurde bis 1911 zum Verladen der schweren Mühlsteine benutzt.

i **Alter Krahnen** Tel. 0 26 32–9 22-2 18
Am nördlichen Rheinufer in Andernach, Besichtigung durch das Stadtmuseum.

i **Alle Informationen zu Andernach**
www.andernach.net

i **Die Mikwe in Andernach** Unter dem Andernacher Rathaus, jüdisches Ritualbad aus dem Hochmittelalter, Besichtigung im Rahmen der Stadtführungen.

tenes Gefieder wie den Eisvogel, den Schwarzmilan oder den Gelbspötter und dient als Schlafplatz für Fledermäuse. Ein Naturparadies. Als nun in den 90er-Jahren die Stadt Andernach den Geysir wieder öffnen wollte, verhinderten Vogelfreunde und Naturschützer jahrelang mithilfe der Gerichte den Ausbau, bis man sich endlich auf eine naturverträgliche Lösung einigte. 2009 wird in Andernach am Ufer ein Erlebniszentrum eröffnet, mit allen touristischen Raffinessen und sprudeligen Informationen. Und von dort geht's per Schiff zur Halbinsel und zum Geysir. Dem wird mit Hilfe von Schiebern die Luft abgedreht, bis er wieder genug Power hat und mit mit neuem Schwung und zum Staunen der Gäste hoch in die Lüfte schießt.

In der Weimarer Republik gab es auf der damals wirklich noch unberührten Insel Namedy große Ferienlager – von den Sozialisten und der Arbeiterbewegung vor allem aus Köln organisiert, mit Tausenden Jungen und Mädchen, die sich hier im Sommer in einer „Kinderrepublik" austoben konnten. Die Kölner Kirchenzeitung protestierte wegen der „sozialdemokratischen Entfremdung" der jungen Menschen. Aber vergeblich.

60 **ANDERNACH** Die Kölner hören ja gern, ihre Stadt sei die nördlichste Stadt Italiens. Das ist ziemlich großspurig. An der These, Andernach sei der südlichste Punkt Kölns, ist allerdings etwas dran, jedenfalls war das so im mittelalterlichen Rheinland. Kaiser Friedrich Barbarossa hatte im Jahre 1167 dem Kölner Erzbischof Rainald von Dassel Andernach für seine „Verdienste um Mailand" vermacht. Als der Erzbischof mit den Verdiensten und den aufsässigen norditalienischen Bürgern fertig war, stand zwar von Mailand nichts mehr, aber immerhin haben seitdem die Kölner die Knochen der Hl. Drei Könige.

Gedenktafel für Charles Bukowski
Andernach, Aktienstraße 12
Am 16.8.1920 wurde Charles Bukowski, der amerikanische Underground- & Trash-Poet, als Sohn eines US-Soldaten und der Andernacherin Katharina Fett in Andernach geboren, er wanderte aber schon im Alter von zwei Jahren in die USA aus.

Und der Erzbischof hatte Andernach. Kirchlich gehörte der Ort zu Trier, politisch zu Köln. Er hatte eine wichtige Bedeutung als südlicher Eckpunkt von Kurköln und auch als drittgrößter Steuerzahler im Kurfürstentum. Die teilweise erhaltene Stadtmauer, Kirchen und einige spätmittelalterliche Höfe, Türme und die Burgruine zeugen von der früheren Größe.

Ein großes Stadtfest im Juli, das Bäckerjungenfest, erinnert jährlich an den Kampf um die Autonomie Andernachs im Mittelalter. Damals war den Linzern der äußerst profitable Zoll weggenommen und nach Andernach verlegt worden. Darüber waren die Linzer so empört, dass sie Andernach überfielen – behauptet die Geschichte von den Bäckerjungen. Zufällig an dem frühen Morgen, als sich die Linzer Streitmacht heimlich Andernach näherte und die Wächter noch schliefen, hatten sich zwei Bäckerjungen auf die Stadtmauer geschlichen, um vom Honig der Bienen überm Stadttor zu naschen. Als die beiden nun die Feinde im Anmarsch sahen, schmissen sie geistesgegenwärtig den Linzern die Bienenkörbe auf den Kopf und die Bienen erledigten den Rest. Dieser Andernacher Rettungsmythos wird jährlich vor dem Stadttor auf einer großen Bühne am Rheinufer nachgespielt und zwei Tage lang gefeiert.

Das Lied der Bäckerjungen

Morgens in der Frühe, es war noch ziemlich kalt,
da machten wir beim Rundgang, am Wachtor vorne halt.
Der Wächter tat fest schlafen, vom Rhein her kam Gefahr,
es waren fremde Krieger, sie waren schon sehr nah.

Die Feinde kamen hurtig, mit einem Stamm herbei,
das Tor wollten sie brechen, doch oben war´n wir zwei.
Wir ließen sie gewähren, bis alle standen da,
und dann kam unser Angriff, hört selbst, was dann geschah.

Wir hatten viele Freunde, die halfen beim Gefecht,
den Männern, den dort unten, den ging es ziemlich schlecht.
Denn diese Bienenkörbe, die flogen auf sie drauf,
vor den Stichen, flohen sie weg, in schnellem Lauf.

61

WEISSENTHURM Benannt nach einem früheren Zoll- und Wachturm an der Grenze des Kurtrierer Gebiets, ist Weissenthurm einer dieser Orte am Rhein, die man schneller vergisst, als man sie kennengelernt hat. Kennenlernen ist übertrieben, denn in dieser offensichtlichen Schlafstadt im Einzugsgebiet von Koblenz gibt es nichts, was das Auge beglückt oder die Sinne befriedigt, aber auch nicht das Gegenteil. Man findet einfach nichts Besonderes. Bis auf eine kleine Ausnahme: Mitten im Ort führt von der Hauptstraße in einem leichten Bogen eine Seitenstraße, die „Am Hoche" heißt, einen Hügel hinauf. Man gelangt auf ein Plateau mit einer gepflegten Anlage, in der sich ein monumentales Mausoleum für den französischen General Lazare Hoche befindet. Der General hatte im Jahre 1797 vor der Schlacht bei Neuwied rund 40 000 französische Soldaten nicht weit von dieser Stelle entfernt über den Rhein und gegen die Preußen geführt. Kurze Zeit später ist Hoche allerdings an einer „Unterleibskrankheit" in Wetzlar verschieden. Schon im Jahr darauf errichtete die Armee einen acht Meter hohen Obelisken, mit einer Grabkammer im Sockel des Denkmals. So weit, so gewöhnlich. Erstaunlich ist, dass das Grabmal auch nach dem Ende der Franzosenzeit 1814 gepflegt und bis in die jüngste Zeit der Bundesrepublik von einem französischen Wächter beaufsichtigt wurde. All das wirft Fragen auf. Vielleicht ist das Interesse am General damit zu erklären, dass Lazare Hoche ein großer Freund der „Zisrhenanier", wörtlich der „Doppelrheinländer", war, die im Unterschied zu den Frankophilen – die einen direkten Anschluss der Rheinlande an Frankreich suchten – für eine eigene, aber mit Frankreich verbundene rheinische Republik fochten, eben die „beiden Rheinlande". Sie hatten dafür auch schon eine eigene Fahne: in Anlehnung an die französische in „Blau-Weiß-Rot" ihre in „Grün-Weiß-Rot", die rheinische Trikolore.

Überwege Die wichtigsten Bauwerke im Rheintal, wenn auch nicht die schönsten, sind Fußgängerbrücken. Mit ungeahnter Akrobatik in Stahl und Beton versuchen Ingenieure und Architekten die Grenzen zu überwinden, die die Bahntrasse oder die Bundesstraße an beiden Ufern zwischen die Menschen und den Fluss gelegt hat. Die entscheidende Frage lautet immer: Wie kommt man hinüber?

Ihr Partner - Die Sparkasse

Besucherzentrum Kernkraftwerk Mülheim-Kärlich
Tel. 0 26 37–64 44 56

62 AKW MÜLHEIM-KÄRLICH

Die von Industrieanlagen durchsetzte Landschaft des Neuwieder Beckens wird vom Kühlturm des Atomkraftwerks Mülheim-Kärlich beherrscht. Von welcher Seite man auch von den umliegenden Höhen ins Becken schaut, ob man auf dem Ehrenbreitstein oder auf dem Burgturm vom Sayn steht, immer sieht man in der Mitte den Kühlturm. Es lohnt ein Ausflug ganz nah heran, am besten mit jungen Menschen, um ihnen den Irrsinn und die Absurdität des Atomkraftwerks vor Augen zu führen. Gebaut wurde das AKW von der RWE ab 1975, in den über 30 Jahren seiner Existenz hat der Reaktor genau 13 Monate Strom erzeugt. Was er allerdings unendlich produziert hat, sind Geschichten von ungültigen Genehmigungen, seinerzeit noch vom rheinland-pfälzischen Ministerpräsidenten Helmut Kohl ausgestellt, von fehlenden Sicherheitsprüfungen, Geschichten von staatlichen Behörden und der Atomlobby der Energiewirtschaft, Geschichten vor Gericht und natürlich nicht zuletzt von Atomkraftgegnern, voran die Stadt Neuwied, die 19 Jahre lang gegen das Kraftwerk geklagt hatte. Nach dem historischen Kompromiss der rot-grünen Bundesregierung mit der Atomindustrie im Jahre 2001 wurde sofort ein Antrag auf Abriss von Mülheim-Kärlich gestellt, der voraussichtlich erst 2015 erfolgt sein wird. Wenn es so weit ist, hat der ganze Irrsinn mehr als vier Milliarden Euro gekostet, wovon den größten Teil die Steuerzahler und die Stromkunden der RWE gezahlt haben. Solange der Druckwasserreaktor noch steht, lohnt eine Wanderung entlang dem modernen Festungsgürtel mit Betongitterzaun und NATO-Stacheldraht, mit Laufgraben und beleuchtetem Kontrollgang, mit fensterlosen Hallen und unendlich leeren Brachen – die Besichtigung dieser Fortschrittsruine, die noch lange und täglich Abertausende Euro verschlingt.

63

CÄSARS BRÜCKE

Ziemlich genau im Rücken des heutigen AKWs in Richtung Urmitz stößt man auf ein sowohl hochpolitisch wie technikgeschichtlich bedeutsames Areal, obwohl weit und breit gar nichts davon zu sehen ist. An dieser Stelle mitten im Neuwieder Becken, etwa auf halber Strecke zwischen dem Urmitzer und dem Weissenthurmer Werth, wurde das allererste Mal eine Brücke über den Rhein geschlagen. Mit dieser Brücke, die 55 v. Chr. während des Gallischen Krieges (58 bis 51 v. Chr.) gebaut wurde, wollte Cäsar die Macht Roms demonstrieren und die rechtsrheinischen Germanen einschüchtern. Er wollte aber auch gegen die feindlichen Sugambrer vorgehen und die verbündeten Ubier schützen. Nachdem Cäsar die erste Brücke wieder abgebaut hatte, ließ er 52 v. Chr. eine zweite bauen. Für damalige Verhältnisse war sie eine technische Meisterleistung, mit der sich seitdem zahlreiche Ingenieure, Militärs und sogar Napoleon persönlich beschäftigt haben. Cäsar selbst hat den Bau im „Gallischen Krieg" ausführlich beschrieben. Massenhaft mussten Bäume gefällt, bearbeitet und transportiert, dann im Rhein verankert, in den Untergrund gerammt und mit einer begehbaren Decke verbunden werden. Das alles innerhalb von zehn Tagen. Vielleicht hat das die germanischen Schlachtenbummler seinerzeit beeindruckt, militärisch allerdings waren die Übergänge eine Pleite: Die Germanen zogen sich in unwegsames Gelände zurück, die tapferen Römer konnten nur die verlassenen Dörfer und Felder verwüsten und mussten nach wenigen Tagen wieder ans linke Ufer zurückkehren.

KOBLENZ

Der gewöhnliche Rheinländer, sofern er nicht Eingeborener in Koblenz ist, kennt die Stadt nur vom Durchrauschen: mit dem IC am Rhein entlang oder mit dem Auto über die eleganten Bögen der B9 und die Brückenbauwerke anderer Schnellstraßen, die sich alle im Zentrum von Koblenz zu treffen scheinen. Man wirft vielleicht einen kurzen Blick auf die Stadt hinunter und schon ist man durch und vorbei.
Wenn man dann aber ganz zufällig einmal aussteigt, vielleicht einen Spaziergang in der Altstadt macht oder am Rheinufer sitzt und an der Mosel spazieren geht oder wenn man auf die andere Uferseite des Rheins hoch auf den Ehrenbreitstein fährt und den weiten Blick über den Zusammenfluss von Mosel und Rhein und das weite Becken nach Norden genießt, dann ist man doch ziemlich erstaunt, was man bisher alles verpasst hat: ein Ensemble von Straßen und Gassen in der Altstadt, wohlproportionierten Häusern und Geschäften, von Kirchen und Treppen und Durchgängen und immer wieder Plätzen, deren vitale Urbanität kaum in Bonn oder Mainz und ganz sicher nicht in Köln anzutreffen ist. Das verwundert umso mehr, als Koblenz zu großen Teilen im Krieg zerstört wurde. Als wichtige Garnisons- und Militärstadt mit zahlreichen Kasernen und als zentraler Eisenbahnknotenpunkt, über den der Nachschub nach Frankreich lief, wurde sie heftig bombardiert. Zu dem Überraschenden kommt heute eine lebendige Szene mit Kulturstätten und Kneipen, vielen angenehmen Cafés und guten Geschäften – vielleicht hat das etwas damit zu tun, dass Koblenz weit genug von den nächsten Metropolen entfernt ist, um ein vergleichsweise autonomes Flair zu entfalten. Es lohnt sich jedenfalls auszusteigen.

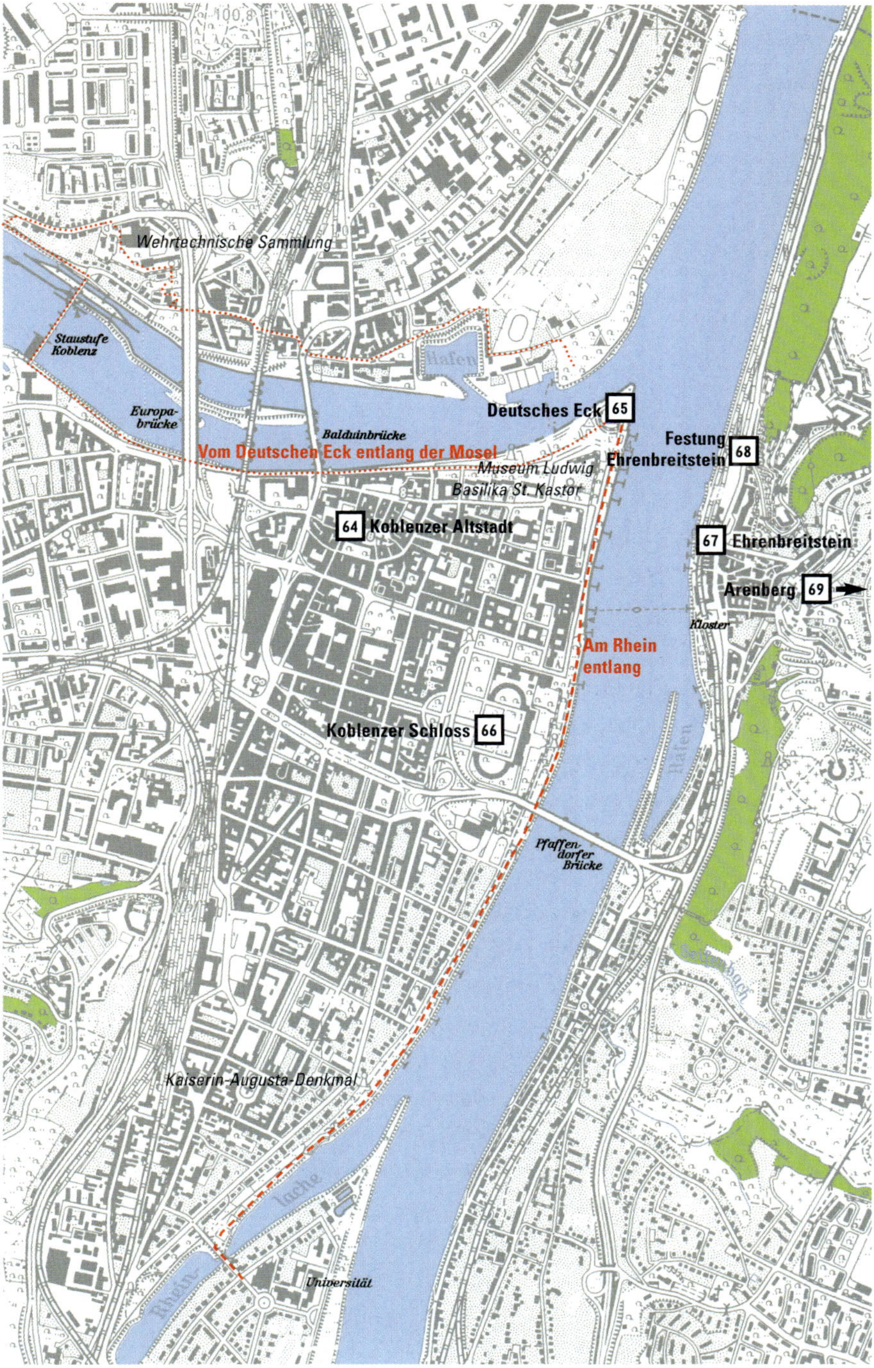
Wehrtechnische Sammlung
Staustufe Koblenz
Europabrücke
Balduinbrücke
Deutsches Eck 65
Festung Ehrenbreitstein 68
Vom Deutschen Eck entlang der Mosel
Museum Ludwig
Basilika St. Kastor
64 Koblenzer Altstadt
67 Ehrenbreitstein
Arenberg 69
Kloster
Am Rhein entlang
Koblenzer Schloss 66
Hafen
Pfaffendorfer Brücke
Kaiserin-Augusta-Denkmal
Rheinlache
Universität

Restaurant Dormont's Koblenz, Gemüsegasse 5 I Tel. 02 61–3 00 21 10 I www.dormonts.mittags.de
Gute Qualität der Küche, ausgesuchte offene Weine und kreativ-gemütliches Interieur.

Cafe einstein Koblenz, Firmungsstraße 30 I Tel. 02 61–9 14 49 99 I www.einstein-koblenz.de I Großzügiges Café und Restaurant in der Fußgängerzone mit italienischem Flair, galanter Küche und normalen Preisen.

Da Vinci Koblenz, Firmungsstraße 32b I Tel. 02 61–9 21 54 44 I www.davinci-koblenz.de I Derselbe Betreiber wie vom „einstein" bietet gleich nebenan eine edel-gehobene italienische Küche zu gehobenen Preisen in elegantem Ambiente.

Kaffeewirtschaft Münzplatz Koblenz, Münzplatz I www.kaffeewirtschaft.de
Traditioneller Künstlertreff, vorzügliche Küche und Lieblingscafé von Museumsdirektor Mario Kramp.

64 KOBLENZER ALTSTADT

Das Zentrum zwischen Friedrich-Ebert- und Moselring, in dem Bereich, wo Rhein und Mosel zusammenfließen, ist in vielen Teilen verkehrsberuhigt und autofrei, sodass man dort gut die Stadt erkunden kann. Man schlägt etwa einen Halbkreis von der Balduinbrücke über den Altengraben und den Entenpfuhl zur Kornpfortenstraße, bis man wieder an der Mosel steht. Damit hat man fast das Gebiet umrundet, das vor 2000 Jahren den Römern als Quartier diente. Dort mittendrin, etwas erhöht und somit garantiert hochwasserfrei, steht die **Liebfrauenkirche** vom Ende des 12. Jahrhunderts, die zentrale Stadtkirche von Koblenz. Über dem Eingang ist eine prächtige Marienfigur zu sehen – geschmückt mit der Bürgermeisterkette, damit gleich klar ist, wer hier das Sagen hat.

Mit wenigen Schritten ist man am **Münzplatz** und am **Haus Metternich**. 1773 wurde hier der spätere Fürst und österreichische Staatskanzler Klemens von Metternich geboren, der 1815 entscheidend dazu beigetragen hatte, dass das Rheinland bei der Neuordnung Europas beim Wiener Kongress an Preußen fiel. Das lag eigentlich gar nicht in Preußens Interesse, die lieber Sachsen gehabt hätten, was aber die Österreicher nicht wollten. Man nannte Metternich später den „Kanzler Europas", der Spitzname unter den Zeitgenossen war weniger poetisch: „FFF" für „fin, faux, fanfaron"– zu Deutsch: „durchtrieben, falsch und großmäulig". Die Koblenzer haben bis heute ein ambivalentes Verhältnis zu diesem Sohn der Stadt, was man durchaus auch seinem fantasielos erneuerten Geburtshaus und dem langweiligen Münzplatz davor ansehen kann.

Über die schmalen Gassen erreicht man schnell den **Florinsmarkt** mit einem Ensemble spätgotischer Häuser. Im früheren Kauf- und Danzhaus ist das bekannte

Mittelrhein-Museum Koblenz, Florinsmarkt 15–17 | Tel. 02 61–1 29-25 20 www.mittelrhein-museum.de | 2000 Jahre Kulturgeschichte des Rheinlands, zahlreiche Kunstobjekte, große Gemäldegalerie. Ausgezeichnete aktuelle Sonderausstellungen zu kulturhistorischen und Kunst-Themen.

Café Palais Koblenz, Firmungsstraße 2 | Tel. 02 61–1 00 58 33 www.palais-koblenz.de | Flämisch anmutendes Café in einem Kaufhaus der Jahrhundertwende, mit großem Lichthof, breiten Galerien und Treppen, vielen Zeitungen, großzügig eingerichtet mit viel Platz und guter Sicht auf den Görresplatz. Leckere Küche bei zivilen Preisen.

Mittelrhein-Museum untergebracht, das eine umfangreiche Sammlung zur Kunst- und Kulturgeschichte des Rheinlands, unter anderem eine qualitätsvolle Gemäldesammlung, besitzt. Die benachbarte **Florinskirche** ist nach einem hochmittelalterlichen Heiligen benannt, der als gebürtiger Südtiroler eigentlich nichts mit dem Rheinland zu tun hatte. Ein schwäbischer Herzog hatte im 10. Jahrhundert seine Knochen nach Koblenz verschleppt, wo sie sich schon deswegen großer Beliebtheit erfreuten, weil diesem Florin die wunderbare Fähigkeit nachgesagt wurde, aus Wasser Wein zu machen. Ein Wunder, das ansonsten dem Religionsstifter Jesus selber vorbehalten war, aber natürlich bei den Winzern an Rhein und Mosel als frommes Muster für zahlreiche Nachahmungsversuche diente. An der Außenfassade der Kirche ist Florin mit einem Weinkrug in der Hand zu sehen.

„... liebenswürdige Leute von gutem, altem Schlage, mit etwas mehr Leichtigkeit und Leben als die Kölner. Die Weiber sind meistens sehr hübsch, sogar schön; der Wein und das Brot ganz vortrefflich; die Luft durch die vielen Flüsse, die dort zusammentreffen, und durch das schützende Gebirge rein und mild; man atmet mit ungewöhnlicher Leichtigkeit; weniger Luxus, aber mehr guten Geschmack in Kleidern und Hausgerät als in Köln; und die Gegend, die Gegend! ..."
Dorothea Schlegel an Friedrich Schlegel, August 1808

Politisch wichtig wurde die Kirche mit den Preußen, die im katholischen Koblenz kein repräsentatives Gotteshaus vorfanden, als sie hier einmarschierten. Friedrich Wilhelm III. stellte schließlich der evangelischen Militär- und Zivilgemeinde die Florinskirche zur Verfügung und beteiligte sich finanziell am Ausbau. Obwohl bis heute die Protestanten soziologisch in der Minderzahl sind – fast 60 Prozent der Koblenzer sind immer noch katholisch und nur knapp 20 Prozent evangelisch –, hat die enge Liaison von Thron und Altar, von protestantischem Königshaus und evangelischem Staatskirchentum, in Koblenz immer eine wichtige und nicht immer positive Rolle gespielt.

Am Rathaus in Koblenz

Lorenz Hotel, Restaurant, Bar, Café
Koblenz, Jesuitenplatz 1–3 | Tel. 02 61–13 33 60
www.lorenz-koblenz.de | €€ | Designhotel und hell gestaltetes Café direkt am Jesuitenplatz mit schöner Terrasse, guter Küche im Restaurant und bisweilen Livemusik. Gehört zur Veltins-Brauerei.

Hotel & Weinstube Kornpforte Koblenz
Kornpfortestraße 11 | Tel. 02 61–3 11 74 | www.hotel-kornpforte.de | €€
Altstadthotel mit gemütlicher, aber akzeptabler Einrichtung und guter Lage.

Der **Jesuitenplatz** ist einer der angenehmsten Plätze in der Altstadt. In der Mitte steht auf einem Sockel die imposante Figur eines Johannes Müller, von dem selbst die meisten Koblenzer nicht wissen, dass dieser Sohn der Stadt aus dem frühen 19. Jahrhundert der Begründer der neuzeitlichen Physiologie und naturwissenschaftlich fundierten Heilkunde ist. Den Rücken hat Johannes Müller gen Rathaus gewandt, einst Kloster und Gymnasium der Jesuiten, die der Kurfürst 1580 in der Zeit der Gegenreformation an die Mosel holte, um die Koblenzer vor allen Ideen der neuen Religion zu schützen. Der Bauschmuck und die Fassaden mit Renaissance- und Barockelementen lassen deutlich die Erbauungszeit im 16. und 17. Jahrhundert erkennen. Die Jesuitenkirche in der Ecke des Platzes, von der im Krieg nur die Fassade übrig blieb, wurde von dem Kölner Architekten Gottfried Böhm in den 1950er-Jahren neu errichtet. Sie ist ein passables Beispiel für Betonarchitektur der Zeit, mit schweren Arkaden rechts und links im Hauptschiff, in denen sich ein halbes Dutzend Beichtkabinen befinden, die wie fromme Kioske aussehen. Doch bei aller historischen Bedeutsamkeit rundherum ist der Jesuitenplatz ein überschaubarer und angenehmer Aufenthaltsort geblieben, mit Café und Eisdiele, einem modernen Hotel, kleinen Läden des gehobenen Bedarfs und rundherum allen Möglichkeiten des Konsums für den modernen und begüterten Flaneur.

WELTERBE RHEINTAL

Als im Jahr 2002 das Mittelrheintal von der UNESCO zum Welterbe erklärt wurde, knallten rechts und links des Rheins die Sektkorken. Tourismusmanager, Bürgermeister und Gastwirte erhofften sich von diesem international renommierten Prädikat einen Aufschwung ihrer Region. Zwar zählt das Rheinland zu den ältesten Tourismusregionen in Deutschland, vielleicht war es sogar die erste überhaupt, aber seit einiger Zeit geht es hier aufgrund von Billigangeboten, Überalterung, fehlendem Service, aber auch durch Zersiedlung der Landschaft, durch die Verkehrsprobleme mit Bahn und Straße und den schleichenden Verfall mancher Burgen und Baudenkmäler bergab. Vor allem seit den 1990er-Jahren gingen die Besucherzahlen zurück.

Jetzt steht das Rheintal neben einigen der schönsten Kulturlandschaften der Erde auf einer langen Liste repräsentativer Orte. Allerdings nicht das ganze Rheintal, sondern nur die rund 65 Kilometer von Bingen bis Koblenz. Die Mainzer Landesregierung, die den Antrag gestellt hat, der über Kultur- und Außenministerium an die UNESCO gelangte, mochte den nördlichen Teil über Koblenz hinaus nicht dabeihaben. Als stärker industrialisierter Teil des Rheintals gilt er ästhetisch offenbar als anrüchig. Das ist allerdings weder historisch noch geografisch nachzuvollziehen, endet doch das Mittelrheintal geologisch mit dem Siebengebirge, also bei Bonn. Und sind nicht Kölner Dom oder Brühler Schloss, Neuwied oder Andernach genauso Teile des historischen Erbes der Rheinromantik?

Zum Welterbe wird eine Landschaft, die sich durch natürliche Vielfalt und Schönheit und charakteristische Strukturen zwischen Mensch und Natur auszeichnet. Das betrifft beim Rheintal die natürliche Ausformung der Flusslandschaft, die Ausgestaltung durch seine Bewohner, aber auch die Bedeutung des Rheins als kulturelle Achse im Austausch zwischen der Mittelmeerregion und dem Norden Europas.

Kulturlandschaft ist die Gesamtheit der gestalteten Region, von den historischen Bauten, den Burgen, Kirchen und Schlössern, den zusammengedrängten Siedlungen am Ufer und den Seitentälern des Rheins, über den typischen Weinbau in den Steillagen, mit den terrassierten Hängen, Stützmauern und Wegen und den seltenen Pflanzen und Tieren, die sich dank des günstigen Klimas und dieser Vegetation hier halten konnten, und weiter bis zur Literatur, Musik und Kunst, als Ausdruck der mentalen Besonderheiten des Rheinlands.

www.welterbemittelrhein.de

„Tschingbumm! Ein Faustschlag aus Stein. Zunächst blieb einem der Atem weg. Sah man näher hin, so entdeckte man, dass es ein herrliches, wilhelminisches, ein künstlerisches Kunstwerk war. Das Ding sah aus wie ein gigantischer Tortenaufsatz und repräsentierte jenes Deutschland, das am Krieg schuld gewesen ist. Oben jener auf einem riesigen Gefechtshengst wie aus einer Wagneroper. Hoitoto!"
Kurt Tucholsky

65 DEUTSCHES ECK

Den Namen für diese bekannteste Ecke in Deutschland haben wir dem „Deutschen Orden" zu verdanken und nicht dem deutschen Kaiser. Bereits im 13. Jahrhundert siedelte sich der Deutsche Ritterorden am Zusammenfluss von Rhein und Mosel an und seitdem heißt dieser Ort „Deutsches Eck". Der Kaiser kam erst 1897 dazu. Dafür wurde der „Hundsschwanz", die Landspitze, die den äußersten Ausläufer des Hunsrück formt, extra befestigt und angeschüttet – und Wilhelm I. hier aufs Pferd gesetzt.

Zwischendurch gab es keinen Kaiser mehr am Deutschen Eck, er war von den Amerikanern im März 1945 abgeschossen worden. Fast 50 Jahre blieb der Sockel leer, bis 1993 ein neuer Wilhelm kam, per Schiff aus Düsseldorf und von dem Koblenzer Verleger der Rheinzeitung, Werner Theisen, mit 1,5 Millionen Euro gesponsert. Manche in Koblenz sehen das ganz unpolitisch, denken an die Gestaltung dieses städtebaulichen Fixpunkts oder an die Tradition. Aber man sollte einmal in diese Siegeshalle der „Deutschen Einheit" hinaufsteigen und die Namen der Bundesländer auf den Schildern an den rückwärtigen Säulen lesen. Und wenn man dann neben Rheinland-Pfalz auch Pommern findet, oder hinter Hamburg auch Ostpreußen und Schlesien, dann wird man doch skeptisch, welche Einheit hier gemeint ist.

Viel schöner ist das alte Deutsche Eck, eine Plattform auf romanischem Fundament in dem hohen Winkel der Mauern, die das **Ludwig Museum** abschirmen. An diesem lauschigen Platz, vis-à-vis dem Museumseingang, steht und sitzt man, oder liegt auch auf der Wiese nebenan, hoch über der Promenade und verdeckt vom Grün der Kastanien, geschützt auch vor dem Blick auf den Reiter. Ein schöner Platz für ein Picknick an einem Sommerabend, den man erst einmal entdecken muss.

Mittendrin befindet sich ein seltener Ort der Kunst: „Dépot de mémoire et d´oubli".

Ein Militär mit Witz kommt selten vor, wie der russische Stadtkommandant vor dem Kastorbrunnen. (Bild rechts)

Ludwig Museum im Deutschherrenhaus Koblenz, Danziger Freiheit 1 | Tel. 02 61–30 40 40
www.ludwigmuseum.org

Marmorblöcke, Quader, Säulen und Platten oder Würfel, teils offensichtlich bearbeitet, teils offenbar wie abgebrochen, und alles wie auf einem Bauhof hingeworfen. In die großen Steinbrocken sind Wörter eingemeißelt: „Finsternis“ oder „Amnesie“, „Augenzeuge“ und der Satz „Worte sind Schatten“ oder die Behauptung „Es zerfällt“. Mitten hinein stößt wie der Blitz ein riesiger silberner Pfeil. Auf Deutsch lautet der Titel dieser Arbeit der französischen Künstler Anne und Patrick Poirier „Stätte der Erinnerung und des Vergessens“, und tatsächlich wirkt sie wie ein Kommentar zum Kaiser-Denkmal, dem Ausdruck der großen deutschen „Amnesie“. Trotz allem Tourismus am Deutschen Eck bietet wenige Schritte entfernt das weite Gelände des früheren Deutschen Ordens und der nebenan liegenden Basilika St. Kastor viel Platz und einiges zu schauen und zu staunen. Das einzige erhaltene Gebäude des früheren Ordens dient als Domizil für das Ludwig Museum, das sich natürlich wie alle anderen „Ludwigs“ in Köln, Aachen oder Oberhausen der bleibenden Erinnerung an den Schokoladenmäzen Peter Ludwig, aber hier besonders dem deutsch-französischen Kunst- und Künstleraustausch verschrieben hat. Eine weite Parkanlage zieht sich nach **St. Kastor** hinüber bis zu einem geometrisch gestalteten Rosengarten jenseits der Kirche.

Diese Kirche ist groß und berühmt, sie war immer ein repräsentativer Bau, ein Ort für Offizielles, wie zum Beispiel die Teilung des Fränkischen Reiches im 9. Jahrhundert, als sich in St. Kastor nach dem Tod des Regenten die Könige und Nachfolger trafen, um ihre Erbstreitigkeiten zu regeln. Ähnlich offiziell ging es hier häufiger zu, so auch in der Franzosenzeit nach 1794, als die zögernden Rheinländer von den Segnungen der Revolution überzeugt werden sollten. Damals wurden republikanische Feste mit Gesang, Reden und Feiern für die Ideale von Freiheit und

Gleichheit eingeführt. Die Kirchen wurden in „Tempel der Vernunft“ umgewandelt und auf dem Altar einer „Göttin der Vernunft“ als höchstem Wesen Hymnen dargebracht – so in St. Kastor am 26. April 1798. Der Name Kastor erinnert an den ältesten Ortsheiligen, einen Franzosen aus dem 4. Jahrhundert – insofern passt die Nachbarschaft zum Museum –, der als Einsiedler in Karden an der Mosel lebte und dessen Knochen auf wundersame Weise 500 Jahre später wiederentdeckt und im 9. Jahrhundert nach Koblenz gebracht wurden. Dort ist er nun gemeinsam mit den sterblichen Überresten einer weiteren prominenten Stadtheiligen namens Rizza in einem Reliquienschrein beigesetzt.

Von bemerkenswertem Charme zeugt ein klassizistischer **Brunnen vor St. Kastor**, auf dem man zwei französische Inschriften findet. Auf der ersten erinnert der französische Präfekt von Koblenz, Jules Doazan, 1812 „an den Feldzug gegen die Russen“. Auf der zweiten Inschrift heißt es ins Deutsche übersetzt: „Gesehen und genehmigt durch mich, den russischen Stadtkommandanten von Koblenz. Am 1. Januar 1814.“ Das Ganze ist ein Bonmot, denn in dieser kurzen Zeit zwischen 1812 und 1814 hatte sich das Blatt gewendet: Die Franzosen waren geschlagen, die vereinten europäischen Armeen über den Rhein gelangt und Koblenz hatte statt des französischen einen russischen Stadtkommandanten. Dem berichtete man bald von dem Gedenkbrunnen an den Russlandfeldzug. Aber anstatt das Ganze abzureißen, setzte er einfach seinen Stempel darunter. Ein seltenes Beispiel für den Umgang mit Denkmälern und vielleicht ein Muster, vor allem bei Regimewechseln.

Der Weg vom Deutschen Eck entlang der Mosel Ein Spaziergang vom Deutschen Eck entlang der Mosel illustriert am besten, dass Koblenz seinem Ursprung nach eine Moselstadt ist und nicht am Rhein entstand. „Confluentes", der Zusammenfluss von Mosel und Rhein, gab den strategischen Punkt der Stadt an, daraus ist der Name „Koblenz" entstanden. Die Römer haben sich vor allem deshalb hier niedergelassen, um die wichtige Straße von Mainz nach Köln kontrollieren zu können, die mit einer Pfahlbrücke über die Mosel führte.

Der Weg am Moselufer entlang zeigt deutlich die Orientierung der historischen Bauten und Fronten zu diesem Fluss hin: sehr schön zu sehen an einem der ältesten Zivilbauten, dem „Gasthaus Deutscher Kaiser" mit seinem turmartigen Aufbau. Dann folgt das alte „Kauf- und Danzhaus", heute Sitz des Mittelrhein-Museums, dessen schönsten Blick der Museumsdirektor von dem luftigen Barockbalkon hinüber nach Lützel genießt. Bald erreicht man die „Alte Burg", die der Trierer Kurfürst im 13. Jahrhundert als Festung gegen die nach Selbstständigkeit strebenden Koblenzer errichten ließ.

Der Weg führt unter der **Balduinbrücke** hindurch, der ersten Steinbrücke über die Mosel, die zur Amtszeit des Kurfürsten Balduin von Luxemburg im 14. Jahrhundert errichtet wurde. Aber so alt sie auch wirkt, in den 1970er-Jahren wurde sie massiv modernisiert – nur sieht man das nicht, da die moderne Hohlrahmenkonstruktion mit alten Steinen verkleidet wurde. Der Umbau und die Erweiterung der Durchfahrt zwischen den engen Brückenbogen waren notwendig, da nach einem deutsch-französischen Regierungsabkommen die Mosel durch neue Staustufen und Schleusen besser schiffbar gemacht werden sollte und die erste Staustufe direkt hinter der Brücke eingerichtet wurde. Seitdem passen auch die Schub- und vor allem die

Wehrtechnische Studiensammlung der Bundeswehr Koblenz, Mayenerstraße 85–87
Tel. 02 61–4 00-14 23 | www.bwb.org/wts
Ein Besuch bietet sich vor allem mit Kindern und Jugendlichen in Verbindung mit einer Besichtigung des Friedensmuseums in der Brücke von Remagen an – Thema: Der Krieg. Ursachen und Folgen.

großen Kabinenschiffe unter der Balduinbrücke hindurch. Der Weg geht weiter unter der Eisenbahn- und der Europabrücke hindurch, immer den Blick auf Lützel, das „kleinere" Koblenz – und in der Wahrnehmung der alten Koblenzer auch der schäbigere Teil der Stadt. So sprechen die alten Koblenzer immer noch davon, „über den Jordan" zu gehen, wenn sie einmal auf die andere Seite der Mosel müssen. Über den Uferweg erreicht man dann die erste **Moselstaustufe** und findet einen passablen Fußweg oben auf dem Wehr mit einem schönen Rundblick über Koblenz und vor allem nach Westen auf das breite Tal der Mosel. Zunächst überquert man dabei ein integriertes Kraftwerk, dann die Tore des Wehrs, und fast schon auf der anderen Seite steht man über den Schleusenkammern und kann von oben herab die Höhenunterschiede beim Wasserstand erkennen, den die Schiffe überwinden müssen. Zehn Staustufen gibt es insgesamt im deutschen Teil der Mosel, die mit jährlich über 15 Millionen Tonnen Gütern zu den viel befahrenen Binnenwasserstraßen Europas zählt. Aber auch der Personenverkehr spielt gerade für Koblenz eine wichtige Rolle, davon zeugen die vielen, meist holländischen Kabinenschiffe am Ufer, mit denen niederländische und vor allem englische Touristen zu den populären Mosel- oder Rheinfahrten starten.
Auf der anderen Seite des Ufers verläuft ein Fußweg moselaufwärts, an den Gärten der höher gelegenen Häuser vorbei, bis er in einer verwilderten Grünanlage zickzack hinauf auf die Mayener Straße führt. Wenn man diese Straße dann stadteinwärts einige 100 Meter geht, stößt man auf eine denkwürdige Ausstellungsstätte, die **Wehrtechnische Studiensammlung der Bundeswehr** in der Langemarck-Kaserne. Auf über 7000 Quadratmetern ist in einer Mammutschau alles zusammengetragen, was der Soldat zur gewöhnlichen Tätigkeit hat und braucht und auch gebraucht

hat. In dem Museum finden sich Waffen und Munition vom Dolch bis zur Hightech-MP, Uniformen und Ausrüstungsstücke, Panzer, Flugzeuge, Schiffe, Landungsbrücken, sogar ein Mini-U-Boot, Stoffmuster für eine kugelsichere Weste, die Unterwäsche für den Düsenjägerpiloten und jede Menge Elektronik. Hintergrund der Sammlung ist das in Koblenz angesiedelte Bundesamt für Wehrtechnik und Beschaffung, das zu prüfen hat, was die Bundeswehr benutzt, und von allem und jedem ein Muster erhält und hier seine Sammlung öffentlich präsentiert. Aber nicht nur die neuen, auch die alten Uniformen von den Preußen über die Wehrmacht bis zur Reichswehr oder die befreundeten und sogar die gegnerischen Waffen sind vertreten, von der Nationalen Volksarmee bis zur US-Army, von den Tschechen bis zu den Kubanern, alle sind dabei. Bei aller technischen Faszination gerade der Großwaffen kommen mitunter auch beklemmende Gefühle auf, wenn man etwa die engen Innereien der Kettenfahrzeuge oder amphibischen Geräte sieht, und man kann sich nur wundern, dass nicht mehr junge Männer den Kriegsdienst verweigern, weniger aus pazifistischen als aus klaustrophobischen Erwägungen.
Der Weg führt dann den Berg hinab, am Moselufer entlang unter, neben, zwischen und durch die beliebten Koblenzer Brückenbauwerke nach Lützel. An einem kleinen Industriehafen vorbei kann man bis zur nördlichen Mosel-/Rheinecke wandern. Dort liegt einer der schönsten Campingplätze am Rhein, von dem aus man alles im Blick hat und doch ganz friedlich im Hintergrund bleibt.

Personenfähre nach Ehrenbreitstein
Abfahrt in Koblenz neben dem Pegelhaus.

Hölzenbein Rhein- und Moselschifffahrt
Tel. 02 61–3 77 44 | www.hoelzenbein.de
Mitte April bis Mitte Oktober tägliche Touren mit diversen Anlegestellen zur Loreley und bis Rüdesheim.

Der Weg am Rhein entlang Ein Spaziergang rheinaufwärts vom Deutschen Eck am **Konrad-Adenauer-Ufer** führt durch eine weite Promenade, mit vielen Bäumen, Bänken, den üblichen Andenkenbuden, vorbei an den Schiffsanlegern, der Fähre nach Ehrenbreitstein und den zahlreichen Gastrobetrieben und Hotels, weiter an der Rückseite der alten Regierung vorbei hinter dem Schlosspark und unter der Pfaffendorfer Brücke hindurch. Dann geht die Promenade in die gepflegten **Kaiserin-Augusta-Anlagen** über, die rheinaufwärts bis zur Halbinsel Oberwerth reichen. Die Wanderung führt fast drei Kilometer am Strom entlang, mit wechselnden Blicken auf Ehrenbreitstein und Pfaffendorf, und ständig wird deutlich, dass dies die repräsentative Schauseite der Stadt und trotz aller Touristenscharen ein ganz schöner Weg ist.

Erst mit Clemens Wenzeslaus änderte sich die historisch gewachsene Ausrichtung von Koblenz zur Mosel: Der Kurfürst beschloss, die alte Philippsburg am Fuße der Festung Ehrenbreitstein auf dem rechten Rheinufer aufzugeben und ein neues Residenzschloss linksrheinisch erbauen zu lassen, das 1786 eingeweiht wurde. Aber die Freude des Kurfürsten währte nicht lange, denn wenige Jahre später übernahmen die Franzosen die Macht am Rhein und 20 Jahre danach die Preußen. Letztere versahen die alte Residenzstadt nicht nur mit der modernen Festung Ehrenbreitstein, sondern machten Koblenz auch zu ihrer rheinischen Metropole – und nicht Köln oder Bonn oder Düsseldorf. Die Folgen waren und sind zum Teil noch unübersehbar: viel Militär, große Verwaltungsapparate mit zahlreichen Beamten und ein politischer Protestantismus, der dem rheinischen Katholizismus selbstbewusst entgegentrat. Mancher Koblenzer ist der Auffassung, dass diese tragische Mischung aus preußischem Beamtentum und rheinischer Mentalität bis heute den

städtischen Zeitgeist bestimmt – und bis in die gegenwärtige Stadtgestalt zeigt sich das mit einer Melange aus gigantischen Straßenüberführungen und kleinteiliger Altstadtarchitektur.

Die lange Epoche als preußische Provinzhauptstadt hat Koblenz nicht nur zum Rhein hin verschoben, sondern auch den Ausbau neuer Stadtteile zwischen Bahn und Strom nach Süden forciert. Verewigt hat sich die Preußenzeit vor allem in markanten und repräsentativen Bauwerken sowie Denkmälern am Rheinufer. In den Kaiserin-Augusta-Anlagen stößt man ständig auf die Preußengeschichte: Hier steht ein Denkmal mit dem preußischen Adler zur Erinnerung an den Brückenbau, dort eine Wand mit den Medaillons der Könige zu Gedenk- und Feiertagen und nicht weit entfernt eine Büste des patriotischen Liedermachers Max von Schenkendorf. Pikant ist auch ein Findling vor dem Restaurant „Rheinanlagen", der an den 14. Juli 1870 erinnert, den Tag vor der Kriegserklärung an Frankreich, an dem genau an dieser Stelle „Seine Majestät Wilhelm I." nebst Gattin Augusta „tief bewegt inmitten des begeistert ihm huldigenden Volkes" verweilte. Man weiß nicht genau, ob man eher erschrocken oder vielleicht nur belustigt über den kriegslüsternen Unterton solcher Erinnerung sein soll.

Weiter südlich dann, gegenüber der Spitze des Oberwerth, stößt man auf das bekannte **Denkmal der Kaiserin Augusta,** eine ganz in Weiß gehaltene halbrunde Anlage, auf dem die Kaiserin als alte Frau wie in einem Rollstuhl sitzend dargestellt ist, über sich die preußischen Adler und unten die junge Augusta als Rote-Kreuz-Schwester. Die Koblenzer Bürger haben ihr die halbrunde Anlage nach ihrem Tod gewidmet.

Dampfspektakel Um Ostern herum dampft es laut und heftig in Koblenz zu Wasser und zu Lande beim großen Dampfspektakel. Man kann es sehen, vor allem hören und auch riechen, was da zusammenkommt, egal ob Wasser-, Straßen- oder Schienendampf. Von der Dampfwalze und dem Dampftraktor über Dampfschiffe und die Dampforgel, die Dampflokomotive und ganze Dampfsonderzüge, alles ist dabei. Nostalgisch hergerichtet, gut gepflegt und bei allem Alter vollständig betriebsbereit. Näheres: www.dampfspektakel-koblenz.de

Stadt- & Themenführungen Koblenz Touristik
Koblenz, Jesuitenplatz | Tel. 02 61–1 29 16 10
www.koblenz.de bietet Fußführungen, Stadtrundfahrten oder szenische Events zur Stadtgeschichte, zu Kirchen und Preußen, über den Weinbau oder die Frauen in der Stadtgeschichte. Sehr zu empfehlen sind die Führungen mit Manfred Gniffke, einem begnadeten Erzähler, der Koblenz kennt und mag und trotzdem mit seinen kritischen Anmerkungen nicht spart. Seine Broschüre „Koblenz – die Stadt an Rhein und Mosel. Stadtführung mit Manfred Gniffke" gibt es bei der Koblenz Touristik.

66 KOBLENZER SCHLOSS

Der letzte Kurfürst von Trier, Clemens Wenzeslaus, hatte Ende des 18. Jahrhunderts im Süden der alten Stadt und auf hochwasserfreiem Gelände ein neues Schloss errichten lassen. Auch die Stadt wurde um die daneben liegende „Clemensstadt" nach Süden erweitert. Das Schloss war klassizistische Architektur pur, von Antoine-François Peyre dem Jüngeren als kleines Versailles vollendet und mit einer Million Gulden auch ein recht teures Vergnügen. Wenige Jahre nur konnte Clemens mit seiner Schwester Kunigunde, der Fürstäbtissin von Essen, im Schloss residieren, dann trieb die Französische Revolution massenhaft adlige Verwandte und Royalisten an den Rhein. 1792 hatte Koblenz rund 8500 Einwohner, gleichzeitig lebten mehr als 3000 französische Emigranten in der Stadt. Wenn man die Proportion – ein Drittel der Bewohner Asylsuchende – auf aktuelle Verhältnisse überträgt, versteht man den damaligen Beinamen „Klein-Paris" für Koblenz. Zwei Jahre später marschierten die Revolutionstruppen ein, da hatten sich der Kurfürst und die Emigranten längst aus dem Staub gemacht.

Kaum 20 Jahre später übernahmen die Preußen das Rheinland und auch das Schloss, das zunächst als Lazarett, dann als Kaserne und später als Gericht genutzt wurde, bis der Preußenkönig Friedrich Wilhelm IV. den Bau erneut als Residenz herrichten ließ. Unten wohnte der Oberpräsident der Rheinprovinz und oben der König und sein Bruder Wilhelm, der von 1850 bis 1857 als Militärgouverneur im Rheinland residierte. Dieser Wilhelm hatte im März 1848 als Stadtkommandant in Berlin auf Arbeiter und Bürger schießen lassen, die für Demokratie und Freiheit demonstrierten. Damals gab es Hunderte von Toten. Seitdem hatte Wilhelm seinen Beinamen weg, man nannte ihn „Kartätschen-Prinz". Und obschon selbst die eigene

Mutter der Meinung war, „hervorragende Geistesgaben zeichneten ihn nicht aus", übernahm er 1857 erst stellvertretend und nach dem Tod seines umnachteten Bruders – amtlich „Gehirnerweichung" – 1861 den Königsthron und ließ sich zehn Jahre später nach dem Sieg über Frankreich zum ersten deutschen Kaiser ausrufen. Er war der preußische Wilhelm, der König der Sozialistengesetze und des Kirchenkampfs sowie der Militarist, der die Kriege gegen Dänemark, Österreich und Frankreich vom Zaun brach, alles im Namen der preußisch-deutschen Einheit. In Koblenz hat dieser vormalige Gouverneur bei manchen Leuten immer noch einen passablen Ruf, was vielleicht der bloßen Tatsache seiner Anwesenheit zu schulden ist, vielleicht aber auch seiner Gattin Augusta. Sie hat sich um vieles gekümmert und ist vor allem als sozial engagierte Kaiserin in die Geschichtsbücher eingegangen, die sich als Protestantin um den Ausgleich mit dem katholischen Rheinland bemühte. Angeblich lebte sie lieber hier als in Berlin, das sie auch als ihr „Fegefeuer" bezeichnet haben soll. Und so etwas kolportiert der Rheinländer ja gern. Bis zum Ersten Weltkrieg behielt das Koblenzer Schloss seine politischen Funktionen, während des Krieges war es Sitz des Großen Hauptquartiers, von wo aus auch Kaiser Wilhelm II. zu seinem Feldzug aufbrach. Im Oktober 1923 erlebte das Schloss dann einige dramatische Tage, als rheinische Separatisten eine eigenständige Republik etablieren wollten, eine grün-weiß-rote Fahne auf dem Schloss hissten und hier ihre provisorische Regierung proklamierten. Als indes die erhoffte Unterstützung der französischen Besatzungsmacht ausblieb und die Mehrheit der Koblenzer von einer eigenen „Rheinischen Republik" nichts wissen wollte, mussten die Revolutionäre Koblenz schnell wieder verlassen und sich aufs rechte Rheinufer verziehen, wo sie später im Siebengebirge schmählich aufgerieben wurden.

Im Dritten Reich rissen die Nazis die Front vor dem Schloss zur Stadt hin mit dem Bau des Thingplatzes auf. Die monumentale, halbrunde Anlage ist heute noch zu erkennen und dient wieder als Ort für Massenveranstaltungen und Popkonzerte. Im Zweiten Weltkrieg wurde das Gebäude zerstört, 1950/51 auf Veranlassung der Alliierten aber wieder aufgebaut. Seitdem wird es ausschließlich als Bürogebäude genutzt, teilweise für internationale Dienststellen, von der Oberfinanzdirektion und anderen Bundesbehörden.

67 **EHRENBREITSTEIN** Man mag sich kaum vorstellen, dass dieser zwischen Rhein und Festung eingedrückte und von Durchgangsstraßen und Eisenbahn gedeckelte Ort einmal eine blühende Residenzstadt war. Seit Anfang des 17. Jahrhunderts entstand am rechten Rheinufer das Residenzschloss der Trierer Kurfürsten mit zahlreichen Neben- und Anbauten und viel barockem Gepränge. Nach der Sprengung durch die Franzosen 1801 war davon nur noch das immer noch weithin sichtbare „Dikasterialgebäude" und der „Marstall" übrig. Zur Residenz gehörte der Hof mit seinen Bediensteten, Hofstaat, Beamten und ebenfalls repräsentativen Häusern. Erst als der letzte Kurfürst 1786 auf die andere Seite ins neue Schloss zog, war es mit der Ehrenbreitsteiner Herrlichkeit vorbei. „Das Dahl wird zum Jammerthal", wie die Koblenzer heute betonen.
Zugleich aber war dies ein Ort kultureller Blüte der späten Klassik, deren wichtigste Vertreterin Sophie von LaRoche war. Der Gatte war Konferenzminister am Hofe, während sie einen literarischen Salon gründete, in dem die Spitzen der Szene verkehrten, wie Johann Wolfgang von Goethe und Christoph Martin Wieland, Johann Kaspar Lavater oder die Brüder Jacobi und viele andere. Sophie war selbst auch

Rhein-Museum Ehrenbreitstein, Charlottenstraße 53a
Tel. 02 61–70 34 50 | www.rhein-museum.de
Sammlungen zur Kulturgeschichte und Schifffahrt des Rheins, mit gut präsentierten Objekten zu Fischern und den Fischen, zu Schiffern und Schiffen, zu Hochwasser und Handel, zu Rheinromantik und Tourismus – ein hervorragendes Museum über das Leben und Arbeiten am und im Rhein, seit 1912 von einem privaten Museumsverein getragen.

Autorin und gilt in der Literaturwissenschaft als erste Vertreterin moderner Unterhaltungsliteratur. Sie verfasste mit ihrer „Geschichte des Fräuleins von Sternheim" einen populären Bestseller, der auch häufig als erster deutscher Frauenroman kolportiert wird. Zu dieser kreativen Familie gehören ihre Enkel Bettina von Arnim und der ebenfalls in Ehrenbreitstein geborene Clemens Brentano. Dieser Clemens, der als Erfinder der literarischen Rheinromantik gilt, war ein extrem gefühlvoller Mann. Von der eigenen Mutter verlassen, die mit der Aufzucht ihrer zwölf Kinder völlig überfordert war, und einem gefühlsrohen Onkel übergeben, flüchtete sich der Junge in eine Fantasiewelt, die als romantischer Fluchtpunkt seinerzeit mehrheitsfähig wurde. Während die meisten Rheinromantiker ihre Erfüllung in Wein, Weib und schönen Versen fanden, wurde Brentano ein religiöser Eiferer, der im reifen Mannesalter jahrelang am Bett einer stigmatisierten Nonne aus dem Münsterland saß und deren Träume stenografierte. (Das sind Karrieren!)
Ein weiteres hochkünstlerisches Zentrum lag im 19. Jahrhundert ein wenig weiter südlich von Ehrenbreitstein in Horchheim, wo der Berliner Bankier Joseph Mendelssohn ein großes Weingut und Landhaus erworben hatte. Jährlich zur Weinernte begrüßte er so illustre Gäste wie Alexander von Humboldt, die Kölner Brüder Boisserée oder Ludwig Uhland. Sein Neffe Felix Mendelssohn-Bartholdy komponierte hier einige Sommer lang die schönsten Klavierstücke.

Mutter-Beethoven-Haus | Ehrenbreitstein, Wambachstraße 204 | Geöffnet April bis Mitte Oktober | Tel. 02 61–9 73 06 69
Verloren wirkende Sammlung in einem aufwändig restaurierten Wohnhaus aus dem 18. Jahrhundert (Sponsor: Deinhard-Sekt!) rund um Maria Magdalena Keverich, die nichts anderes auszeichnet als Sohn Ludwig van.

68 FESTUNG EHRENBREITSTEIN

Es gibt erstaunliche Kirchbauten im Rheinland, deren Größe und Ausstattung leicht zu der Frage führt, wer das alles mit welchem Geld und Aufwand und mit wie viel Ausdauer errichtet hat. Generationen müssen es gewesen sein, aber immerhin, es winkte als Gegenleistung ja „himmlischer Lohn". Ähnlich die Assoziation bei der Festung Ehrenbreitstein, die nach Gibraltar einmal die größte Bastion in Europa war. Wie viele Menschen mit welchem Aufwand und zu welchen Kosten haben diese unglaublich riesige Festung gebaut? Was oder wer hat sie getrieben und mit welcher Erwartung? Wem hat sie genützt, wer hat die Zeche bezahlt? Obwohl die Festung längst zivil genutzt wird, vermittelt sie gleichwohl immer noch einen Eindruck von der Energie und Leidenschaft, oder auch dem Wahnsinn, die das militärische Denken und Handeln bestimmen.

Eine Festung gab es schon seit dem Mittelalter auf diesem Höhenrücken, fast 120 Meter über Koblenz. Für die Trierer Bischöfe war sie immer eine der wichtigsten am Rhein, da sie die Moselmündung kontrollierte und ihnen später bis ins 18. Jahrhundert sogar als Residenz diente. Unter anderem wurde auf dem Ehrenbreitstein auch der „Heilige Rock"gelagert, eine der Hauptreliquien und frommen Attraktionen des Trierer Bischofs. Die Franzosen konnten den Ehrenbreitstein erst erobern, als sie die Besatzung ausgehungert hatten – und haben ihn bei ihrem Abzug 1801 auch gleich gesprengt. Knapp 20 Jahre später übernahmen die Preußen die Trümmer und errichteten Anfang des 19. Jahrhunderts die neue Festung in neopreußischem Stil, wie wir sie heute noch kennen.

Heutzutage spaziert man einfach zwischen den Bastionen durch die grasbewachsenen Gräben und hellen Tunnel, die Rampen hinauf und hinab, überquert die

Von Koblenz auf die Festung Personenfähre ab Pegel am Adenauer-Ufer nach Ehrenbreitstein, ca. zehn Minuten Fußweg, am Ende durch einen 300 Meter langen Stollen unter dem Festungsberg hindurch zur Talstation der Sesselbahn – luftige Fahrt auf die Festung von Ostern bis Ende Oktober.

Zugbrücken und wirft einen Blick in die Wachstuben. Für die bis zu 1500 Mann Besatzung war das Leben in den engen Kasematten mit dem strengen militärischen Drill und Regiment allerdings unerquicklich. Eine der markantesten Waffen, eine riesige Kanone, genannt „Vogel Greif", wird immer noch stolz präsentiert, sie befindet sich heute im Landesmuseum auf der Festung. Mehr als 200 Zentner schwer, wurde sie 1524 von einem Frankfurter Waffenschmied gegossen, stand als Prunkkanone auf der Festung, bis sie 1801 als Kriegsbeute nach Frankreich kam und im Pariser Artillerie-Museum landete. Von dort ließ sie der vormalige Gefreite Adolf Hitler im Jahre 1940 nach Koblenz zurückbringen, sechs Jahre später wurde sie allerdings wieder von den Franzosen abgeholt – als Schmuckstück für den Pariser Invalidendom. 1984 dann brachte sie Staatspräsident Mitterand zu einem Staatsbesuch wieder mit nach Koblenz, regelte aber sicherheitshalber in einem Vertrag mit Bundeskanzler Helmut Kohl, dass sie nur geliehen und fürderhin als Reisekanone zwischen Deutschland und Frankreich anzusehen sei. Immerhin ist bis heute aus dieser Kanone noch kein einziger Schuss abgefeuert worden. Vielleicht sollte man öfter einmal die Waffen tauschen ...

Imposant ist der Blick vom zentralen Platz der Festung weit in die Moselmündung hinein, den Rhein hinauf und hinab, auf die Schiffe und Häfen und Ufer. Man schaut weit übers Land in das flache Neuwieder Becken und sieht deutlich nach Nordwesten das Atomkraftwerk von Mülheim-Kärlich, diese Investitionsruine des atomaren Irrwegs. Und man kann die ganze Stadt Koblenz zu seinen Füßen betrachten, den alten Kern, die historischen Bauten, aber auch manche Bausünde wie die Hochhäuser im Zentrum. Aber das Schönste ist: Man ist hoch genug über dem reitenden Kaiser am Deutschen Eck.

Muster für praktischen Pazifismus: Soldaten der Bundeswehr inspizieren den „Vogel Greif".

Der ewige Soldat I Tel. 02 61–66 75 40 00
Sa und So von Mai bis Oktober
Ein Schauspieler führt in einer Doku-Fiktion durch 1000 Jahre Festung aus Sicht des einfachen Soldaten.

Festung Ehrenbreitstein Über Führungen, Ausstellungen, Museen, Restauration, Öffnungszeiten, Jugendherberge und alle Einrichtungen auf dem Ehrenbreitstein informiert www.festungehrenbreitstein.de.

Restaurant Ferrari I Tel. 02 61–9 73 09 16
www.ferrari-koblenz.de I „Auf der Festung", Festung Ehrenbreitstein I Bewirtung drinnen und draußen, angenehme Küche mit wunderbarem Blick über Koblenz.

Landesmuseum Koblenz www.landesmuseumkoblenz.de
Leicht verstaubt wirkende Sammlung technischer Kulturdenkmäler des Landes unter anderem zu Weinbau, Tabakverarbeitung, Zinnguss und Autobauer Horch. Interessant das Thema Bimsstein im 19. Jahrhundert mit der entsprechenden Sozialgeschichte. Bisweilen gute Sonderausstellungen.

Der Drache verfolgte die Frau, die den Sohn geboren hatte; er wollte

69 ARENBERG

Wenige Kilometer hinter Ehrenbreitstein stößt man auf eine der merkwürdigsten und zugleich unbekanntesten Kunstlandschaften des Rheintals. Die „Pfarrer-Kraus-Anlagen", eine Art biblisches Fantasialand, liegen rechts und links der Landstraße im Schatten der Wallfahrtskirche St. Nikolaus. Johann Baptist Kraus kam 1834 als 29-jähriger Seelsorger nach Arenberg, eine arme, proletarisierte Landgemeinde mit starker Arbeiterschaft und großer Armut. Kraus, offenbar ein Energiebündel und angesteckt von einer Wallfahrt zum Hl. Rock nach Trier, dachte sich für seine Gemeinde etwas völlig Neues aus: eine lebensnahe Bilderbibel in der freien Natur im Maßstab 1:1 – mit den Geschichten um die Erlösung Jesu, den Kreuzweg und die Schmerzen Marias, die Heiligen Franziskus und Antonius, das Paradies mit Adam und Eva, aber auch so lebensnahe Environments wie Josef mit dem spielenden Sohn in der Schreinerwerkstatt. Und massenhaft Herzen Jesu, Rosenkränze und fromme Sinnsprüche.

Neben aller religiösen Erbauung war dies zugleich eine umfangreiche Arbeitsbeschaffungsmaßnahme für die Arbeitslosen der Gemeinde, die ab 1845 mit den über 60 Objekten, Tempeln, Kapellen und Grotten, Bildstöcken, Säulen und Anlagen in einem Parcours von über einem Kilometer Jahre zu schaffen hatten. Dazu kam ein landschaftlich gestalteter Waldpark mit den unterschiedlichsten Pflanzen und Bäumen, mit Teichen und Bächen, ganz im Naturgeist der Romantik, bis hin zum damals populären Mammutbaum oder der Libanonzeder. Unterstützt wurde der fromme Pfarrer von der preußischen Kronprinzessin Augusta, die als Gattin des damaligen Rheinkommandanten und späteren Kaiser Wilhelm I. in Koblenz residierte und mit ihrem Sponsoring auch für entsprechende Aufmerksamkeit durch adelige Besuche sorgte.

Pfarrer-Kraus-Anlagen
Koblenz Arenberg,
Immendorferstraße 8
Geöffnet von April bis Oktober
www.pfarrer-kraus-anlagen.de

Kloster Arenberg
Tel. 02 61–64 01 20 90 | €€ |
www.kloster-arenberg.de | Wellnesskloster der Dominikanerinnen, die sich vorzüglich ums körperliche wie ums seelische Wohl kümmern.

Neben allen volksreligiösen und sozialen Ambitionen kann man die Anlage von Pfarrer Kraus aber auch als den frommen Versuch eines Gesamtkunstwerks betrachten, bei dem der passionierte Pfarrer sich künstlerisch austoben konnte. Fels und Ziegel, Naturstein, Marmor und Rinde, Muscheln und Mineralien, die tollkühnsten Varianten zwischen wilder Natur und künstlicher Anlage finden sich hier. Die von ihm entworfene Wallfahrtskirche ist mit über 40 verschiedenen Steinsorten geschmückt. In der Anlage gibt es Produkte industrieller Arbeit wie die blauen, grünen und schwarzen Glasflüsse aus der Hochofenproduktion, farbige Flächen durch gespaltene Achate und Amethyste, das Spiel mit dem Hell-Dunkel-Kontrast oder monochrome Glasfenster – eine variationsreiche Architektur in Material, Formen und Farben, dazu die ausgeprägte Leidenschaft für die heimischen Produkte von Bimsstein bis Porphyr oder Ensembles von Basaltstelen. Jedenfalls ist hier eine denkwürdige Mischung aus Sakropop und verrückter Leidenschaft entstanden, auf jeden Fall wert, einen Abstecher nach Arenberg zu machen.

er sagt rhein

reglos sitzt ein hund
die schwarze aktentasche
neben dem mann
unter der brücke.

er sagt rhein
und wie es scheint
manches mehr
von strömen umtost.

der mann steht da
und ergeht sich
in einer rede
an den fluss.

Rolf Persch

VON KOBLENZ BIS BOPPARD

Schloss Stolzenfels, geöffnet von Januar bis November
www.schloss-stolzenfels.de
Fußweg durch den Park etwa ein Kilometer von der Straße, im Sommer Veranstaltungen und Konzerte.

70 SCHLOSS STOLZENFELS

Im Jahre 1823 schenkte die Stadt Koblenz dem preußischen Kronprinzen und späteren König Friedrich Wilhelm IV. zwar nur einen Trümmerhaufen, aber der war romantisch genug, um das angespannte Verhältnis zwischen den vormals französischen Rheinlanden und dem preußischen Königshaus zu verbessern. Die Berliner Prinzen wollten schließlich endlich ein eigenes Fleckchen am Rhein haben. Sie bauten Burg Stolzenfels – aber auch andere Burgen – im Stile preußischer Baukunst des 19. Jahrhunderts wieder auf, für sie eine Art Toskana am Rhein.

Stolzenfels hatte der Trierer Erzbischof im 13. Jahrhundert als Zollburg gegen die auf der anderen Rheinseite liegende Burg Lahneck des Mainzer Kollegen errichten lassen. Im pfälzischen Erbfolgekrieg wurde sie 1688 von den Franzosen gesprengt und diente danach vor allem als Steinbruch etwa für den Ehrenbreitstein. In der rasanten Bauzeit von gerade mal sechs Jahren ließ der Berliner Kronprinz die Burg von Karl Friedrich Schinkel, einem der damals angesagtesten Architekten, als neugotisches Schloss am romantischen Rhein errichten. Zugleich war Stolzenfels, das vor allem als Sommerresidenz diente, auch politische Repräsentanz und nicht zuletzt als neuer Bau auf den Fundamenten der mittelalterlichen Festung ein Zeichen von Kulturpolitik, verstand sich der preußische König doch als legitimer Nachfolger der mittelalterlichen Könige. Als 1836 das Geld knapp wurde, forderte der Bauleiter General von Wussow in Berlin Nachschub mit dem dringenden Argument, dass damit „der noch wirrende Sinn der Bewohner der Rheinlande einen festen Halt

Kronprinz Friedrich Wilhelm bei seiner ersten Rheinreise 1815 stammelt, bekreuzigt sich, taucht die Hände in die Flut: „Auf dem Rhein! Diese Seligkeit hier! O Dio! Dies ist die schönste Gegend von allen deutschen Landen! An all den tausend göttlichen Burgen und Felsen und Bergen und Strömungen vorbei: Ich war matt vor Seligkeit."

finde in persönlicher Liebe und Verehrung, Anhänglichkeit und Hingabe an Seine Majestät".
Heute macht Schloss Stolzenfels einen ganz eigenen Eindruck unter den Rheinburgen, wirkt als farbiger Solitär, der gelb leuchtend und weithin sichtbar aus dem satten Grün des Rheintals heraustritt. Mit seinen Flachdächern und Terrassen, den zahlreichen Ein- und Durchblicken, den vielen Loggien und dem hellen Farbton, eingebettet in die Natur, assoziieren manche dabei „italienische Heiterkeit am Rhein". Das Schloss ist mit alten Möbeln, Bildern, Waffen und Accessoires aus dem 19. Jahrhundert, aber auch mit neugotischem Kunsthandwerk der Zeit ausgestattet. Das meiste ist heute so erhalten, wie der Hausherr es damals wünschte, und kann auch besichtigt werden. Wilhelm selber hat in seinem Leben nur wenige Tage hier zugebracht.

71

RHENS Der „Rhenser Kurverein" ist weit über 600 Jahre alt und wurde bereits 1338 gegründet. Ganz anders, als der Name vermuten lässt, hat der Verein mit Kuren oder Tourismus gar nichts zu tun. Unter diesem Namen trafen sich hier am Rhein die sieben deutschen Kurfürsten, wenn sie sich auf einen neuen König zu einigen hatten. Das Treffen fand in Rhens statt, weil der Ort strategisch günstig lag: an den jeweiligen Grenzen und damit noch gerade im Einflussgebiet von vier Kurfürsten, nämlich von Köln, Trier und Mainz sowie der Kurpfalz. Es war eine Art Vortreffen – rheinisch eine Klüngelrunde –, das im 14. und 15. Jahrhundert mehrere deutsche Könige ausguckte. Anschließend wurden die Nominierten in Frankfurt gewählt und schließlich in Aachen gekrönt, bis sie frisch gekürt und als Höhepunkt der Feierlichkeiten und ersten Amtsakt nach

Frieden sei der Welt beschieden Direkt neben dem neuen Königsstuhl in Rhens steht ein zehn Meter hohes Kreuz mit der Inschrift „Frieden sei der Welt beschieden", und als Sponsor der pazifistischen Botschaft werden die Fischer-Chöre genannt. Die Idee des umtriebigen Massendirigenten Gotthilf Fischer war, von hier aus zu Friedenskonzerten in alle Welt zu starten und – was den Stadtvätern besonders gefiel und sie sogleich zur Kreuzaufrichtung schreiten ließ – damit auch den Namen Rhens populär zu machen. Leider wurde der Massendirigent nach der Einweihung nie mehr gesehen.

Köln zu den Knochen der Heiligen Drei Könige pilgerten. Karl IV. ließ 1376 eigens ein „steynern gestuel" für die Königswahl in Rhens errichten, in dem genau die Sieben Platz nehmen konnten. Hier in Rhens haben sich die Mächtigen auch darauf geeinigt – und das war damals durchaus nicht selbstverständlich –, dass ein deutscher König zu seinem Amt und seiner Wahl keiner päpstlichen Bestätigung mehr bedarf.

An der Originalstelle des alten Königsstuhls, seinerzeit ein Nussbaumgarten am Rhein, wird inzwischen das Rhenser Mineralwasser abgefüllt. Heute steht der Königsstuhl, ein Nachbau aus dem 19. Jahrhundert mit einer mächtigen Freitreppe, unweit der B9 auf einem Hügel über dem Städtchen. Dort kann man von einer hohen Plattform aus in alle Himmelsrichtungen und weit über den Rhein auf die romantische Marksburg und drei ganz unromantische Fabrikschornsteine von Braubach blicken. Rund um den Königsstuhl laden Wiesen mit Büschen und Bäumen zu einem lauschigen Picknick ein.

Rhens selber besitzt eine freundliche Rheinfront, einige Reste der alten Stadtmauer mit schönen Toren und eine Reihe wohlrestaurierter Fachwerkbauten. Ansonsten hat der Ort nichts Aufregendes, und die trennende Bahntrasse sowie eine Brücke, die die Bundesstraße über den Ort führt, halten vom längeren Verweilen ab.

HOCH HINAUS – DIE RHEINISCHEN BURGEN

Europas größte Burgendichte – mit diesem Superlativ wird am Mittelrhein geworben, aber das könnten auch das Tal der Loire oder Südtirol behaupten. Es kommt darauf an, wie man die Burg definiert, die ursprünglich nicht mehr als ein befestigter Wohnsitz des Adels war. Vielleicht hat das Rheinland die meisten Höhenburgen – die einen guten Teil seiner romantischen Aura ausmachen. Man mag sich das vorstellen, wie die Ritter auf ihren Burgen gelebt, geliebt und gestritten haben, Bauern ausplünderten und die Kaufleute und Schiffer auf dem Rhein mit Zöllen quälten. Man kann angesichts der imposanten Bauten den Eindruck haben, dass das so gewesen ist, möchte sich vielleicht in diese Zeit zurückversetzt fühlen, aber – alles schöne Illusion.
Wie es wirklich in den Burgen zuging, illustriert besser als jede Analyse ein Brief Ulrich von Huttens im Jahre 1518 an den Humanisten Willibald Pirkheimer. Der Lebensunterhalt – schreibt Hutten – stammt von den armen Bauern, denen man die Äcker verpachtet hat, aber die Erträge sind gering. Man dient einem Fürsten, von dem man sich Schutz erhofft, weiß aber nicht, ob man in irgendeine Fehde hineingezogen wird. Die Burgen sind nicht zur Bequemlichkeit, sondern nach militärischem Gesichtspunkt gebaut, innen bedrückend eng mit Vieh- und Pferdeställen.

Dunkle Löcher sind mit Waffen, Kanonen, Pech und Schwefel gefüllt. Das Schießpulver stinkt, ebenso die Hunde und der Hundedreck. Es stört der Lärm der Schafe, Rinder und Hunde und überhaupt das Geschrei der Leute, und nachts hört man die Wölfe in den nahen Wäldern heulen. Ständig muss man sich sorgen, Äcker und Weinberge bestellen, Bäume pflanzen, Wiesen trockenlegen. Und wenn ein Jahr mal ein schlechter Ertrag sei, dann „tritt entsetzliche Not und Armut ein, sodass immer etwas da ist, was einen aufregt, stört, beunruhigt, zermürbt und aufreibt".

Nun waren die Burgen auch nicht groß besetzt, meist befanden sich dort weniger als ein Dutzend Menschen, deren wichtigste Funktion darin bestand, Macht und Herrschaft zu dokumentieren. Deshalb wurden die ausgefallensten Bauplätze, die höchsten Türme und kompliziertesten Zugänge ausgewählt, gerade am Rhein, um mit dem Bau zu imponieren. Praktisch war das meistens nicht, im Gegenteil. Burgen waren eher Drohgebärden als tatsächliche Bedrohung.

Nach dem Dreißigjährigen Krieg war es mit den Burgen endgültig aus. Militärisch waren sie dank der besseren Kanonen längst überholt, viele waren verlassen und standen leer, als die Franzosen 1688 im Zuge des Pfälzischen Erbfolgekriegs einen Kranz verbrannter Erde um Frankreich legten, um ihrer außenpolitischen Bedrohung zu entgehen. Dem fielen nicht nur Städte wie Mannheim, Heidelberg und Koblenz

zum Opfer, sondern auch die allermeisten rheinischen Höhenburgen. Sie wurden gesprengt, angezündet, zerstört, und ihre Ruinen dienten anschließend häufig als Steinbrüche für billiges Baumaterial – bis auf die Marksburg in Braubach, die einzige rheinische Höhenburg, die nicht zerstört wurde.

Das Kapitel „Burgen" war also eigentlich abgeschlossen, als die Romantiker im 19. Jahrhundert diese Ruinen mit kräftiger finanzieller und ideologischer Unterstützung der Preußen wiederentdeckten. In ihrer Mittelalter-Nostalgie bejubelten sie sie als typische Bauwerke der Deutschen so lange, bis genügend Geld zum Wiederaufbau beisammen war. In dieser Zeit beginnt auch die „Entdeckung" der Burgen als Wehr- und Militärbauten, werden Zinnen, Schießscharten, Loggien, Erker, Pechnasen und allerlei Fortifikatorisches genau so den Neubauten angefügt, wie man sich das für das Mittelalter vorgestellt hat. Ob Folterkammern, Ritterstuben, Verliese – das meiste sind Erfindungen des 19. Jahrhunderts.

Die neuen Bauherren waren vor allem Mitglieder der regierenden Hohenzollernfamilie, deren Söhne und Enkel ihre Privatburgen und Jagdschlösschen am Rhein errichteten. Aber auch reiche Unternehmer und Bankiers ließen sich in dem alten Bedürfnis nach Symbol und Repräsentanz in der „Toskana am Rhein" nieder. Und hier gilt immer noch: je höher, je ausgefallener und je größer, desto besser.

Alter Posthof Hotel und Restaurant | Spay | Tel. 0 26 28–87 08 | www. alterposthof.de | € – €€
Angenehme Herberge in Familienbesitz.

Weingut Matthias Müller | Spay, Mainzerstr. 45 | www.weingut-matthias-mueller.de | Einer der Spitzenwinzer am Mittelrhein, setzt auf Ertragsreduzierung zugunsten der Qualität. Wunderbarer Riesling vom Bopparder Hamm, ausgewogen zwischen Säure und Süße, elegant und immer noch erschwinglich.

Peterskapelle Spay, Mainzerstr. 3 | Öffnung nach tel. Anmeldung beim Bürgermeister Franz-Josef Karbach 0 26 28–87 78 oder –26 34.

Jakobsberg Golfhotel & Klub | Zufahrt über Spay | Tel. 0 67 42–80 80 | www.jakobsberg.de | €€€
Nobelhotel mit Golfclub und eigenem Hubschrauberlandeplatz.

72 SPAY

SPAY Von Rhens zieht man lieber weiter ins nahe Spay mit dem Vorteil, weder durch Bahn noch Straße vom Rhein und seinem lang gezogenen Ufer abgeschnitten zu sein. Spay ist dörflich und grün, bietet keine alte Geschichte und besitzt auch keine Stadtmauer. Daher konnte es sich mit zahlreichen Gärten und Obstwiesen hinter den alten Fachwerkhöfen in die offene Landschaft hinein ausbreiten. In Spay sitzen einige gute und prominente Winzer und Weingüter der nach Süden anschließenden Bopparder Hamm.

Am südlichen Ortsausgang findet man die Peterskapelle, einen kleinen Saalbau aus dem 13. Jahrhundert, der fast vollständig mit vitalen frühgotischen Fresken ausgemalt ist. Zwischen Ranken und Blumen ist ein bunter Reigen von Passionsszenen und Heiligen wie Christophorus, Martin und den Hl. Drei Königen zu sehen. Dazu gibt es fantastische Visionen vom Jüngsten Gericht, bei dem die Seelen gewogen und je nach Gewicht ihrer Sünden in den Himmel emporgehoben oder in die Hölle hinabgestoßen werden.

73 BOPPARD

BOPPARD Es fällt gelegentlich schwer, die Rheinstädte nach Lage und Bauten oder Schönheit zu klassifizieren. Eines zeichnet Boppard vor den meisten anderen aus: Die Stadt bietet als einzige im engeren Mittelrheintal einen Rest Flair von Promenade und vor allem schneidet keine Durchgangsstraße die Stadt vom Rhein ab. Man kann tatsächlich fast zwei Kilometer am Ufer entlangspazieren, unter Bäumen und an Cafés sowie zahlreichen Hotels vorbei, schaut auf die Boote und die Schiffsanleger, dazu Bänke und die üblichen Andenkenbuden. Das ist nicht besonders schick, im Detail meistens gewöhnlich – aber immerhin.

Weinhaus Heilig Grab Boppard, Zelkesgasse 12 | gegenüber Bhf. | Tel. 0 67 42–23 71 | www.heiliggrab.de
Alter Familienbetrieb – gute Rieslinge vom Bopparder Hamm. Schöner Garten, im Sommer einige Gästezimmer.

Sesselbahn Boppard | Tel. 0 67 42–25 10 | Von April bis Oktober | www.sesselbahn-boppard.de
In etwa 20 Minuten mit einer Freiluft-Sesselbahn und weitem Rundblick auf die Höhe, von dort ein kurzer Spaziergang zum berühmten „Vier-Seenblick" – gegenüber der großen Rheinschleife, in der der Fluss eine Wendung von fast 180 Grad macht.

Informationen zu Boppard: www.boppard.de
Schiffstouren rund um Boppard | Schiffsanleger der KD | www.k-d.com
Täglich mit der MS Boppard zur Loreley oder im Sommer bis Bacharach.

ZUM ABSTINENZLER
WEINGUT
FRANZ NICKENIG
HOT

Kunstverein Mittelrhein | Boppard | Kontakt: Robert Holz, Tel. 0 67 42–8 14 21
Verein engagierter Kunstfreunde, gegründet 2004, als Plattform für die Künstler der Region, zur Nachwuchsförderung und als Forum ästhetischer Auseinandersetzung.
Ausstellungen unter anderem in der Boppader Gartenvilla Belgrano und im früheren Minoritenkloster in Oberwesel | www.km570.de

Inmitten von Boppard findet man die älteste Kirche der Stadt, **St. Severus**, die schon von Weitem mit ihren Türmen die Stadtsilhouette bestimmt. Sie ist auf römischen Thermen gebaut, von denen man neben drei Badebecken und der Hypokaustenheizung auch eine Sport- und eine Toilettenanlage, eine sogenannte Cloaca, ausgegraben hat.
Die Kirche St. Severus ist ein Bau des 13. Jahrhunderts und ein markantes Beispiel spätromanischer Baukunst. Sie vermittelt einen imposanten Raumeindruck: Durch die variantenreichen und farbigen Architekturelemente fühlt man sich wie in einer gestalteten Landschaft. Angenehm ist auch die Umgebung, der Platz neben und hinter der Kirche, der einen weiten Blick in die Stadt erlaubt und von imposanten Bürgerhäusern mit einem Brunnen und ein paar Cafés gerahmt wird. Eigentlich stören hier nur die Autos.
Charmanter als St. Severus erscheint die **Karmeliterkirche** ein wenig rheinabwärts: ein heller, zweischiffiger Bau, der trotz der nüchternen Architektur als Klosterkirche eines armen Ordens mit zahlreichen Bildern, Altären, Fahnen der alten Bopparder „Nachbarschaften" und dem Schmuck der Bürger ausgestattet ist. Hier ahnt man noch etwas von der früheren Bedeutung der Religion, auch wenn die Kirche uns heute wie ein Museum vorkommt. Manches hier ist keine höchste Kunst, aber mit Leidenschaft gestaltet – wie der Altar vom letzten Abendmahl aus dem 17. Jahrhundert im „Knorpelstil", der sich im Seitenschiff befindet und etwas von Bauernschnitzerei an sich hat. In seiner grellbunten Farbigkeit könnte er auch als Interieur eines Chinarestaurants durchgehen. Oder ein Freskenzyklus aus dem frühen 15. Jahrhundert mit der höchst tragischen Geschichte des Römers Alexius, bei der jede Familienaufstellung in Verzückung geriete. Dieser Alexius, der auch

Hollingshauser Hotel & Gasthaus | Boppard, Rheinallee 52
Tel. 0 67 42–22 07 | € – €€
Schöne Villa mit Gartenterrasse am Rande des Trubels.

Bellevue Rheinhotel Boppard, Rheinallee 41 | Tel. 0 67 42–10 20
www.bellevue-rheinhotel.de | €€ – €€€ | Repräsentative Unterkunft im nostalgisch-gepflegten Stil direkt an der Promenade.

Namenspatron der Hauptkirche ist, verlässt am Hochzeitstag Familie und Verlobte und geht als Einsiedler in die Wüste. Er betet und bettelt sich durch, wird nach Rom verschlagen und landet schließlich wieder vor der Türe des Elternhauses, wo der eigene Vater ihn jedoch nicht erkennt. 17 Jahre lang bis zu seinem Tod lebt Alexius als Bettler unter der Treppe im Haus seiner eigenen Eltern.
In Boppard findet man massenhaft originale alte Trümmer, da das römische Militär hier noch relativ spät im 4. Jahrhundert ein großes Kastell in den Ausmaßen von 308 mal 154 Meter errichtete. Bis heute bestimmt es in Anlage und Ausbreitung die Stadtgestalt. Von den vielen Türmen und der mächtigen Mauer sind einige Teile erhalten, die teilweise in einem **Archäologischen Park** in der Kirchgasse in der Nähe von St. Severus zugänglich sind. Boppard besitzt die wohl am besten erhaltene römische Befestigungsanlage in Deutschland. Bonn und Köln dagegen rühmen sich zwar ständig ihres römischen Ursprungs, besitzen aber nahezu keine römischen Bauwerke, die erhalten sind, sondern nur ausgegrabene und archäologisch erschlossene Bodenfunde wie Gräber und vor allem Fundamente.
Ein wenig rheinaufwärts findet man in markanter Position am Strom mitten in der Stadt die **Alte Burg**, die der Trierer Kurfürst im 14. Jahrhundert zur Kontrolle der Bopparder errichten ließ – immerhin gab es damals in dieser größten Stadt zwischen Bingen und Koblenz noch selbstbewusste Bürger. In dem immer noch imposanten Bau, der mit einem lieblos eingerichteten und ziemlich verstaubt wirkenden Stadtmuseum belegt ist, ist davon heute kaum noch etwas zu finden. Für die „Kreativität" der Bopparder spricht allerdings ein Blick in den Innenhof des Museums, in dem die öffentlichen Toiletten mit den schönsten Grabplatten der Vorfahren aus dem 16. und 17. Jahrhundert abgeteilt sind.

Stadtmuseum von Boppard
Tel. 0 67 42–1 03-69
April bis Oktober.

Michael Thonet in Boppard Das Stadtmuseum von Boppard ist zum größten Teil dem Möbelbauer Michael Thonet gewidmet, der 1796 hier das Licht der Welt erblickte. Thonet war der Erste, der rundgebogene Hölzer zu Möbeln verarbeitete. Dazu brühte er astfreies Buchenholz in Wasserdampf und presste es dann in gusseisernen Formen – eine Erfindung, die weltweit erfolgreich war und ist. Allein der wohl berühmteste Thonet-Stuhl Nr. 14, den man aus jedem zweiten Caféhaus kennt, ist über 50 Millionen Mal hergestellt worden. Nur hatte das mit Boppard nichts zu tun, weil die dortigen Krämerseelen Thonet 1843 in den Konkurs trieben und er auf Empfehlung von Fürst Metternich nach Wien ging. Dort wurde er bald mit seinen fünf Söhnen der renommierte und erfolgreiche Möbelbauer. Und wenn man an seinem Geburtsort in diesem verstaubten „Museum" steht, in dem weder Konzept noch Idee zu erkennen sind, dann versteht man vielleicht, warum Michael Thonet hier scheitern musste.

74 **HUNSRÜCK** Von Boppard transportiert die Hunsrückbahn in einer knappen halben Stunde Menschen und Fahrräder nach Emmelshausen – das ist immer noch die reizvollste Art, auf die Höhen zu kommen. Über zwei Viadukte, diverse Brücken und durch fünf Tunnel geht es acht Kilometer über einen Höhenunterschied von mehr als 300 Metern. Emmelshausen ist der Ausgangspunkt für unterschiedliche Expeditionen in den Hunsrück: für Wanderungen zwischen Rhein, Mosel und Nahe und für Radtouren auf den Höhen und in den Tälern oder auch als Kombination zwischen Bus und Rad mit einem speziell für Fahrräder umgebauten Linienbus, dem Regio-Radler zwischen Boppard und Bingen über Simmern und Stromberg. Zum Schlafen geht es zwischen Mai und September nach

Juliana Blasius, Geliebte des Schinderhannes, mit dem gemeinsamen Sohn Franz Wilhelm.

Wanderungen www.emmelshausen.de
Radtouren www.hunsrueckvelo.de
Bus und Rad www.stemmler-bus.de
Mitropa-Schlafwagen
www.bahnhof-pfalzfeld.de
Hunsrückmuseum www.hunsrueck-museum.de

Pfalzfeld zum nostalgisch-günstigen Übernachten in einem alten Mitropa-Schlafwagen am dortigen Bahnhof mit Café und Bistro. Kulturfans zieht es nach Simmern zum Hunsrückmuseum im neuen Schloss, das kleine, aber feine Ausstellungen zur Kultur- und Wirtschaftsgeschichte der Stadt und der Region präsentiert, oder zum Schinderhannes-Turm, der an das bewegte Leben des populären rheinischen Räuberhauptmanns erinnert. Hier saß er 1799 ein halbes Jahr, bevor ihm eine spektakuläre Flucht gelang.

Der **Schinderhannes** war der Anführer einer effektiven Räuberbande, die im Hunsrück die Reisenden auf der Landstraße überfiel, die Häuser reicher Kaufleute stürmte, größere Geldsummen erpresste und sogar „Sicherheitskarten“ zum sicheren Geleit ausstellte. Mehr als 200 Delikte gingen in knapp sechs Jahren auf ihr Konto, bevor sie 1803 von der französischen Besatzungsmacht gestellt und die Anführer am 21. November 1803 in Mainz mittels der Guillotine hingerichtet wurden. Schon früh wurden diese proletarisierten Banden idealisiert: Der Schinderhannes etwa gilt bis heute als „Robin Hood vom Hunsrück“. Dazu hat die Literatur vom „edlen Räuber“ ebenso beigetragen wie der Film und heute die Werbung für den wilden Hunsrück, sodass nach wie vor die Frage offenbleibt: War er nun Schurke oder Held?

VON LAHNSTEIN BIS BORNHOFEN

75 LAHNSTEIN

Unter passionierten Karnevalsgegnern in Köln oder Bonn gilt Lahnstein als guter Tipp für die tollen Tage. Nahe der Heimat und doch verschont vom närrischen Treiben kann der Fastnachtsflüchtling hier in Ruhe in den Kurthermen entspannen, im Ferienpark auf den Höhen der Lahn oder auch einfach in den ausgedehnten Wäldern spazieren gehen.

Ruppertsklamm Nicht ganz so weit, am Eingang des Lahntals kurz hinter Oberlahnstein, findet man einen wunderbaren Wanderweg, auf den das Adjektiv „romantisch" tatsächlich zutrifft: In einem schmalen Seitental der Lahn liegt die „Ruppertsklamm". Eine knappe Stunde geht es durch fast völlig zugewachsenes und tief in die Berge eingeschnittenes Gelände immer am Bach entlang bergauf, teils so eng und steil, dass über längere Strecken an den Wänden dicke Hanfseile angebracht sind, an denen man sich festhalten und hochziehen kann. Mitten in der Klamm erinnert eine Gedenktafel an den Entdecker Theodor Zais, von Beruf Eisenbahntelegrafist und in der Freizeit passionierter Naturfreund. Anfang des 20. Jahrhunderts hatte der schnauzbärtige Wandersmann die verwilderte Schlucht erschlossen und in jahrelanger Kleinarbeit einen Weg hindurchgeschlagen. Seitdem überlässt man weitgehend die Natur der Natur und nicht mehr den Forstwirten. Das Ergebnis: viel Moos, Farne und Ranken wie Lianen von den Bäumen, Efeu, im dichten Unterholz vermoderte Baumstämme und eine Vielzahl seltener Tiere und Pflanzen. Für den Wanderer ist das ein spannender Ausflug, der rund 250 Meter Höhenunterschied überwindet und oben an einer Hütte über einen breiten Wanderweg in Richtung der Allerheiligenbergkapelle und dann in scharfen Kehren den Berg wieder hinunter zum Parkplatz zurückführt.

Ruppertsklamm
Über die B260 ins Lahntal direkt hinter der ersten großen Kurve links, Schild am Eingang.

Burg Lahneck Hier müsste mal ein Prinz vorbeikommen und das Dornröschen wach küssen, denn ein wenig eingeschlafen wirkt die Burg Lahneck, verstaubt und doch ganz im Geist des 19. Jahrhunderts auf den Mauern einer Höhenburg errichtet. Kleine Erker und grüne Minneplätze in der Vorburg, Küche, Rittersaal, eine geräumige gotische Kapelle und der obligatorische „Kerker", alles ist da, dazu Wohnräume nach Stilepochen eingerichtet. Ursprünglich hatte der Mainzer Erzbischof diese nördlichste Burg seines Machtbereichs im 13. Jahrhundert errichten lassen, unter anderem zur Sicherung eines Silberbergwerks im Lahntal. Im Dreißigjährigen Krieg zerstört, wurde die Burg Lahneck erst im späten 19. Jahrhundert wieder aufgebaut.

Die Burg, beziehungsweise ihre fragmentarischen Reste, waren in doppelter Weise Objekt der Rheinromantik. Zum einen war der Anblick der Ruine für Goethe im Juli 1774 bei einer Schiffsreise offenbar so stimulierend, dass er aus dem Stand heraus seinem Freund Lavater einen „Geistesgruß" diktierte, der als eines der frühesten literarischen Zeugnisse, sozusagen als poetische Initiation der Rheinromantik, angesehen werden kann. Zum anderen war die Ruine für eine 17-jährige schottische Touristin namens Idilia Dubb, die im Sommer 1851 mit ihrer Familie in einem Lahnsteiner Gasthof abgestiegen war, so faszinierend, dass sie mit einem Zeichenblock unterm Arm auf den maroden Bergfried stieg. Dessen morscher Zugang brach plötzlich hinter ihr zusammen, sodass die junge Frau nicht mehr aus dem Turm herauskam. Trotz aller hektischen Suche der

Geistesgruß

Hoch auf dem alten Turme steht
Des Helden edler Geist,
Der, wie das Schiff vorübergeht,
Es wohl zu fahren heißt.

„Sieh, diese Senne war so stark,
Dies Herz so fest und wild,
Die Knochen voll von Rittermark,
Der Becher angefüllt;

Mein halbes Leben stürmt ich fort,
Verdehnt' die Hälft in Ruh,
Und du, du Menschenschifflein dort,
Fahr immer, immer zu!"

Johann Wolfgang von Goethe

Burg Lahneck Tel. 0 26 21–84 19 | www.burglahneck.de | Geöffnet von Ostern bis Ende Oktober, im Sommer manchmal Burghofspiele.

Campingplatz Direkt neben Burg Lahneck | Tel. 0 26 21–27 65
Weiter Blick über den Rhein und auf Schloss Stolzenfels, traumhafte Stellplätze unter Bäumen. Das städtische Schwimmbad direkt nebenan, die Burg Lahneck sowie ein Restaurant komplettieren das Ensemble.

Familie und auch trotz aller ihrer verzweifelten Rufe wurde sie von niemandem entdeckt und schied an diesem romantischen Ort aus dem Leben. Ihre letzten Tage hat sie einem Tagebuch anvertraut, das erst Jahre später entdeckt wurde. Leider sind ihre sterblichen Überreste nicht nach rheinischer Tradition überliefert, man hätte sonst mit diesen Reliquien ein erstes Opfer der Romantik und das passable Objekt einer Pilgerstätte.

Martinsburg Eine der Haupteinnahmequellen der rheinischen Erzbischöfe und Kurfürsten war der Rheinzoll. Ob Trier, Köln oder Mainz, sie alle kassierten kräftig und an diversen Stellen, angeblich für die Sicherung des freien Warenverkehrs und Handels auf dem Rhein sowie als Schutz vor Räubern, die sie im Grunde selber waren. In Oberlahnstein wurde der Zoll im 13. Jahrhundert durch den Mainzer Erzbischof eingeführt, der dafür unmittelbar am Rhein ein „Zollschloss" errichten ließ. Der fast 30 Meter hohe Hauptturm bot eine ausgezeichnete Sicht auf den Strom und diente zugleich als bewaffnete Festung. Die nach und nach erweiterte Anlage, die erst später „Martinsburg" hieß, musste für einen ganzen Tross von Schreibern, Soldaten, Gesinde und natürlich Zöllnern dienen, die mit eigenen Booten die vorbeifahrenden Schiffe kontrollierten. Die Akten des Oberlahnsteiner Zolls sind weitgehend erhalten, sodass man genau über Art und Höhe, über Waren und Gütermengen und auch über den immer wiederkehrenden Streit mit den Zöllnern Bescheid weiß. Hier findet man aber auch die ganz aktuell anmutenden Vorschriften, dass der Zollschreiber keine Geschenke von den Schiffern annehmen durfte, ja dass er vor der Kontrolle nicht einmal mit den Schiffern sprechen sollte. Immer wieder und immer heftiger musste gemahnt werden, kein „Schmiergut" anzunehmen.

Schloss Martinsburg
Lahnstein, Schlossstraße | Nähe KD-Anleger am Rhein.

Fastnachtsmuseum im Schloss Martinsburg
Ende Mai bis Oktober So nachmittags geöffnet | Tel. 0 26 21–91 41 71.

Mit dem Einmarsch der Franzosen kam das Ende des Rheinzolls, dafür blühte der Schmuggel zwischen dem rechten und linken Ufer. Lahnstein gehörte nicht zu Preußen, sondern zum Herzogtum Nassau und wurde erst nach dem Krieg gegen Österreich 1866 von den Preußen eingenommen, weil die Nassauer sich auf die österreichische Seite geschlagen hatten. Der heutige Charakter der Martinsburg, die sich im Privatbesitz der Familienstiftung Romberg befindet, geht weitgehend auf die Ausbauten des 18. Jahrhunderts zurück. Im Nordteil befindet sich ein Fastnachtsmuseum.

76 **BRAUBACH** Zwei markante Blickpunkte bietet Braubach: die mächtige Marksburg auf dem Höhenrücken am Rhein und drei Schornsteine in den Wäldern über der Burg. Ein Ensemble, das Geschichte und Moderne zu kombinieren scheint, zumindest visualisiert: Es zeigt, dass die Romantik mit Burgen, Mittelalter und Rittern nur die eine Seite der Medaille ist und dass es auch immer um die Menschen mit ihrer Arbeit und die sozialen Verhältnisse ging und geht. Die Marksburg besuchen Tausende in jedem Jahr, aber die Schornsteine niemand. Die meisten wissen nicht einmal, warum sie da im Wald stehen.
Der Ort zu Füßen der Marksburg, Braubach, ist ein alter Ort der rheinischen Bergwerksgeschichte, denn hier wurden seit dem 13. Jahrhundert Silber, Blei, Kupfer, Zink und Eisenerze abgebaut. Noch Anfang des 20. Jahrhunderts waren mehr als 600 Menschen in den Hütten und Gruben beschäftigt, und erst 1964 wurde die letzte Grube geschlossen. An diese Geschichte erinnern zugewachsene Bauten in den Bergen und Tälern um Braubach, Stollen und Gruben, deren eingestürzte Reste man in den Wäldern finden kann. Ein Stollen an der Brunnenstraße ist mit Lore, Ein-

Gemeinde Braubach
www.braubach.de

Hotel und Landgasthof **Zum weißen Schwanen** Braubach, Brunnenstraße 4 | Tel. 0 26 27–98 20
www.zum-weissen-schwanen.de | €€
Gasthaus und Hotel direkt vor dem Stadttor, am Hang unter der Marksburg und über mehrere Fachwerkhäuser verteilt – neben und über einem Mühlengraben. Inklusive Mühlrad, gekonnt restauriert und völlig kitschfrei eingerichtet – mit crossmediterranen Menüs, schönen Gästezimmern, Außenplätzen am Bach oder in einem Bauerngarten. Abwechslungsreiche Gasträume, Nischen und Winkel, dazu eine große Kollektion der Originalbilder des lange in Braubach lebenden Kölner Malers Karl Heidelbach. Eines der bestgeführten Hotels am Rhein, ein Ort, der zu Ein- & Wiederkehr einlädt.

gang und Vorplatz besonders gestaltet. Auf dem Gelände der früheren Bleihütte recycelt heute ein neues Unternehmen alte Autobatterien in hochmodernen Anlagen. Ein markantes Denkmal der Technikgeschichte ist von weit her und rundherum zu sehen, auch vom Schiff aus, wenn man sich rheinaufwärts nähert: drei schlanke, hohe Schornsteine oberhalb der Marksburg, die ganz plötzlich aus den Wäldern emporzuwachsen scheinen. Sonst erblickt man keine Industrie, zu der die Schlote zu passen scheinen, und selbst wenn man hinaufwandert, findet man oben keine Fabrikhallen oder Öfen, nur Wald. Diese drei Kamine waren die Rauchschlote der Braubacher Blei- und Silberhütte, die viel weiter unten in den Hängen des Mühltals ihre Stollen in den Berg gegraben hatte und jahrhundertelang die Metalle im Tal verarbeitete. Bis man Ende des 19. Jahrhunderts, und damals noch ohne Großfeuerungsanlagenverordnung, erkannte, wie schädlich die Abgase waren, und diese dann über große Rauchkanäle den Berg hinaufleitete und hoch über Braubach in die Luft geblasen hat.

Marksburg Wahrscheinlich ist keine Burg am Rhein so oft fotografiert, gemalt und beschrieben, vor allem aber keine von so vielen Menschen besucht worden wie die Marksburg hoch über Braubach, markant mit ihrem 40 Meter hohen Hauptturm, mit den vielen Erkern, Zinnen und Türmen. Für viele ist sie die schönste rheinische Höhenburg. Sie ist die einzige aus dem Mittelalter, die niemals zerstört und auch nicht erobert worden ist, außer 1945 durch die Amerikaner, die allerdings auch nur auf drei deutsche Verteidiger stießen. Seit 1899 ist die Marksburg Sitz der Deutschen Burgenvereinigung, die sich dem Thema „Burgen" nicht nur wissenschaftlich und bautechnisch widmet und sich um den Erhalt historischer Wehr- und Wohnbauten

Marksburg | Tel. 0 26 27–2 06 | www.marksburg.de | Ganzjährig geöffnet
Kräutergarten auf der Marksburg Rekonstruktion eines mittelalterlichen Burggartens mit den wichtigsten Nutz-, Würz- und Heilpflanzen unter anderem nach den botanischen Schriften der Hildegard von Bingen.
Alle zwei Jahre Mittelalterfest von Himmelfahrt bis zum folgenden Sonntag mit Handwerkern, Gauklern und Rittern.

Deutsche Burgenvereinigung
Tel. 0 26 27–5 36 | www.deutsche-burgen.org

kümmert, sondern immer auch viel Werbung für die Burgen gemacht hat. Rund 130 000 Menschen besuchen jährlich die Marksburg und lassen die Aura des authentischen Ortes auf sich wirken. Hier kann man die besten Burgenführer im Rheinland hören und erleben, didaktisch geschult und fachlich kompetent, während man andernorts manchmal mit schauerlichen Anekdoten abgespeist wird. Die Marksburg ist ein besonderes Erlebnis. Die hintereinander gestaffelten Eingänge und die direkt aus dem Schieferfels geschlagenen Treppen, die mächtigen, aus schmalen Steinplatten geschichteten Mauern, die hohen Räume mit den metertiefen Fensternischen, die enge Bebauung auf dem Bergrücken, vor allem die Ausstattung der Burg mit authentischem Interieur, können zumindest einen Eindruck von der baulichen Situation der mittelalterlichen Burg machen. Die Menschen und Burgbewohner und ihre sozialen Verhältnisse muss man sich ohnehin dazudenken. Es ist wohl alles vorhanden, was zu einer Burg aus der gotischen Zeit des hohen Mittelalters gehörte: Küche und Rittersaal, Kapelle und Kemenate, Pferdestall und Rüstkammer, eine Schmiedewerkstatt und ein nach historischem Vorbild angelegter Kräutergarten.

In der Rüstkammer werden ein Dutzend Krieger gezeigt und ihre Veränderung im Laufe der Zeit von den frühen Kelten bis zum hoch gepanzerten Reiter des Mittelalters, jeweils mit ihrer speziellen Rüstung und Bewaffnung, die immer martialischer wird. Reizvoll wäre eigentlich, und der historischen Vollständigkeit halber auch korrekt, die Reihe bis in die Gegenwart zu verlängern und etwa einen NATO-Piloten mit allen Hightech-Schikanen der Gegenwart dazuzustellen. Muster sind ja in der Koblenzer „Wehrtechnischen Sammlung“ der Bundeswehr genügend vorhanden. Es gibt in dieser Kammer des kriegerischen Männerkults auch ein „Frauen-

objekt" über der Tür, ohne Beschriftung, das auch nur auf Nachfrage erläutert wird: ein korbähnliches Metallgestell, vorne und hinten mit breiten Bügeln versehen und kleineren Öffnungen, von dem es ähnliche Exemplare bisweilen in englischen Burgen oder Sammlungen von „Foltergeräten" zu sehen gibt. Es handelt sich um einen „Keuschheitsgürtel", oder was man dafür hielt. Vor einiger Zeit haben zwei britische Historiker, Felicity Riddy und James Brundage, einige dieser Exemplare untersucht. Ihr Ergebnis: Keines ist älter als 200 Jahre und sie stammen in der Regel aus dem Rheinland! In der Zeit der Romantik war es unter englischen Literaten und Künstlern beliebt, solche Souvenirs mit nach Hause zu bringen, natürlich mit der entsprechenden sexuellen Konnotation, die dem prüden Viktorianismus der Zeit Rechnung trug. Und einer dieser Scherzartikel des 19. Jahrhunderts hat den Weg zurück ins Rheinland in die Marksburg gefunden.

Europäisches Burgeninstitut | Schlossstraße 5 | Tel. 0 26 27–97 41 56 | Kostenlose Benutzung | www.burg-direkt.de
Direkt an der Eisenbahn am südlichen Ende von Braubach liegt eingepasst zwischen Strom und Hang die Philippsburg aus dem 16. Jahrhundert, ein in seinem vergilbten Charme schöner Renaissancebau, an dem leider Gottes und wie so oft am Rhein unmittelbar und fast jede Viertelstunde die Bahn vorbeibrettert. Die Burgenvereinigung konnte mit Hilfe einer Erbschaft dieses Schloss vor einigen Jahren kaufen und hier ihr wissenschaftliches Institut mit der umfangreichen Bibliothek unterbringen. Hier lässt sich wirklich angemessen und angenehm lesen und forschen: in einem hohen Lesesaal mit vierfacher Verglasung, umgeben von Tausenden Büchern, in einem Institut, das alles über Burgen, das Mittelalter und das Rheinland sammelt, Karten oder Fotos, Mappenwerke und Pläne, Bücher und Zeitschriften, inzwischen auch alles digital erfasst, und überdies sehr freundliche Mitarbeiter hat.

Weinanbau im Rheintal

Obwohl das Rheintal als typische Weinanbauregion gilt, wird hier weniger als ein Prozent des deutschen Weins angebaut. Weniger als 500 Hektar sind es und noch vor 40 Jahren war es mehr als das Doppelte: Was die Faszination für die Weintrinker ausmacht, ist harte Arbeit für die Winzer. Vor allem die Steilhanglagen sind arbeitsintensiv, werden immer öfter aufgegeben und verbuschen – mit Folgen für die Landschaft, aber auch für den Lebensraum seltener Pflanzen und gefährdeter Tiere. Dagegen hat die Landesregierung von Rheinland-Pfalz ein Programm zur Rekultivierung dieser Lagen aufgelegt. Doch trotz aller Probleme: Die Tonschieferböden und die gespeicherte Wärme sind ideal für die Rieslingreben, die vor allem im Rheintal angebaut werden. Diese Weine sind kernig, herzhaft, süffig und erfreuen sich in den vergangenen Jahren steigender Beliebtheit.

Viele denken, die Römer hätten den Wein an den Rhein gebracht. Aber die haben eher ihre italienischen Importweine getrunken und nur ein paar Trauben an der Mosel geerntet. Der erste historisch gesicherte Weinberg findet sich in Boppard im Jahre 643. Erst mit dem Mittelalter ging es richtig los, mit dem Verbrauch in Kirchen und Klöstern. Wein, verdünnt mit Wasser, war das Alltagsgetränk, bevor er vom Bier verdrängt wurde. Das Kloster Eberbach im Rheingau besaß im Mittelalter eigene Schiffe für seinen Weinhandel und im Norden war Köln der Hauptumschlagplatz für Rheinwein.

Zusätze im Wein, um ihn zu süßen und zu konservieren, waren früher allgemein üblich. Es wurde jedoch immer streng bestraft, wenn es die Winzer oder Händler zu toll trieben. Beigepanscht wurde alles Mögliche und Unmögliche wie Totenbein, Vitriol, Quecksilber, Alaun, Kalk, Scharlachkraut, Waidasche oder Schwefel und vor allem Bleiazetat – wegen seines süßen Geschmacks auch Bleizucker genannt. Dadurch wurde der Wein klarer und farbintensiver, die Folge allerdings waren auch Koliken, Verstopfung, Gelenkschmerzen bis zur tödlichen Leberzirrhose. An diesem geliebten Rheinwein mit Bleizucker, den er sich bis nach Wien nachsenden ließ, ist auch Ludwig van Beethoven gestorben.

77 OSTERSPAY

OSTERSPAY Der seltene Fall, im Rheinbett wandern zu können, bietet sich vor Osterspay. Die über zwei Kilometer lange und nur wenige Meter breite Halbinsel „Zum Schottel" zieht sich sichelförmig in der großen Rheinschleife zwischen Braubach und Boppard entlang. Die Insel hat einen schmalen Weg auf der engen Krone und man fühlt sich beim Wandern wie Jesus auf dem See Genezareth, rechts und links der Rhein, überall ist Wasser. Heute ist die Schottel ein Naturschutzgebiet mit Rast- und Brutplätzen seltener Vogelarten und man darf nur zwischen Juli und September den südlichen Teil betreten. Dann ist es besonders schön mit den versandeten Buchten, in denen sich liegen und baden lässt wie an einem See – und das im Strom.

78 KAMP-BORNHOFEN

KAMP-BORNHOFEN Man kennt Bornhofen als alten Wallfahrtsort am Rhein oder man hat von Kamp als Metropole der früheren Flößer gehört. Und man kennt natürlich die beiden Burgen oberhalb, die als „Feindliche Brüder" in die heimische Sagenwelt eingegangen sind, obwohl sie niemals Brüder waren und schon gar nicht feindlich. Kamp- und Bornhofen, das sind zwei verschiedene Geschichten, aber eine Gemeinde, die erst im 20. Jahrhundert zusammengeführt wurde. Man lebt vom Fremdenverkehr, der eher betulich und katholisch daherkommt. Viele Kamper oder Bornhofener arbeiten als Pendler in den umliegenden größeren Orten.

Pilger in Bornhofen Seit dem späten Mittelalter war Bornhofen eine der populärsten Pilgerstätten am Rhein, vor allem für die beliebten Schiffsprozessionen. Das ganze Jahr über kamen Gläubige aus den Dörfern und Städten von Rhein, Lahn und

Mosel, hatte doch das Wallfahren neben aller frommen Übung noch eine ganz andere Bedeutung in Zeiten, in denen die Menschen außer im Krieg selten von zu Hause wegkamen. Pilgern war das Besondere, die Ausnahme vom Alltag, oft auch Abenteuer, Vergnügen und sogar Kontaktbörse. Eine andere Wallfahrt damals hatte den poetischen, treffenden Beinamen „Poussierprozession", und bezüglich der Schiffsreisen hieß es 1611 in den Coblenzer Annalen: „Man müsse gute Ordnung halten auf den Schiffen, nemlich daß die clerisey den besten Ort inne habe und nit die Weiber." Boppard wurde häufig auf dem Rückweg gar nicht mehr angefahren „wegen des Exceß des Trinkens". Und immer wieder wird vom begleitenden Klerus beklagt, dass „das Frauenvolck nit wohl zu dirigiren" sei. Als es dann noch Ärger mit den Musikkapellen um den Lärm und das Honorar gab, ordnete 1785 der Erzbischof von Trier an, keine Wallfahrten mehr zu veranstalten, „die über eine Stunde Wegs hinausgingen".

Es hat nichts genützt. Noch immer besuchen jährlich einige Tausend fromme Gäste, und viele davon zu Schiff, das Gnadenbild in der Pilgerkirche, wobei der Ort selber, und insbesondere die neue Pilgerhalle, kaum eine Aura religiöser Inbrunst vermittelt, von christlichem Charme ganz zu schweigen. Das Ganze macht eher den Eindruck einer Betfabrik und wäre als Mehrzweckbau leicht umzufunktionieren, zum Beispiel zur Turnhalle einer Gesamtschule.

Flößer- und Schiffermuseum in Kamp In Kamp lebten bis ins 20. Jahrhundert zahlreiche Familien von der Flößerei, da wegen der engen Tallage die Landwirtschaft nur im Nebenerwerb funktionierte. Außerdem war das lang gestreckte Ufer günstig für das Ankern der oft riesigen Flöße. Die Baumstämme wurden in kleineren

Verkehrsamt Kamp-Bornhofen
Tel. 0 67 73–93 73 | www.kamp-bornhofen.de

Gebinden aus dem Schwarzwald, aber auch aus dem Spessart oder dem Odenwald über die Nebenflüsse des Rheins nach Mannheim, Mainz oder Koblenz geschafft und dort kunstvoll zu großen Floßkörpern zusammengebaut. So ein Holländerfloß, wie es wegen des Bestimmungsorts genannt wurde, war oft mehr als 250 Meter lang und 50 Meter breit und bestand in Schichten aus mehreren Tausend Stämmen. Der vordere Bereich des Floßes setzte sich aus drei bis vier beweglichen Segmenten zusammen, um das riesige Floß steuerbar zu machen. Die leichteren Tannen trugen die schweren, für den Schiffsbau wichtigen Eichenstämme. Diese „Holländer" waren, nach heutiger Währung, oft mehrere Hunderttausend Euro wert. Mit einer Geschwindigkeit von fünf Kilometer in der Stunde trieben die Flöße rheinabwärts, mit mehreren Hundert Flößern, Steuerleuten und Arbeitern besetzt, die die acht bis zehn Tage lange Reise in Hütten auf dem Floß verbrachten, einen eigenen Koch dabeihatten und manchmal sogar Passagiere mitnahmen. Ein Neuendorfer Pastor, der 1798 die Reise mitmachte, hat in seinem Tagebuch die Essensportionen pro Passagier überliefert: „Es erhält jeder, der arbeitet, täglich drei Pfund Brot, ein Pfund Fleisch, anderthalb Pfund Käse, dreimal Suppe oder warmes Fleisch – für alle zehn bis zwölf ein Fass Bier, bei heißem Wetter mehr."

„Plötzlich biegt sich der Strom, und bei seiner Wendung erscheint majestätisch ein großes Floß von Namedy. Dreihundert Floßführer bewegen die riesige Maschine, große Ruder schlagen nach dem Takte ins Wasser vorn und rückwärts, ein ganzer Ochs hängt offen und blutend an den Hebebäumen ... die dreifarbige Fahne flattert im Winde, der Koch schürt das Feuer unter dem Kessel, aus drei oder vier Hütten, wo die Matrosen ein- und ausgehen, steigt Rauch auf, und ein ganzes Dorf lebt und schwimmt auf diesem ungeheuren Fußboden von Tannenholz."
Victor Hugo, 1842

Die großen Rheinflöße waren eine Art schwimmendes Dorf. Gelenkt wurde das Ganze von einem Lotsen, der in einem Turm erhöht stand und seine Mannschaft

nicht mit den Seemannsbegriffen Back- oder Steuerbord ans jeweilige Ufer dirigierte, sondern mit dem Ruf „Hart Frankreich" oder „Hart Hessenland". Wenn damals ein Ruderboot mit einer rot-schwarz karierten Fahne rheinabwärts kam, dann holten die Fischer ihre Netze ein, die Fähren legten an und die Schiffsmühlen wurden ans Ufer gezogen – man wusste, jetzt kommen die Flöße. Denn diese Boote, sogenannte Wahrschauer, die etwa eine Stunde rheinabwärts vor dem Floß herfuhren, waren das Signal.

Die Flößerei war schwere Arbeit, rau und gefährlich, und die Flößer hatten ein entsprechendes Image, wie eine kurkölnische Verordnung von 1753 belegt: „Die unter dem Namen von Rhein-Flötzern durchziehenden Individuen sollen als Vagabunden behandelt werden." Die letzten dieser „Vagabunden" haben im Jahre 1968 ihrem Beruf ein wunderschönes Denkmal gesetzt: das „Flößer- und Schiffermuseum" im Rathaus zu Kamp. Dort finden sich Hunderte von Erinnerungsstücken, Werkzeugen und Arbeitskleidung, Reiseutensilien und Arbeitszeug, Briefe, Fotos und Dokumente oder Patente, aber auch Schiffsmodelle, Signale, Anker, Glocken sowie nautische Objekte vom Rhein und seiner Schifffahrt. Wie in einem eng gepackten Kontor liegen die Exponate in drei Räumen in diesem sehr speziellen Museum. Sie sind fachkundig beschriftet, viele individuell gearbeitet, sodass man sich von dem Berufsstand der Flößer ein Bild machen kann.

Die feindlichen Brüder Sterrenberg und Liebenstein Die beiden Burgen über Bornhofen nennt man gemeinhin „Die feindlichen Brüder" und erzählt eine wildromantische Geschichte von zwei Männern, aber nur einer Frau. Die eine Fassung handelt von einer blinden Schwester, die von ihren beiden Brüdern um das gemeinsame

Flößer- und Schiffermuseum
Mai bis Oktober
Mi 14.30 bis 17.30 Uhr
oder telefonische Anmeldung bei Werner Proff: 0 67 73–5 73.

Burg Sterrenberg Restaurant und Café
Tel. 0 67 73–3 23 | www.burg-sterrenberg.de
Restaurant mit einer schönen Terrasse unter Bäumen, der Innenraum eher im Stil traditioneller Rheinromantik.

Burg Liebenstein Hotel, Restaurant, Café
Tel. 0 67 73–3 08 od. –2 51
www.castle-liebenstein.com | €€
Kleine Herberge mit wenigen Zimmern, Rittermahl und Burggespenst, aber nettem Ambiente und natürlich wunderbarem Blick.

Erbe betrogen wird. Daraufhin geht die arme Schwester ins Kloster, während ein Bruder den anderen erschießt – ein Missverständnis! – und dann nach Jerusalem pilgert, wo er ums Leben kommt. Das ist die militante Fassung. In der erotischen Variante geht es um eine entfernte, aber schöne Verwandte namens Hildegard, auf die beide Brüder scharf sind. Der ältere, Heinrich, zieht sich angesichts dieser Interessenkollision hochherzig zurück, und die schöne Hildegard wirft sich dem jüngeren, Konrad, an den Hals. Der aber hat sich inzwischen neu orientiert und bringt eine noch schönere Griechin mit nach Hause. Jetzt kommt der edle Heinrich wieder ins Spiel: Er will sich mit dem undankbaren Bruder duellieren, Hildegard wirft sich dazwischen, und während sich die schöne Griechin mit einem dritten Ritter davonmacht und Hildegard im Kloster verschwindet, leben die beiden schließlich als „feindliche Brüder", der eine auf Sterrenberg, der andere auf Liebenstein. Davon zeugt eine mächtige Schildmauer zwischen den beiden noch heute.
Ursprünglich waren die beiden Burgen im Besitz derselben Familie von Sponheim. Die eine, Sterrenberg, wurde im 12. Jahrhundert kurtrierisch und war lange ein Brückenkopf des Trierer Kurfürsten auf der rechten Rheinseite, während die andere Burg in den Besitz der konkurrierenden Familie von Liebenstein überging. Insofern spricht man besser von feindlichen Burgen als von feindlichen Brüdern.

VON BAD SALZIG BIS OBERWESEL

Mittelrhein-Klinik Bad Salzig Bewegungsbad/Sauna I Di bis Do sowie am Wochende nachmittags öffentlich zugänglich I Tel. 0 67 42–6 08-180 I www.mittelrhein-klinik.de

Landidyll Park Hotel I Bad Salzig, Römer Str. 38 I Tel. 0 67 42–93 93 0 I www.park-hotel-online.de I €€ Wellnesshotel, das neben einer guten Küche alle Genüsse für Schönheit und Wohlbefinden bietet.

79

BAD SALZIG Die Häuser dieses rheinischen Straßendorfs scheinen alle nach dem Märklin-Musterkatalog gebaut: Haus, Vorgarten, Garage, Parkplatz und Jägerzaun, alles ziemlich einförmig. Aber talaufwärts dann überraschend etwas anderes: Hier zieht sich ein großzügig angelegter und für rheinische Verhältnisse sogar gepflegter Park hin zu einem Kurbad, dessen Mineralwässer bei Verstopfung, Durchfall und sonstigen gastroenterologischen Leiden helfen. Das alte Kurhaus hat noch ein wenig von der Aura des gemächlichen Badens wie damals. Rundherum gibt es schöne Wanderwege und weite Wälder, und noch scheint Bad Salzig von den Sparzwängen der Krankenversicherungen verschont geblieben zu sein. Sehr schön ist ein Thermalbad im Kurbetrieb mit Sauna, einem weiten Wasserbecken und großen Fenstern zum Park – eine Art Spaßbad für Senioren.

80

ST. GOARs Geschichte beginnt mit einem französischen Mönch, der sich Anfang des 6. Jahrhunderts in einer Klause am Rhein niederließ, Kranke versorgte, Schiffbrüchige rettete und den Schiffern um die schwierigen Rheinklippen herumhalf, also Samariter und Lotse in einer Person war. Dieser gute Mann namens Goar hatte aus seiner französischen Heimat Aquitanien ein Weinfass mitgebracht, das die wunderbare Eigenschaft besaß, niemals leer zu werden. Der Mönch ließ alle Rheinländer aus seinem Fass trinken, allerdings unter einer Bedingung: „Erst taufen – dann saufen". Das führte natürlich zu enormen Missionserfolgen, quasi Massenbetäufnissen, die den zuständigen Bischof in Trier eifersüchtig machten. Er lud den Mönch zum Rapport, bot ihm aber nicht einmal einen Stuhl, geschweige denn eine Garderobe, an. Goar machte das nichts aus: Er

Schlosshotel & Villa Rheinfels
St. Goar, Schloss Rheinfels | Tel. 0 67 41–80 20 | www.schlosshotel-rheinfels.de | €€ – €€€

Das Boot Hotel, Restaurant, Café | Nördlich von St. Goar an der B9, am Jachthafen Hunt
Tel. 0 67 41–93 44 88 | www.hotel-st-goar-rhein.de | € | Neumodisches Restaurant und Hotel in Dampferform mit nautischen Accessoires: praktisch, günstig und mit Terrasse direkt am Rhein.

Tourist-Information St. Goar
Tel. 0 67 41–3 83 | www.st-goar.de

hängte seinen Rock einfach an einen Sonnenstrahl. Das war als Wunder nicht schlecht, aber auch nicht so besonders in einer Zeit, in der es ein halbes Dutzend heiliger Männer und Frauen gab, die ihre Mützen, Jacken oder Schleier, einer auch eine Sichel, in der blanken Luft aufhängten. Die hl. Elisabeth ließ sogar die Wäsche auf den Sonnenstrahlen trocknen. Goar konnte dann allerdings als weitere Überraschung dem Bischof die Vaterschaft eines „Waisenkinds" nachweisen, woraufhin der Bischof demissionierte, während der Mönch unbehelligt zu seinem allzeit vollen Weinfass an den Rhein zurückkehrte. Aus der Klosterzelle von Goar wurde eine Pilgerstätte, und für lange Jahrhunderte war St. Goar eine der beliebten Wallfahrtsstätten im Rheinland – bis 1527, als das Städtchen protestantisch wurde. Die Heiligenverehrung war out und in der Folge blieben die frommen Touristen aus. Zwar ist der Ort damit die älteste evangelische Gemeinde im Rheinland, aber wirtschaftlich war das eine Katastrophe. Erst mehr als 130 Jahre später durften die Katholiken sich eine neue Kirche außerhalb bauen, an der Stelle, an der heute die Pfarrkirche gleichen Namens steht. Angeblich konnten auch einige Reliquien vom hl. Goar gerettet werden, auf jeden Fall zeigt man die alte Grabplatte des Heiligen in der neuen Kirche. In jüngerer Zeit findet man direkt an der Fußgängerzone und vor der Kirchentür auch eine Skulptur des Stadtpatrons, für die das Adjektiv „hässlich" noch geschönt wäre.

„St. Goar, ein ‚Muss' für sogenannte Rheinromantiker – auch wenn von Romantik nichts gegeben ist."
„Städtetest am Mittelrhein" anlässlich der Nominierung des Mittelrheintals zum Welterbe

Ort und Heiliger sind eins, aber schon der Versuch, in dem Andenken-Supermarkt neben der Kirche irgendetwas über den Heiligen zu erstehen, führte zu der erhellenden Auskunft: „Danach wurde in den letzten zehn Jahren noch nie gefragt." Gefragt wird stattdessen offensichtlich nach so „typisch" rheinischen Souvenirs wie Kuckucksuhren,

Toiletten 150 m
P
P
Gebühr
5 €
Motor
abstellen

Wahrschauer- und Lotsenmuseum Lotsenturm an der B9 | Südlicher Ortseingang von St. Goar | Von Mai–Sept. Mi und Sa 14 bis 17 Uhr
Ehemaliger Beobachtungsposten und Signalstation, der kleine Raum erinnert mit zahlreichen Fotos und Karten an die Lotsen von St. Goar. Informationen über die Warnsysteme der bergwärts fahrenden Schiffe, früher mit Flaggen, heute mit Lichtsignalen. Der „Wahrschauer" war ursprünglich ein Bootsmann, der die entgegenkommenden Schiffe vor den Rheinflößen warnte, sie – so wörtlich im Althochdeutschen – „wahr schauerte", das hieß „zur Obacht aufschreckte".

Steifftieren oder Bierkrügen, die jeweils mit Spezialgeschäften in der Touristenmeile vertreten sind, sowie der größten frei hängenden Kuckucksuhr der Welt am „cuckoo-clock-center". Manche stößt das vielleicht ab, wie das Massengeschäft für die Busladungen von Japanern oder Amerikanern en gros und en détail organisiert ist, aber es ist nicht zu übersehen, dass sich die Kaufleute St. Goars im Unterschied zu manch anderen kränkelnden Rheingemeinden auf ihr Kerngeschäft verstehen.
Das wirkliche Wunder verdankt der Ort seiner Lage. Denn hier beginnt rheinaufwärts die gefährlichste Passage für die Schifffahrt, der Strom wird schneller und enger. Wegen der Klippen und Sandbänke im Strom passierten in Höhe der Loreley und weiter bergwärts die meisten Unglücke. Die Schiffer mussten hier häufig umladen, auf jeden Fall anhalten. Das hat nicht nur den zahlreichen Rheinkneipen die Kundschaft beschert, sondern auch den Lotsen und Fährleuten aus St. Goar über Jahrhunderte die Arbeitsplätze garantiert.
Erst die Arbeit der preußischen Rheinstrombauverwaltung Ende des 19. Jahrhunderts hat die Passage entschärft, wenn auch bis in die jüngere Zeit die Lotsen in St. Goar an Bord der Rheinschiffe gingen, um sie sicher um die Klippen und Engpässe zu bringen. Die letzten arbeiteten bis 1969, doch inzwischen haben starke Motoren, Radar und Echolot sowie die Verbreiterung der Fahrrinne am Binger Loch ihre Arbeit überflüssig gemacht.

Die Burg **Rheinfels** oberhalb St. Goars, ab 1245 gebaut, war seit dem späten Mittelalter eine der größten Befestigungsanlagen am Rhein. Sie hatte für die Grafen von Katzenellenbogen und später für die Landgrafen von Hessen vor allem als Zollburg erhebliche wirtschaftliche Bedeutung. Der reiche Besitz wurde aus dem „flüssigen

Rheinaufwärts ließen sich die Lotsen in ihrem Kahn nach Hause zurückschleppen. (linkes Bild)

Selten steht bei der Rheinmalerei die Arbeit im Vordergrund. George Grosz hat das Rheintal wie ein Industriegebiet gesehen: der Strom als Transportweg zu den Fabriken mit ihren dampfenden Schloten. (rechtes Bild)

Rheingold" erwirtschaftet, denn Rheinwein war das wichtigste Zollgut. Die Burg wurde nie erobert, sondern fiel den Franzosen kampflos in die Hände, die diese „Wacht am Rhein" 1797/98 in die Luft sprengten. Heute ist nur ein knappes Fünftel wiederhergestellt und beherbergt ein nobles Hotel sowie ein Heimatmuseum. Die Burg ist Veranstaltungsort für diverse Licht- und Theaterspektakel und bietet für die Besucher einen „Rheinfelspfad", der über die Burggeschichte und Flora und Fauna der Trümmer informiert.

81 **OBERWESEL** Egal ob man auf den Turm der roten Liebfrauenkirche steigt oder von der weißen Martinskirche auf den Ort hinabblickt, ob man im Restaurant der Schönburg speist oder den Fußweg von der Burg über die Elfenlay hinunterspaziert, immer hat man die ganze Stadt am Strom im Blick: mit dem großen Mauerring, den fetten Bürgerhäusern, den Dächern, Kapellen und Zinnen und den weiten Weinbergen dahinter. Man ahnt das Geld, aber auch die Arbeit, die hierin steckt, und wenn man dann die monumentalen Kirchen ins Verhältnis zu dem doch kleinen Städtchen setzt, dann versteht man endlich, was es heißt: Der Glaube versetzt Berge.

Die **mittelalterliche Mauer**, eine der ältesten im Rheinland, ist über weite Strecken mit Türmen und Toren und zahlreichen Lauftreppen erhalten und prägt die Stadt, die sich zwischen Berghang und Strom entlangstreckt. Oberwesel bot lange das wohl geschlossenste Stadtbild in der rheinischen Flusslandschaft. Dieses Ensemble wurde erst im 19. Jahrhundert durch den Bau der Eisenbahn und Mitte des 20. Jahrhunderts der B9 stark beeinträchtigt. In der jüngsten Zeit wurde die alte Mauer vorsichtig – ohne historisierende Elemente – restauriert und ist über weite Strecken begehbar.

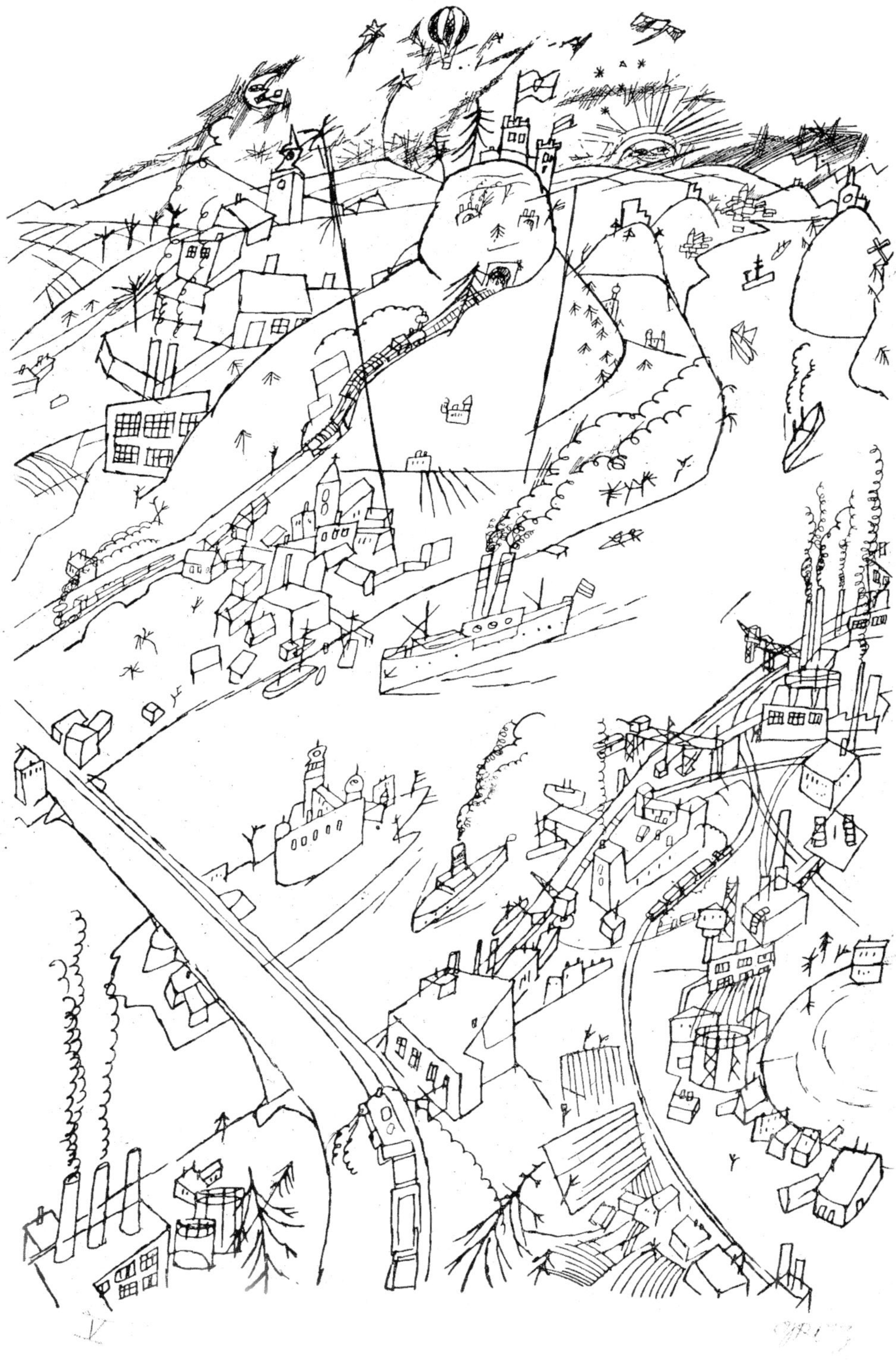

Burghotel & Restaurant **Auf Schönburg** | Tel. 0 67 44–9 39 30 | www.hotel-schoenburg.com | €€€
Ein elegantes Hotel, das mit allen Räumen und Funktionen umsichtig in das alte Burggemäuer integriert wurde: für mich das schönste Schlosshotel am Rhein. Jedes Zimmer ist individuell gestaltet und eingerichtet, völlig verschieden in Schnitt und Zugang sowie den zahlreichen Aussichten von Erkern oder Balkonen über das Rheintal. Ähnlich die Außenplätze und Winkel des Restaurants mit einem Panoramablick bis zur Loreley, dazu eine exzellente Küche.

Jugendgästehaus Oberwesel, Auf dem Schönberg | Tel. 0 67 44–9 33 30 | www.diejugendherbergen.de | €
Jugendherberge direkt neben der Schönburg, Ein- bis Vierbettzimmer mit Bad/WC, Tagungsräume, Cafeteria und hauseigenes Hallenbad.

Ursprünglich war Wesel wohl eine keltische Siedlung mit dem Namen „Vosovia", aus der die Römer eine Raststätte an ihrer Militärstraße machten, inklusive Herberge und Pferdewechselstation. Im hohen Mittelalter war der Ort selbstständig, nannte sich dann Oberwesel in Abgrenzung zum niederrheinischen Wesel und wurde durch Weinbau, Fischfang und Handel sowie den Holzreichtum im Hinterland wohlhabend. 1309 verlor Oberwesel die Autonomie, als Kaiser Heinrich VII. die Stadt seinem Bruder, dem Trierer Erzbischof Balduin, verpfändete. Alle Versuche, wieder unabhängig zu werden, scheiterten: im „Weseler Krieg" 1390/91 etwa, bei dem zum ersten Mal im Rheinland Kanonen zum Einsatz kamen, oder im Bauernkrieg 1525, bei dem sich die rheinischen Kurfürsten in einem Bündnis gegen die Aufständischen zusammengeschlossen hatten. Erst die Franzosen brachten mit ihrem Einmarsch 1794 die Befreiung von Kirche und Adel, um den Ort 20 Jahre später dann zusammen mit dem ganzen Rheinland den Preußen zu überlassen.
Halb auf die Stadtmauer gestützt und über einem breiten Gewölbe errichtet, findet man vis-à-vis vom Rheinufer die **Wernerkapelle**. Sie erinnert an einen Heiligen, der nie heiliggesprochen wurde, sich aber gleichwohl im Rheinland großer Beliebtheit erfreute. Werner war ein 14- oder 15-jähriger Junge, der 1287 an dieser Stelle umgebracht worden sein soll, und zwar als „Ritualopfer" der Juden. Tatsächlich war der Knabe wohl Opfer eines Sexualverbrechens, aber das interessierte in der antisemitisch aufgeladenen Hysterie niemanden. Rasch breitete sich das Gerücht über den „Ritualmord", aber auch die Verehrung des jungen Heiligen, aus. Es kam zu mehreren Pogromen, unter anderem in Bacharach, bei denen mindestens 40 Juden ums Leben kamen. Werner wurde in der gleichnamigen Kapelle in Bacharach beigesetzt, deren Chorreste bis heute als kunstgeschichtliches Denkmal der rheinischen Hochgotik gerühmt werden.

Bis in unsere Zeit wurde dieser Werner als Winzer- und Weinheiliger gerühmt. Aber schon im 13. Jahrhundert verbot König Rudolf die Verehrung, und der Mainzer Bischof appellierte an das Volk, das himmelschreiende Unrecht an den Juden zu lassen und statt der „albernen Verehrung“ den toten Werner lieber zu verbrennen und seine Asche in alle Winde zu zerstreuen – aber nichts fruchtete. Im Gegenteil: Ort, Reliquien und Patronat waren durch die Jahrhunderte immer wieder Anlass für Wallfahrt und Verehrung, aber genauso für antisemitische Ausfälle. Werner ist ja nicht der einzige „Ritualmordheilige“ der Kirchengeschichte, und entsprechende Gerüchte sowie darauf folgende Pogrome gibt es in der Kölner Gegend und am Niederrhein noch bis weit ins 19. Jahrhundert. Erst 1963 nach dem II. Vatikanischen Konzil wurde der Werner-Kult im Kalender der Diözese Trier offiziell gestrichen.
Die **Liebfrauenkirche**, wegen ihrer farbigen Außenfassung auch „Rote Kirche“ genannt, steht im Süden außerhalb der historischen Kernstadt von Oberwesel. Sie war Stifts- und Pfarrkirche und gilt als exzellentes Architekturbeispiel der gotischen Epoche. Der auch im Inneren monochrom rote Bau ist mit hervorragenden Bildern und Altären, Wandgemälden, Grabmälern und liturgischem Gerät bestückt.
Ein Gemälde ist besonders bemerkenswert, gleich hinterm Eingang an der Nordseite: die „Fünfzehn-Zeichen-Tafel“. Nach einer alten Legende soll der Kirchenvater Hieronymus die letzten 15 Tage vor dem Jüngsten Gericht beschrieben haben, und die sind hier en détail dargestellt – verschwindende Meere und brüllende Seeungeheuer, Blut schwitzende Bäume und ein brennender Ozean; Tote, die aus den Gräbern steigen, und herabstürzende Sterne, verbrannte Erde, das zerstörte Oberwesel mit Bürgern, die die Sprache verloren haben. Das Bild ist eine fantastische Vision vom Schrecken des Weltendes und zugleich eine bildmächtige Apokalypse,

Verkehrsamt Oberwesel Rathausstraße
Tel. 0 67 44–71 06 24 | www.oberwesel.de
Auf der Homepage unter „Welterbe" und dann „Bauverein" ein informativer und gut gestalteter Auftritt zur Stadtbefestigung sowie zu den Kirchen und Burgen.

Turm der Liebfrauenkirche Liebfrauenstraße
Pfarramt | Tel. 0 67 44–9 40 77 | Mit schönem Blick über Oberwesel. In der zweiten Etage steht ein originales mittelalterliches Tretrad, das noch funktionsfähig ist und mit dessen Hilfe früher die Balken und Steine hinaufgezogen wurden.

St. Martin um 1490 vor der Stadtkulisse von Oberwesel.
Im Hintergrund die Martinskirche.

Günderode-Filmhaus Siebenjungfrauenblick | Gaststube & Rheinterrasse | April–Okt. täglich 12–19 Uhr | im Winter am WE und auf Anfrage | Gastgeberin: Elke Bolland 01 60–7 24 23 27 | www.günderodefilmhaus.de

die sich kaum vom Szenario eines modernen Horrorvideos oder auch den bildgewordenen Ängsten der gegenwärtigen Naturkatastrophen unterscheidet.
Die Weiße Kirche im Norden über Oberwesel ist dem **hl. Martin** gewidmet, dem Stammesheiligen der Franken. Der monumentale Bau mit dem markanten Turm erinnert an einen mächtigen Bergfried. Tatsächlich war dieser Kirchturm mit den Schießscharten einmal Teil der Stadtbefestigung und gilt als wichtiges Beispiel sakraler Wehrarchitektur im Rheinland. Der Bau ist verwittert und nicht so gepflegt wie die Rote Kirche, aber das macht auch seinen Charme aus. Auch diese Kirche bietet eine Fülle von Bildern, vor allem Fresken des 16. Jahrhunderts, mit allen möglichen Leiden und Schrecken aus dem Leben oder vom Sterben der Heiligen. Von dem pfeilgespickten Sebastian über die hl. Agatha mit den abgeschnittenen Brüsten bis zu einem Bischof, dem die Augen ausgebohrt werden – das alles sind Bilder, die sinnfällig dokumentieren, mit welcher Orgie von Blut und Terror die Menschen seinerzeit visuell in der Kirche traktiert wurden.
Früher waren es die Ritter, heute sichern sich die Medien die schönsten Stellen am Rhein. Auf der nördlichen Rheinhöhe über Oberwesel, nach einem knapp halbstündigen Fußweg durch die Weinberge, stößt man auf das **„Günderode-Filmhaus"**. Den stilgerechten Fachwerkbau ließ Edgar Reitz für die 3. Staffel seines Films „Heimat" errichten, bzw. aus dem Hunsrück hierher verlagern und restauriert wieder aufbauen. Zum Glück wurde es – trotz Welterbe – nicht wieder abgerissen und beherbergt heute ein kleines, feines und delikat geführtes Restaurant mit der angenehmsten Kaffee/Kuchen/Tee-Terrasse am Mittelrhein. Die Dichterin Carolin von Günderode (1780–1806) hat hier allerdings nie gelebt, wenngleich ihr Hermann versprach: „Clarissa, unser Haus wartet auf dich, es hat Sehnsucht wie ein Hund …"

Das Lied der Deutschen Eine wichtige Premiere für die deutsche Nationalgeschichte erlebte Oberwesel im 19. Jahrhundert. In der Zeit der Romantik war das Gasthaus „Zum goldenen Propfenzieher" ein beliebter Treffpunkt der rheinischen Maler und Liedermacher – sozusagen ein Szenelokal. Das Rheinische Landesmuseum in Bonn besitzt ein Bild von Adolph Schroedter, „Rheinisches Wirtshausleben", das diese Wein-Weib-&-Gesang-Seligkeit im Propfenzieher als Idylle aus Saufen, Spielen und Schäkern farbenfroh darstellt. Hier verkehrte unter anderem Ferdinand Freiligrath, und hier sang auch am 17. August 1843 August Heinrich Hoffmann von Fallersleben zum ersten Mal vor Freunden sein „Deutschland, Deutschland über alles", aus dem später die Nationalhymne wurde – mit der berüchtigten Grenzziehung „von der Maas bis an die Memel, von der Etsch bis an den Belt ...". Fallersleben war kein rheinischer Demokrat, wie bisweilen behauptet wird, sondern tat sich durch Hetzverse gegen Franzosen und Juden hervor, und es ist kein Zufall, dass die Erinnerungstafel an dem heute noch existierenden Gasthaus „Goldener Propfenzieher" ausgerechnet im Jahre 1941 angebracht wurde.

Nur in Deutschland

... Grüß mein Lieb am grünen Rhein,
Grüß mir meinen kühlen Wein!
Nur in Deutschland, da will ich ewig leben.

Fern in fremden Landen war ich auch.
Bald bin ich heimgegangen.
Heiße Luft und Durst dabei,
Qual und Sorgen mancherlei –
Nur nach Deutschland tät mein Herz verlangen.

Ist ein Land, das heißt Italia,
Blühn Orangen und Zitronen.
Singe! Sprach die Römerin,
und ich sang zum Norden hin:
Nur in Deutschland ...

Hoffmann von Fallersleben

ZUR LORELEY

82 EHRENTHAL

Neben dem Wein ist das Mittelrheintal maßgeblich vom Bergbau geprägt. Vor allem Silber und Zinn wurden gewonnen, die Römer bauten schon Blei für den Schiffsbau ab. Ein großes Bergbaugebiet lag auf der rechten Rheinseite in den Tälern zwischen Ehrenthal und Wellmich, von der Grube „Gute Hoffnung" bis 1961 betrieben. Es gab sogar einen Stollen in 136 Metern Tiefe unter dem Rhein hindurch, die Verbindung zur rechtsrheinischen Aufbereitung. Ein fünf Kilometer langer, ausführlich beschilderter und mit Fotos und historischen Karten bestückter Informationsweg führt von Ehrenthal über Prath auf der Höhe (hier ein privates Mineralien- und Bergbaumuseum) nach Wellmich an den Rhein zurück. Informationen zu Technikgeschichte und Geologie, aber auch zu Flora und Fauna der Region. Der Weg ist mit einem Turmsymbol gekennzeichnet.

Bergbaumuseum Prath
Helmut Kaspar
Pfarrer-Reuter-Str. 16,
Tel. 0 67 71–77 55.

83 PATERSBERG

Wenn man ganz freundlich nachfragt, dann schenkt einem der Wirt vom „Wirtshaus am Teufelstein" ein Gedichtblatt mit einer rührenden Geschichte, wie die Bauern und Winzer vor Urzeiten den Teufel hereingelegt haben. Sie wollten angeblich hier oben ein Wirtshaus bauen und der Teufel ging ihnen dabei in Erwartung etlicher sündiger Seelen tatkräftig zur Hand: Eigenhändig schleppte er einen riesigen Felsen auf die Rheinhöhe, den er jedoch wütend hinschmiss, als er merkte, dass es bei dem Bau um eine Kirche ging. Dieser Fels ist der „Teufelstein", ein weit übers Rheintal ragender Aussichtspunkt, und das Schöne ist, er wird wenig besucht. Man ist auf dem Wiesenabhang meist allein, obwohl die Patersberger gerne erzählen, dieser Blick sei „weltbekannt". Tatsächlich kann sich der Blick vom Teufelstein leicht mit dem viel berühmteren

Zufahrt zum Teufelstein Von St. Goarshausen Richtung Loreley, links nach Patersberg, Beschilderung „Drei-Burgen-Blick" bis zu einem Parkplatz. Gut für ein Picknick mit unbezahlbarem Fernblick.

Wirtshaus am Teufelstein Wirtshaus mit Zimmern, Café | Tel. 0 67 71–4 25 | www.loreley.de | €
Haus mit dem verstaubten Charme der 1960er-Jahre, bescheidene Zimmer – fantastischer Blick.

von der Loreley messen. Es ist sogar schöner, von hier aus hinunter ins Rheintal zu blicken oder hinüber auf die weiten Höhen, weil keine Bäume und Büsche die Sicht behindern. Direkt gegenüber liegt St. Goar mit dem Schloss Rheinfels, der mächtigen Festung, die die Franzosen im 18. Jahrhundert sprengten und deren Trümmer der spätere Kaiser Wilhelm I. kaufte. Rheinaufwärts hat man die Loreley im Blick und davor die mächtige Burg Katz. Ganz unten im Flusstal sieht man direkt am Strom die weißen Signalbalken der Wahrschauer – Signale, die den Schiffern schon vor der engen Fahrrinne unter der Loreley anzeigen, ob ein anderer Frachter zu Tal oder zu Berg entgegenkommt. Rheinabwärts erblickt man in der Ferne als dritte die Burg Maus – daher der Name „Drei-Burgen-Blick" für diesen imposanten Ausblick.
Mit Blick auf Burgen, Strom und Loreley, angesichts der kulturell wie landschaftlich schönsten Partie des Mittelrheintals, erkennt man auch die Absurdität einer Brücke, die hier geplant ist. Seit Jahren fordern die Handelskammern, einzelne Gemeinden, aber auch die Landesregierung eine neue Brücke. Zwischen Koblenz und Mainz gibt es über mehr als 80 km nur Fähren, und das sei schlecht für Handel, Verkehr und Arbeitsplätze, hindere den Tourismus und beschleunige die Abwanderung. Dagegen fordern die Grünen, die Umweltverbände und andere Gemeinden endlich einen 24-Stunden-Fährverkehr, und das kostenlos. Natürlich ist mit einer Brücke der Status als Welterbe bedroht, obwohl die UNESCO offenbar Brücke oder Tunnel nicht mehr ausschließt und Ende 2008 von der Regierung ein Architektenwettbewerb angekündigt wurde. Aber es ist schon merkwürdig: ob Dresden, Köln oder der Mittelrhein, kaum sind die deutschen Landschaften in die Liste aufgenommen, arbeitet die Politik daran, dass sich das wieder ändert.

DIE ERFINDUNG DER RHEINROMANTIK

Der Beginn der Rheinromantik wird auf das Jahr 1802 terminiert und man kennt auch genau die Erfinder: Achim von Arnim, aus altem märkischem Adel, und Clemens Brentano, Sohn einer Frankfurter Handelsfamilie. Der Berliner und der Hesse paddelten 1802 den Rhein hinunter, sie hatten ihre Gitarren dabei und viel Zeit, waren 20 Jahre jung und fähig zu großen Gefühlen. Das Resultat: Sie waren entzückt, sie waren begeistert, sie hatten romantische Gefühle am Rhein, aber sie haben die Romantik nicht erfunden. Das waren andere und schon einige Jahre früher, keine Hessen oder Berliner, Rheinländer ohnehin nicht. Es waren Ausländer: Italiener und vor allem Engländer.

Nach alter Tradition reisten die jungen Engländer ab Mitte des 18. Jahrhunderts ins alte Europa, oft nach Italien, besuchten Rom, Neapel, den Ätna und die Ruinen von Pompeji, um sich zu bilden. Die Route führte bisweilen durchs Rheinland, aber hier blieben sie nicht, warum auch. Ein geflügeltes Wort damals war: „Die drei dreckigsten Städte der Welt fangen alle mit einem C an! Calkutta, Constantinopel und Cöln." Und für den englischen Theologen John Wesley, der 1738 zu Besuch kam, war Köln die hässlichste Stadt, der Dom ein riesiges, missgestaltetes Ding, dem weder Symmetrie noch Anmut zukomme, „nur ein Ruinenhaufen".

Aber das ist das Stichwort, die rheinische Ruine! Denn ähnlich war es überall – die Menschen arm, der Wein zweitklassig, das Tal von den Verkehrswegen abgeschnitten, eine traurige Region, die Bewohner ungebildet und katholisch, mit einem Wort: zurückgeblieben. Genau das aber machte irgendwann den Reiz für die Fremden und den fremden Blick aus. Warum die weite Reise nach Rom, warum die Felsenklippen Siziliens und die Ruinen Pompejis? Ruinen, Felsen, wilde Landschaften gab es auch am Rhein.

Die Rheinlandentdecker waren Künstler, Maler, Schriftsteller wie etwa Matthew Gregory Lewis, der Anfang des 19. Jahrhunderts die erste Sammlung von Rheinlandsagen unter dem bezeichnenden Titel „Tales of Terror" – in Englisch! – herausbrachte. Das war auch der Geist, der die beiden jungen Deutschen von Arnim und

Brentano beflügelte und nach ihnen unzählige andere. Dabei spielte vor allem Bonn und seine Universität mit dem akademischen Publikum eine entscheidende Rolle. Das Rheinland war plötzlich „in", und als die neuen Verkehrsmittel Dampfschifffahrt und Bahn Tausende ins Rheintal befördern konnten, wurde es zum Anziehungspunkt ganzer Völkerscharen mit der zentralen Idee „Romantik".

Zugleich mit der romantischen wuchs auch die politische Idee vom Rheinland. In den Befreiungskriegen gegen Napoleon hatte man den Rhein als „deutschen Strom" positioniert, das Rheinland wurde zur typischen deutschen Landschaft. Vor allem die Preußen forcierten diesen Blick als Abgrenzung zu Frankreich und die rheinischen Intellektuellen taten dabei kräftig mit. Die berühmte Kampfschrift von Ernst Moritz Arndt, „Teutschlands Strom – nicht Teutschlands Grenze", datiert aus dem Jahre 1813; der Koblenzer Josef Görres, als junger Mann Anhänger der Französischen Revolution, wurde nach einem Paris-Besuch zum Franzosenhasser, für den die Nachbarn von „flatterndem Feuer" ohne Ausdauer und „Beharrungsvermögen" waren – im Unterschied zu den Deutschen mit ihrer „Ernsthaftigkeit, Treue und Tiefe". Der Liedermacher Niklas Becker schrieb 1840 seinen Hit „Sie sollen ihn nicht haben, den freien deutschen Rhein", für den ihm der preußische König ein Ehrengeschenk von 1000 Talern vermachte. Zu all der Abgrenzung von Frankreich, rheinischem Pathos und nationaler Deutschtümelei kam noch ein bisschen Geschichtsklitterung: Der gotische Kölner Dom – das politische Symbol romantischer Geisteshaltung – wurde zum Inbegriff „germanischer Baukunst" stilisiert, und Arndt legte noch etwas zu und forderte gegen das französische „Reich des Satans" ewigen Hass: „Dieser Hass glühe als die Religion des deutschen Volkes, als ein heiliger Wahn in allen Herzen."

Angefangen aber hat das mit der Rheinromantik, und dann wird es vielleicht auch verständlich, warum im Jahre 1945 die französische Besatzungsmacht in ihrer Zone die Entnazifizierung forderte: für „zwölf Jahre Nationalsozialismus, 50 Jahre Imperialismus und 150 Jahre Romantik".

84 **LORELEY** Der Karrierestart des Superstars Loreley ist genau zu terminieren: das Jahr 1801. Sie ersteht aus einer Ballade in dem ersten Roman der Romantik „Godwi", der zugleich der Durchbruch des jungdeutschen Autors Clemens Brentano ist. In dem depressiv-melancholischen Liebesgedicht geht es um eine schöne Zauberin mit Vornamen Lore und Nachnamen Ley,

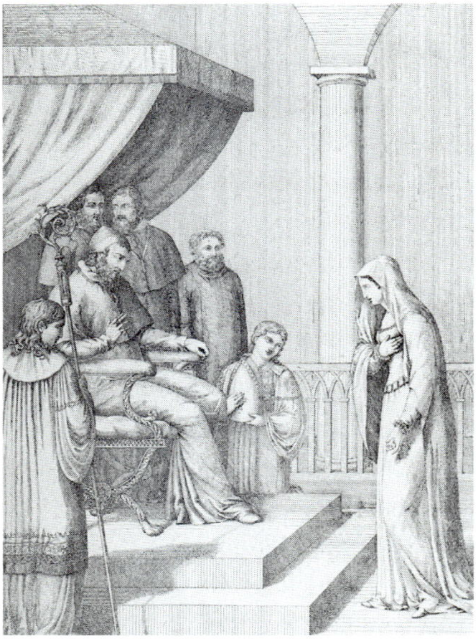

wohnhaft in Bacharach am Rhein, die vor den Bischof zitiert wird und ins Kloster verbannt werden soll, weil sie den Männern das Herz verdreht – das des Bischofs eingeschlossen –, und die sich auf dem Weg ins Kloster von einem hohen Felsen an einem Fluss zu Tode stürzt. Diese Ballade kam in der Frühzeit der Rheinromantik gut an, zumal sie viele Versatzstücke antiker Mythen aufnimmt: etwa die Nymphe, den Fluss, das Echo. Eine ganze Reihe von Dichtern, bald auch Komponisten und zahlreiche Maler haben diesen Stoff um die schöne Frau aufgegriffen. Relativ schnell wurde die Figur auf den Ort beziehungsweise den Berg Loreley und an den Rhein projiziert, wovon Brentano nie gesprochen hatte. Von dem eher unschuldigen Suizidopfer mutierte sie allmählich zu einer blonden, männerbedrohenden Täterin. Der Durchbruch kam mit Heinrich Heine 20 Jahre

Informationen, Restaurants, Übernachtung auf der Loreley: www.loreley.de

Turner- & Jugendheim auf der Loreley
Tel. 0 67 71–26 19 | www.loreley-herberge.de | €
Mit zwei Blockhäusern, simpel ausgestattet, aber mit ungewöhnlichem Schlafzimmerblick ins Rheintal.

nach der Veröffentlichung der Ballade und vor allem auch mit der Vertonung durch Friedrich Silcher, „Ich weiß nicht, was soll es bedeuten ...", eine Melodie, die jeder ohne nachzudenken mitpfeifen kann und die das Heine-Gedicht zum populärsten Rheinlied gemacht hat.

Es gibt viele Vermutungen und Erklärungen, warum die Loreley einer der bekanntesten Berge der Welt ist, auf jeden Fall der berühmteste deutsche in der weiten Welt, geradezu synonym für die Republik der Germanen. Man hat das zentrale Motiv der verführerischen und Männer verschlingenden Frau und die entsprechenden Fantasien angeführt, die politische Aufladung durch den Nationalismus der Romantik, die ihren emotionalen Ausdruck in Heimatduselei und Rheinseligkeit gefunden hatte, auch die Kombination mit dem anderen zentralen Mythos von den Nibelungen, die angeblich hier ihren Schatz versenkten. Die dramatische Geologie des Rheinteils oder die Topografie der gefährlichen Schifffahrt an der Loreley sollte verantwortlich sein, aber es gibt sicherlich nicht nur eine Erklärung für die Wirkung und Bedeutung dieser Schönen mit Namen Lore Ley.

Die Loreley, bekannt als Fee und Felsen,
ist jener Fleck am Rhein, nicht weit von Bingen,
wo früher Schiffer mit verdrehten Hälsen,
von blonden Haaren schwärmend, untergingen.

Wir wandeln uns. Die Schiffer inbegriffen.
Der Rhein ist reguliert und eingedämmt. Die Zeit vergeht.
Man stirbt nicht mehr beim Schiffen,
bloß weil ein blondes Weib sich dauernd kämmt.

Erich Kästner, 1932

Auf jeden Fall zählen Besichtigung und Bergbesteigung zum Standardprogramm eines Rheinlandbesuchs. Man ist dann doch erstaunt, wie gewöhnlich es „auf der Loreley" zugeht – ganz zu schweigen von der gewöhnlichen Aussicht, die von diversen, aber nicht ganz so prominenten Aussichtspunkten im Rheintal oft übertroffen

Rhein-Wein-Wanderpfad
Von St. Goarshausen bis Kaub
22 Kilometer ca. sechs Stunden. Mittelschwer mit einigen langen Steigungen, Markierung RP. Weg vom lebhaften Rheintal befindet man sich mit 200 Metern Höhenunterschied im Rheinland der Romantiker, mit weiten Panoramablicken, dazwischen Schieferfelsen und Hochplateaus, tiefe Täler, Wälder und Weinberge.

wird. Es gibt Parkplätze dort oben, viele Wiesen, ein Hotel mit Restaurant, Andenkenbüdchen und ein Besucherzentrum, das völlig deplatziert in der Gegend herumsteht, Sportplätze und eine Jugendherberge. Und dann ist da noch eine schön gestaltete Anlage auf der Spitze des Berges, die der Landschaftsarchitekt Dirk Melzer und die Künstlerin Silvia Beck 1998 entworfen haben: mit kleinen Aussichtsplattformen und Bänken, geschickt angelegten Wegen, dazwischen witzige Bildhauerarbeiten in den Felsen und natürlich viel Grün, dass man ins Staunen kommt, so etwas ausgerechnet an einem der Knotenpunkte des Massentourismus zu finden.

Loreley

Das Tal, die jungen Blätter und
Der trockene Geschmack des örtlichen Weins
Bieten sich uns an
Während unser Boot den Felsen der Loreley passiert.

Heiku des japanischen Ministerpräsidenten Naksone,
während der Schiffspassage

„Zu viel Industrie
Kein Fisch im Rhein
Die Loreley vergiftet
Alles ist gestört."

Allen Ginsberg, 1979

 HAP Grieshaber, Die Loreley

SERVICE VON A BIS Z

Die nachfolgenden Informationen betreffen das Rheintal insgesamt und liefern wichtige Gesamtüberblicke, die meisten sind über das Internet leicht zu komplettieren. Weitere Tipps zu Kultur und Gastronomie findet man im Text unter den entsprechenden Orten.

BAHN

Deutsche Bahn Das Rheintal gilt als eine der reizvollsten Bahnstrecken in Deutschland, jedenfalls für die Zugreisenden, weniger für die Bewohner. Vor allem nach dem Ausbau der neuen ICE-Schnellstrecke nach Frankfurt hat der Güterverkehr im Rheintal bei Tag und Nacht noch zugenommen. Fast stündlich fahren EC-Züge von Köln über Koblenz nach Mainz und umgekehrt. Für den Gast am Rhein sind vor allem die Nahverkehrszüge attraktiv, die auf beiden Seiten stündlich von frühmorgens bis spät am Abend in beiden Richtungen verkehren und an jedem Bahnhof halten: ideal für Wanderer oder Radfahrer, Kinderreiche, Kegelbrüder und Weintrinker. Alle Infos zu Preis, Fahrplan etc. unter www.bahn.de

Ausflugsbahnen Rechts und links führen diverse Bahnstrecken, öffentlich oder privat betrieben, aus dem Rheintal heraus oder in das Rheintal herein - von Nord nach Süd sind das:

Ahrtalbahn ab Remagen ins Ahrtal bis Ahrbrück www.bahn.de

Kasbachtal ab Linz ins Kasbachtal www.rhein-net.de/drachenland

Vulkanexpress ab Brohl in die Vulkaneifel www.vulkan-express.de

Pellenz-Eifelbahn ab Andernach in die Eifel nach Kaisersesch und dort Anschluss an die Eifelquerbahn bis Gerolstein www.veb.de, www.bahn.de

Hunsrückbahn ab Boppard in den Hunsrück bis Emmelshausen www.bahn.de

ESSEN & TRINKEN

Es gibt zahllose Gastrobetriebe im Rheinland, manche sind miserabel, die meisten zwischen mäßig und brauchbar. Aber zunehmend entdeckt man Gaststätten und Restaurants oder auch Cafés, die sich durch ausgefallenere Speisekarten, innovative Rezepte, eine gute Küche und ein zeitgemäßes Ambiente hervortun. Das gilt unter anderem für die im Text empfohlenen Adressen und auch mehrere Zusammenschlüsse, die einen Mindeststandard an Produktqualität und Kochkunst bieten.

Rund 50 **Landrestaurants** und Hotels in Rheinland-Pfalz, davon ein Dutzend am Mittelrhein, haben ein gemeinsames Label gegründet, um vor allem die regionale Küche zu pflegen:
www.tafelrunde-landrestaurants.de

Im Rahmen der Welterbe-Aktivitäten haben sich eine Reihe von Winzern, Gastwirten, Tierhaltern, Metzgern und Obstbauern zu dem regionalen Verbund **„Mittelrhein Spezial"** zusammengetan, um die regionalen Spezialitäten besser vermarkten und anbieten zu können. Das Projekt wird unter anderem vom Umweltministerium gefördert. Die angebotenen Produkte reichen von Wein über Ziegen und Schafe, die die Rheinhänge beweiden, von Ökoeiern, Streuobst und heimischen Wildspezialitäten bis zu Hausmacherwurst oder zu selbst gebranntem Trester auf dem Ferienhof. Alle Informationen über die beteiligten Winzer, Gastwirte und Tierhalter, aber auch über die Vorhaben zur nachhaltigen Rekultivierung des Rheintals unter: www.ee-mittelrhein.de

Weniger Teilnehmer, eine Klasse höher, sind in den **„Mittelrhein-Momenten"** zusammengefasst,

ein Zusammenschluss der herausragenden Winzer und Gastronomen der Region. Sie bieten das ganze Jahr über Besonderheiten der Küche und literarische oder musikalische Highlights.
Die Palette reicht von erotischen Kochrezepten und kulinarischen Stadtrundgängen über Erzählungen eines toskanischen Klosterbruders und Picknick im Park bei klassischer Musik bis zu einem Kochkurs zum Thema „Olive". Näheres unter: www.mittelrhein-momente.de
Weiter nördlich, zwischen Neuwied am Rhein und der Sieg mit dem Schwerpunkt Westerwald, haben sich 12 Hotel-Restaurants zu dem kulinarischen Arbeitskreis **„Tafelfreuden"** zusammengeschlossen. In jedem Jahr bieten sie unter einem Rahmenthema Originelles der Küche und Kunst an. Dazu gibt es in der Regel auch die Übernachtung. Die beteiligten Betriebe, Programme und Künstler erfährt man unter: www.tafelfreuden-rhein-ww.de

FÄHREN

13 Fähren pendeln auf der Strecke zwischen Kölner Dom und St. Goar auf dem Rhein, ihre Position ist auf den Karten in den Innenklappen des Buches markiert. Vor allem zwischen Bonn und Neuwied sowie südlich von Koblenz sind die **Autofähren** notwendiges Bindeglied der beiden Rheinufer für den Autoverkehr. Diese Autofähren verkehren ganzjährig und in der Regel vom frühen Morgen bis in die Nacht.
Die **Personenfähren** (Köln – Deutz, Sürth – Langel, Bonn – Beuel, Koblenz – Ehrenbreitstein, Stolzenfels – Lahnstein) fahren nur eingeschränkt, in der Regel nicht im Winter, auch nicht an allen Wochentagen. Hier ist es erforderlich, sich nach den Fahrzeiten zu erkundigen. Fahrräder können mitgenommen werden. Infos unter: www.welterbe-mittelrheintal.de

INFORMATION

Alle Orte am Rhein haben eigene Fremdenverkehrsämter mit ausführlichen allgemeinen Informationen vor allem zu Gastronomie, Gewerbe und Kulturangebot. Weitere brauchbare Informationen erhält man bei: www.mittelrhein-lahn.de; www.welterbe-mittelrheintal.de

RAD FAHREN

Rheinradweg Teil des Radwegs von Basel nach Rotterdam. Das linksrheinische Stück im Mittelrheintal von Bingen nach Koblenz, 64 Kilometer lang, verläuft mehr als die Hälfte der Strecke (Trechtinghausen bis Bacharach und Spay bis Koblenz) direkt am Fluss auf dem alten Leinpfad, andere Streckenabschnitte sind an die stark befahrene B9 angedockt. Das rechtsrheinische Stück von Rüdesheim bis Ehrenbreitstein führt oft am Ufer entlang, aber teilweise auch an der Bundesstraße. Eng ist es vor allem von St. Goarshausen bis Braubach, denn hier gibt es keinen separaten Radweg!
Keine Autos – Tal toTal An einem Sonntag im Sommer wird das gesamte Rheintal zwischen Bingen/Stolzenfels und Rüdesheim/Lahnstein für den Autoverkehr gesperrt und ist nur für Radfahrer, Skater und Fußgänger zugänglich. Ein Riesenevent und vor allem die kurze Utopie von einem Rheintal ohne Autos! Infos unter: www.tal-total.de
Strecken Informationen zu Radstrecken im Rheintal, den Randregionen und Seitentälern unter: www.welterbe-mittelrhein.de; www.radwanderland.de. Hervorragende Informationen zu Strecken mit allen Details, Karten, Höhenlinien, Tipps, Literatur und Querverweisen bietet das rheinland-pfälzische Landesvermessungsamt unter: www.lvermgeo.rlp.de

Radwanderführer Thomas Struck/Karin Laudenbach, Auf dem Rad den Rhein hoch, 11 Touren von Hoek van Holland über Köln nach Mainz, Köln 2002

SCHIFFFAHRT

Köln-Düsseldorfer Die Hauptschifffahrtslinie auf dem Rhein ist die KD, die „Köln-Düsseldorfer", die bereits im Jahre 1826 ihr Patent erhielt. Heute befördert sie jährlich mit 14 Schiffen rund 1,5 Millionen Gäste auf dem Rhein und auf der Mosel. Die KD verkehrt zwischen Köln und Mainz, in der Hauptsaison von Ende April bis Anfang Oktober und in der Nebensaison von März bis Oktober. Im Winter gibt es nur örtlichen Verkehr. In der Saison fahren täglich mehrere Schiffe rheinaufwärts ab Köln oder Bonn bis Bad Breisig oder Koblenz und von Köln oder Boppard die Strecke bis Bingen oder Mainz. Die gesamte Strecke von Mainz bis Köln wird in der Hauptsaison einmal täglich angeboten und für sie braucht man knapp 13 Stunden, während man umgekehrt stromaufwärts zwei Tage benötigt. Die KD bietet zahlreiche Themen- und Sonderfahrten auf dem Rhein an, Burgen- und Romantiktouren, außerdem Spezialprogramme für Familien, zum Schlemmen oder Tanzen. Die Schifffahrtsgesellschaft betreibt auch den einzigen Schaufelraddampfer auf dem Rhein: die MS Goethe, Baujahr 1913. Alle Infos zu Preisen, Routen, Angeboten und Events: www.k-d.com

„weisse flotte rhein" Einige kleinere, mittelständische Reedereien haben sich zu dem Verbund „weisse flotte rhein" zusammengeschlossen und kooperieren miteinander – unter anderem erkennen sie gegenseitig ihre Tickets an. In der Regel verkehren sie als Ausflugsschiffe, zu Sonderfahrten und Events, aber auch im regionalen Linienverkehr, wobei sie auch für längere Strecken eingesetzt werden. Informationen über die beteiligten Reedereien, Linien und Angebote sowie die kombinierten Fahrpläne: www.weisseflotterhein.de

Kabinenschifffahrt auf dem Rhein wird, abgesehen von einigen holländischen Unternehmen, nur noch von einer Linie angeboten, den „Viking Flusskreuzfahrten", die vor Jahren alle Kabinenschiffe der KD übernommen haben. Sie bieten mehrtägige Flussfahrten mit Ausflügen, Besichtigungen und Stadtführungen, mit Kapitänsempfang und gutem Essen auf verschiedenen Strecken, zum Beispiel Basel–Amsterdam, Frankfurt–Trier und Köln–Basel. Kostenlose Hotline 0800–25 84-6 66, www.vikingrivers.com

Events auf dem Rhein Informationen und Links zu Veranstaltungsfahrten auf dem Rhein, Events wie „Rhein in Flammen", Angebote von Partyschiffen und Ähnliches unter: www.personenschiffe.de

ÜBERNACHTEN AM RHEIN

Es gibt die verschiedensten Unterkünfte im Rheintal, die häufig bieten, was der Name sagt, eine „Unterkunft", nicht mehr. Im Unterschied zur Gastroszene gibt es hier auch seltener Innovatives. Die charmantesten Betten, die ich gefunden habe, wie das Pax-Heim in Unkel oder die Pension bei den Nonnen in Nonnenwerth, den Bungerthof in Oberdollendorf oder den Weißen Schwan in Braubach, sind bei den jeweiligen Orten aufgelistet.

Die Preiskategorien sind:

€ bis 60 Euro für ein normales Doppelzimmer
€€ von 60 bis 120 Euro
€€€ von 120 bis 200 Euro, usw.

Schlafen im Schloss: In einigen Burgen oder Schlössern kann man auch übernachten, etwa auf Burg Liebenstein in Bornhofen, Burg Rheinfels in St. Goar, der Schönburg in Oberwesel und dem Musikschloss Engers in Neuwied. (Näheres entsprechend im Text)

Jugendherbergen gibt es am Mittelrhein in Köln-Deutz, Bonn-Venusberg, Koblenz-Ehrenbreitstein, auf der Loreley und neben der Schönburg in Oberwesel. Ein wenig weiter südlich liegt die allerschönste Jugendherberge am Rhein in der Burg Stahleck aus dem 12. Jahrhundert. Alle Details und Informationen unter: diejugendherbergen.de

WANDERN

Rheinsteig Rechtsrheinischer Wanderweg von Wiesbaden bis Bonn. Gesamtlänge 310 Kilometer, durchgängig markiert mit dem blauen Rheinsteig-Logo. Im Unterschied zu den Rheinhöhenwegen ist der 2006 eröffnete Rheinsteig auf die Bedürfnisse nach naturnaher Landschaft, kulturellen und natürlichen Sehenswürdigkeiten sowie anspruchsvollen Wanderstrecken ausgerichtet. Große Teile führen über naturbelassene Böden und wechseln zwischen offener Szenerie und schmalen Steigen in den Weinbergen oder Niederwaldgebieten. Auf sanftes Relief folgen anspruchsvolle Auf- und Abstiege, Burgen, Kirchen, die Rheinorte sind in die Streckenführung integriert. Der Rheinsteig bietet optimalen Zugang zum Rheintal, zumal überall Verkehrsanbindungen an Bus und Schiff und vor allem an die Bahn vorhanden sind. Infos: www.rheinsteig.de

Jahre hat es gedauert, bis der Rheinsteig eingerichtet, ausgeschildert und angezeichnet war, aber umso schneller waren die Wanderführer und Karten auf dem Markt. Alle „leiden" allerdings darunter, dass sie sich streng auf die Informationen zum Wandern, also Strecke (Entfernung, Höhen, Beschaffenheit), Gasthäuser, Verkehrsanbindungen usw. beschränken, aber das sollen sie ja auch. Sie bieten kaum historisch-mentalen oder aktuell-sozialen Stoff. Gleichwohl hier die Favoriten:

Fernwanderweg Rheinsteig. Von Bonn über Koblenz nach Wiesbaden (Hikeline-Verlag Esterbauer, ISBN 978-3-85000-508-1, € 12,90)

Gute neue Karten im Maßstab 1:35000 und vor allem immer ein knapper Überblick zwischen Anforderung ans Wandern, kulinarischem Angebot und kulturellem Hintergrund. Außerdem handlich für die Tasche im stabilen Ringbuch.

Wandertouren Rheinsteig

(ISBN 978-3-934342-41-5, € 12,95)

Rheinsteig NaturTOUREN

(ISBN 978-3-934342-46-0, € 14,95)

Rheinsteig Schöneres Wandern Pocket

(ISBN 978-9334342-50-7, € 9,95)

Diese Wanderführer sind alle in der Reihe „Ein schöner Tag" bei Idee Media mit zahlreichen Tipps und notwendigen Informationen erschienen. Günstig bei der Vorbereitung, dass man sie mit vollständigem Inhalt im Internet findet (www.ideemediashop.de) und demnächst auch als E-Books zum Selberausdrucken bzw. Laden auf den PocketPC erhält, sogar mit GPS-Daten.

Tassilo Wengel, Genusswandern Rheinsteig und Rheinburgenweg (Bruckmann Verlag, ISBN 978-3-7654-4840-9, € 19,95).

Alles etwas größer und ein wenig mehr Hintergrundinformationen mit dem Schwerpunkt auf den Burgen am Rhein.

Rheinhöhenwege Die bekanntesten, etwa 100 Jahre alten Wanderwege rechts und links des Rheins führen auf einer Gesamtlänge von etwa 500 Kilometern von Wiesbaden oder Alsheim bis Bonn. Leider entsprechen sie nicht mehr heutigen Standards: Sie führen nicht durchgängig über die Höhen des Rheintals, sondern meist von Ort zu Ort, umgehen die Burgen, außerdem werden Teile als Forststraßen oder Landwirtschaftsstrecken genutzt. Es gibt wenig Literatur und Karten dazu, aber ein neuer Förderverein müht sich um Wiederbelebung. Infos: www.rheinhoehenweg.de

Rheinburgenwanderweg Im Jahr 2004 angelegter Rheinwanderweg links und rechts des Rheins von Bingen beziehungsweise Rüdesheim bis Koblenz, vorbei an 28 Burgen – die Strecke mit der größten Burgendichte der Republik. Teilweise führt der Weg über die Höhen, aber auch im Rheintal mit vielem Auf und Ab für den Wanderer mit guter Kondition. Die rechtsrheinische Strecke wird in den Rheinsteig integriert.

Rhein-Wein-Wanderweg Markiert mit der grünen Traube auf weißem Grund verläuft der Rhein-Wein-Wanderweg rechtsrheinisch von der Loreley nach Lahnstein und linksrheinisch von Trechtingshausen nach Rhens.

Allgemeine Informationen zu Wanderstrecken unter: www.welterbe-mittelrhein.de. Wanderstrecken mit allen Details und Karten mit Querverweisen, Tipps etc. bietet das Landesvermessungsamt von Rheinland-Pfalz unter: www.lvermgeo.rlp.de

Wald Das Landesforstamt Rheinland-Pfalz bietet eine ganze Palette von Informationen, Ausflügen, Erlebnissen und Aktionsmöglichkeiten rund um den Wald an, vom Outdoor-Park in Lahnstein mit Steilgarten für Kletterfreaks, über den Besuch in einem Indianertipi und das Angebot, sein Brennholz selber zu schlagen oder im Wald einzusammeln, bis zu einer Bank der Ruhe, die für 200 € mit dem Namensschild eines lieben Verstorbenen ausgestattet wird. www.wald-rlp.de

WEIN

Der Mittelrhein ist eines der kleinsten, wenn auch bekanntesten Weinbaugebiete Deutschlands. Früher spielte der Wein in der heimischen Ökonomie durchaus eine Rolle, heute ist er eher für Marketing und Tourismus wichtig, wenngleich der vor allem angebaute Riesling in jüngerer Zeit erheblich an Zuspruch gewinnt. Vom Siebengebirge – dem einzigen NRW-Weinbaugebiet – bis zur Loreley gibt es eine Fülle von Lagen und Weinen, viele Winzer, darunter einige renommierte Hersteller und viele Genossenschaften, und vor allem der Steillagenbau erhält mehr Beachtung. Neben der Ökonomie ist die Kultur des Weinbaus prägend für das Rheinland, was heute noch in zahlreichen Winzerfesten aktuell ist. Inzwischen kooperieren die Winzer mit Gastronomen, bieten Mitarbeit im Weinberg an, wie der Winzer Karl Heidrich in Bacharach bei der Weinlese im Steilhang (Infos 067 43–93 060 | www.weingut-karl-heidrich.de), laden zu Proben und Weinwanderungen und Ähnlichem mehr. Die Winzer selber und die Weinorte bieten ausführliche Informationen per Post und im Internet.

Zahlreiche **Weinlehrpfade** informieren über Anbau, Weinsorten, Geschichte und führen zugleich durch die schönsten Weinberge, etwa in Oberwesel, Bornich/Loreley, Boppard oder Oberdollendorf.

Besonders populäre **Winzerfeste** sind: der Weinmarkt in Oberwesel (zweites und drittes Wochenende im September), das Winzerfest in Boppard (letztes September-/erstes Oktoberwochenende), das Weinfest in Bacharach und das Winzerfest in Braubach (beide am ersten Wochenende im

Oktober) und weiter nördlich die Weinfeste und Umzüge in Unkel (erstes Septemberwochenende) sowie Erpel (drittes Septemberwochenende), und eine Besonderheit ist der Weinfrühling mit Beköstigung und Weinbergwanderung in Boppard (Ende April).

Gesamtüberblick mit **Informationen** über Winzer, Feste und Seminare, über Weinwanderwege und Weinköniginnen: www.mittelrhein-wein.com

Über Sorten und Lagen des Rheinweins und ihre jeweilige Geschichte und Eigenart informiert: www.mittelrhein-weinfuehrer.de

Mittelrhein-Besucherzentrum Der Posthof in Bacharach direkt unterhalb der Werner-Kapelle ist eine gelungene Kombination von Gastronomie, Wein und Kultur und wird betrieben von engagierten Ökologen und Landschaftsschützern, die das Siegel „Welterbe" nicht als Marketingmaßnahme, sondern als Anspruch verstehen. Hier gibt es gute Weine vom Rhein, Ausstellungen, Lesungen, Seminare und ein Kulturbüro, dazu eine ausgezeichnete Küche mit saisonalem Angebot, eigenen Produkten und Rohstoffen von Ökobauern, einer der angenehmsten und engagiertesten Plätze am Mittelrhein. Der Posthof gibt per Mail einen eigenen Informationsdienst heraus mit Neuigkeiten, Impressionen, Terminen und Initiativen aus der Region. Mittelrhein-Besucherzentrum Posthof, 55422 Bacharach, Tel. 0 67 43–59 96 63 | www.mittelrheintal.de

BILDNACHWEIS

S. 14 Manfred Linke, Laif – S. 28 o. li. Manfred Linke, Laif – S. 49 u. 54 Stollfuß Verlag – S. 55 Stadt Bonn, Stadtarchiv – S. 60 Rheinische Friedrich-Wilhelms-Universität Bonn, Archiv – S. 61 Stadt Bonn, Stadtarchiv – S. 66 Repro aus „Dédé", Archiv Centrum Schwule Geschichte Köln – S. 73 Bundesbildstelle – S. 74 Stadt Bonn, Stadtarchiv – S. 79 re. Stadt Bonn, Stadtarchiv – S. 85 Stadtmuseum Bonn/Krüger – S. 87 Repro aus: Sonntag, Olga: Villen am Bonner Rheinufer von 1819–1914, Bouvier Bonn 1998 Bd. 3 – S. 88 Stadt Bonn, Stadtarchiv – S. 90 Stiftung Arboretum – S. 95 u. re. Siebengebirgsmuseum Königswinter (Bestand Sammlung Kohl) – S. 101 u. li. Illustration zu Nikolaus Vogt: Rheinische Bilder, Frankfurt/M. 1821. – S. 104 Repro aus: Harms Grundschulatlas Köln – S. 107 u. NS-Dokumentationszentrum der Stadt Köln – S. 108 Siebengebirgsmuseum, Heimatverein Siebengebirge e.V. Königswinter – S. 109 u. re. Bundesbildstelle – S. 110 Archiv Peter Profittlich, Rhöndorf – S. 116 u. 117 Siebengebirgsmuseum/Heimatverein Siebengebirge e.V., Königswinter – S. 123 Repro aus: Koch, Peter: Die Erfindungen des Dr. Konrad Adenauer, Reinbek bei Hamburg 1986 – S. 142 u. 143 Friedensmuseum Remagen – S. 156 Archiv Wilhelm Tullius, Neuwied – S. 159 Fürstlich-Wiedisches Archiv, Neuwied – S. 167 Katholische Nachrichten Agentur Pressebild GmbH – S. 181 u. Stadtmuseum Andernach – S. 190 Stadtmuseum Andernach – S. 203 re. Mittelrhein-Museum, Koblenz – S. 216 gauls. Die Fotografen, Koblenz – S. 233 Landesbildstelle, Boppard – S. 234 Stadtarchiv Mainz – S. 250 u. 251 Flößer- und Schiffermuseum Kamp Bornhofen – S. 260 Sammlung Buchholz St. Goar – S. 261 George Grosz, „Loreley", © VG Bild-Kunst, Bonn 2000 – S. 272 o. Historisches Museum am Strom. Hildegard von Bingen. – S. 274 HAP Grieshaber „Loreley", Mittelrhein-Museum, Koblenz.

Karten: S. 10, 11, 46, 96 Geobasisdaten: Landesvermessungsamt NRW, Bonn, 1085/2005 – S. 193 Geobasisinformationen (TK25) © Landesamt für Vermessung und Geobasisinformation Rheinland-Pfalz vom 22.04.2005, Az.: 26 722-1.401

REGISTER

1. Auflage 2009

Umschlaggestaltung: Barbara Thoben, Köln
Umschlagmotiv außen: © Frank Lukasseck/Corbis
Autorenfoto: © Herby Sachs
Gesetzt aus der Univers Condensed
Satz: Buch-Werkstatt GmbH, Bad Aibling
Druck und Bindung: CPI – Clausen & Bosse, Leck
ISBN 978-3-462-04107-1